本书得到下列项目资金支持：
◆ 教育部高校示范马克思主义学院和优秀教学科研团队建设项目(项目批准号：18JDSZK024)
◆ 湖南省高校思想政治工作骨干队伍建设项目(项目类别：高校思想政治工作优秀团队建设项目，项目编号：19GG21)

中国近现代史纲要
混合式教学教案

主编 ◎ 吴争春

中南大学出版社
www.csupress.com.cn

·长沙·

图书在版编目(CIP)数据

中国近现代史纲要混合式教学教案／吴争春主编.
—长沙：中南大学出版社，2020.12

（中南大学思想政治理论课信息化教学改革成果系列丛书）

ISBN 978-7-5487-4040-7

Ⅰ.①中… Ⅱ.①吴… Ⅲ.①中国历史－近代史－
教案(教育)－高等学校 Ⅳ.①K25

中国版本图书馆 CIP 数据核字(2020)第 067139 号

中国近现代史纲要混合式教学教案

ZHONGGUO JINXIANDAISHI GANGYAO HUNHESHI JIAOXUE JIAOAN

主编　吴争春

□责任编辑　刘　莉
□责任印制　易红卫
□出版发行　中南大学出版社

　　　　　　社址：长沙市麓山南路　　　　　邮编：410083
　　　　　　发行科电话：0731-88876770　　传真：0731-88710482

□印　　装　长沙雅鑫印务有限公司

□开　　本　710 mm×1000 mm 1/32　□印张 19　□字数 361 千字
□互联网+图书　二维码内容　视频 9 小时 46 分钟 52 秒
□版　　次　2020 年 12 月第 1 版　□2020 年 12 月第 1 次印刷
□书　　号　ISBN 978-7-5487-4040-7
□定　　价　68.00 元

中南大学思想政治理论课混合式教案丛书

总 主 编 ◎ 吴争春

副总主编 ◎ 王希俊　　王翔

《中国近现代史纲要混合式教学教案》编委会

主　编　吴争春

参编人员　万琼华　王　翔　李　斌　李兰兰

　　　　　张金荣　陈文联　罗春梅　梅　乐

目录

扫描二维码，
观看学习视频

唐太宗李世民说过："以铜为鉴，可以正衣冠；以人为鉴，可以知得失；以史为鉴，可以知兴替。"近现代中国政治兴替演进的密码，埋藏在近现代中国历史中。只有透彻地了解了历史，才能正确地理解现实。让我们一起开启中国近现代历史的学习之旅。

"中国近现代史纲要"虽然是一门历史课程，但这门课程的性质与教学目的与大学历史学专业所开设的历史课是有所区别的。

一、课程性质

就课程性质而言，"中国近现代史纲要"是一门具有历史性特点的思想政治理论课。这门课的设置目的是提高大学生的史学素养和政治觉悟。在掌握中国近现代历史的基本知识和基本规律的基础上，使大学生理解：马克思主义为什么成为我国的主流意识形态？中国共产党是怎样走上历史舞台并最终成为执政党的？我国为什么选择了社会主义道路而不是资本主义？1978年之后的中国为什么要进行改革开放？这些与现实政治密切相关的问题的答案，都需要到中国近现代历史中去寻找。因此，从课程性质来说，中国近现代史纲要课程是教学目的的政治性与教学内容的历史性的统一。

二、教学任务

基于以上教学目的，"中国近现代史纲要"课程的教学任务可概括为三句话，即"一条主线""两个了解""四个选择"。

（一）把握一条主线：实现中华民族伟大复兴

中国的近现代史，就其主流和本质来说，是中国一代又一代的志士仁人和人民群众为救亡图存和实现中华民族伟大复兴而英勇奋斗、艰苦探索的历史。

尤其是全国各族人民在中国共产党的领导下，进行艰苦的斗争，经过新民主主义革命，赢得民族独立和人民解放的历史；经过社会主义革命、建设和改革，把一个极度贫弱的旧中国逐步变成一个初步繁荣昌盛、充满生机和活力的社会主义新中国的历史。因此，实现中华民族伟大复兴就成为中国近现代史的主线。从1895年孙中山提出"振兴中华"，到1981年北京大学学生喊出"团结起来，振兴中华"的口号，这正说明了中华民族伟大复兴的伟大事业是中国人民前赴后继的事业。而香港的百年沧桑正是这一伟大事业的一个缩影。

接下来我们通过回顾香港的百年沧桑这一案例来理解中国近现代历史发展的主线。

● 【教学案例】香港的百年沧桑①

【思考】香港是怎样一步一步沦为英国的殖民地的？

1997年7月1日0时，中华人民共和国国旗在香港会议展览中心升起，这标志着我国开始行使对于香港的主权。此时距离1841年英国军队占领香港岛已经有156年半。这156年可以分为三个"50多年"。

第一个50年即19世纪下半叶，香港的三个部分通过三个不平等条约逐步沦为英国的殖民地。第一个不平等条约是鸦片战争后签订的《南京条约》，正式把香港岛（约81平方公里）割让给英国。第二个不平等条约是第二次鸦片战争后签订的《北京条约》，割让九龙半岛界限街以南（一般称"九龙司"，约47平方公里）的中国领土给英国。第三个不平等条约是1898年英国在列强掀起瓜分中国狂潮的背景下，强迫清政府缔结的《中英展拓香港界址专条》，把位于深圳河以南、九龙半岛界限街以北及附近岛屿即所谓"新界"，约976平方公里的中国领土，租借给英国，租期99年。19世纪下半叶香港一步步沦为英国的殖民地，是晚清政府的腐败无能和中国的贫弱落后所导致的后果。

第二个50年是20世纪上半叶，中华民国政府（包括北京的北洋政府和南京的国民党政府）多次努力想收回香港的主权。在1919年的巴黎和会上，中国代表团提出废除帝国主义在华特权，收回包括香港"新界"在内的一切西方列强在华租借地的要求，但没有得到任何列强国家的支持。在1921年华盛顿会议上，中国代表顾维钧要求取消和早日停止使用所有的租地，结果也是不了了之。

1941年太平洋战争爆发后，香港被日军攻占。由于中国抗日战争的重要地

---

① 艾明珠. 百年国耻今朝雪——香港百年沧桑大事记[J]. 档案学通讯, 1997(3).

位，中国被列为"四强国"之一，中国政府收回香港主权的愿望更加迫切。1942年南京国民政府在《中英新约修订草案》明确提出收回"新界"的要求，但被英国政府拒绝。1945年8月日本宣布投降后，盟军最高统帅部发布第1号命令："台湾及北纬16度以北法属印度支那境内的日本高级指挥官以及所有陆海空军和辅助部队，应向蒋委员长投降。"盟军统帅部的这一命令为中国收回香港提供了法律依据。当时，蒋介石已经派遣新一军进入九龙、新界，准备渡海占领香港岛。但英国以航空母舰"不屈号"为主力的一支舰队火速驶往香港，以便捷足先登。当时，对中国比较友好，并一贯支持中国收回香港的罗斯福总统已经逝世，代之而任美国总统的杜鲁门权衡利弊，支持了英国的要求。当时的中国实际上还不是一个强国，南京国民政府还必须依附于美、英帝国主义。而国民党政府又没有与英美真正撕破脸皮的勇气，只得撤回了进入九龙和新界的中国军队。于是，中国政府收回香港的努力再一次失败。

第三个50年是20世纪下半叶，中华人民共和国的成立使中国摆脱了帝国主义的控制。但由于帝国主义对中国的封锁，在这"半个世纪"的前半期(即中国改革开放前)，中国收回香港主权的条件还不成熟。改革开放后，中国政治趋于稳定，经济开始发展，国家实力有所增强，特别是邓小平提出"一国两制"的设想，为和平解决香港问题提供了现实的基础，因此才有了香港的顺利回归。

香港的百年沧桑史，可以说就是中华民族近现代历史进程的缩影。它体现了中国近现代历史发展的主线，即从沉沦到抗争，最终走向伟大复兴的历史主线。

(二)增进两个了解：了解国史、国情

本课程开设的第二个目的是增进大学生对国史、国情的了解。

在中国近现代史上，从农民起义首领洪秀全、洪仁玕，到洋务派首领曾国藩、李鸿章；从资产阶级维新派骨干康有为、梁启超，到资产阶级革命派领袖孙中山、黄兴。他们都曾经从西方寻求了一些思想武器来构建自己的理论，希望能够使中国摆脱贫穷落后的境地，如太平天国的拜上帝教、洋务派的中体西用思想、维新派的君主立宪主张、革命派的三民主义。

然而他们都失败了，其根本原因在于他们提出的方案并不完全符合中国的国情。而中国共产党成立后尽管也犯过教条主义的错误，但最终实现了马克思主义与中国实践相结合，从而找到了一条符合中国国情的革命道路和建设道路。因此，我们只有更多地了解国史，才能更好地理解国情，理解当前的中国特色社会主义道路探索的来之不易。

（三）领会"四个选择"：历史和人民怎样选择了马克思主义，怎样选择了中国共产党，怎样选择了社会主义道路，怎样选择了改革开放

使当代大学生深刻领会"四个选择"正是"中国近现代史纲要"课程最主要的教学任务。"四个选择"并不是一蹴而就的，经过历史的大浪淘沙，才形成了今天的政治格局。可以说，一部中国近现代史，正是中国人民对马克思主义、中国共产党、社会主义道路、改革开放深化认识、加强认同、最终选择的历史。

天涯何处是神州[*]

——西方列强对中国的侵略

---

* 本题出自谭嗣同诗《有感》："世间无物抵春愁，合向苍冥一哭休。四万万人齐下泪，天涯何处是神州！"让谭嗣同为之"哭"、为之"下泪"的正是资本–帝国主义侵略给中华民族带来的灾难。

教学目的与要求	1. 通过线上学习，了解有关近代资本–帝国主义对中国的军事侵略、政治控制、经济掠夺、文化渗透以及中华民族民族意识的觉醒等基本史实。 2. 通过小组合作学习和课堂讨论，使学生学会全面分析近代资本–帝国主义侵略对中国社会的双重影响。 3. 通过课堂专题讲授，引导学生辨析"殖民有功论"的错误观点，帮助学生树立正确历史观。
教学重点与难点	1. 教学重点：评价近代资本-帝国主义侵略对中国的影响。 2. 教学难点：辨析"殖民有功论"。
教学方式	1. 在线自主学习 2. 小组合作学习 3. 课堂专题讲授
课时安排	6 学时

在线教学导引

网上教学内容	网上学习任务清单
1.1 中国进入近代社会的历史背景 1.2 鸦片战争——中国半殖民地半封建社会的开端 1.3 西方列强的侵略是近代中国贫穷落后的重要原因 1.4 中国近代民族意识的觉醒	1. 完成第 1 专题 4 个知识点视频的学习 2. 完成第 1 专题单元测验题 3. 参与第 1 专题讨论

实践教学设计

实践教学主题	实践教学方式
如何评价资本–帝国主义的入侵对我国的影响	小组合作学习+课堂讨论

面授课堂教学设计

教学环节	教学内容	教学方法
★环节一： 网上学习检测	第一专题自主学习检测题	参与式
★环节二： 小组合作学习成果汇报	课堂讨论：近代资本–帝国主义的入侵对中国的影响是弊大于利还是利大于弊？	研讨式
★环节三： 面授专题一	"殖民有功论"辨析	讲授式

模块一 在线教学

【知识点 1.1】
中国进入近代社会的历史背景

中国进入近代
社会的历史背景

● 【教学案例】马戛尔尼的"诅咒"

马戛尔尼是英国著名的外交官，曾先后任驻俄国公使、英国印度殖民地的马德拉斯总督。1793 年(乾隆五十八年)，英国向中国派出了马戛尔尼勋爵率领的庞大使团，分乘五艘船只，经过 10 个月的航行，于 7 月底到达天津大沽口外，9 月 14 日在承德避暑山庄觐见了乾隆皇帝。马戛尔尼来中国的名义是庆贺乾隆皇帝八十大寿。而实际上，是希望绕过保守的广东地方官，直接与中国皇帝谈判，要求开放通商口岸，扩大中英贸易。他带来了英国国王给大清国皇帝的正式外交信件。然而，中国当时对世界还是茫然地一无所知，自以为是地认为英国人跨洋远道而来，只是为了观光上国，向大清表示臣服，因而视马戛尔尼使团为"四夷"之外的"英夷"，居高临下地以对待藩国之礼来接待。据说因为马戛尔尼不肯对乾隆皇帝行双膝下跪叩头大礼，乾隆不悦，断然拒绝了马戛尔尼提出的扩大通商的全部要求。于是，在没有完成使命的情况下，英国使团踏上了归程。马戛尔尼一行从北京出发，沿京杭大运河南下，几乎纵穿中国腹地，到达广州，于 1794 年 1 月自广州回国。

马戛尔尼使团虽然没有完成使命，但他们在中国东部和南部游历参观的过程中，对中国有了直接的了解。回国后，他写了一本书，中文译名叫《1793 乾隆英使觐见记》。在这本书中，马戛尔尼对中国的政治、经济、文化和社会生活多有介绍，他评论中国的文化是封闭型，历史是永久停滞的，"除了皇帝，无人能有自由意识"。他说："中华帝国只是一艘破烂不堪的旧船，如果它胆敢禁止英国贸易，那么只需几艘战舰，就能摧毁其海岸舰队。中国对外贸易的中心广州的战略要塞——虎门炮台，只要几门舷侧炮即可解决；伶仃和香港适合英国殖民，俄国人可以有机会在黑龙江建立统治权，并攫取蒙古诸省；而外国稍加干涉，就可以立即割断台湾和大陆之间的脆弱联系。总之，中华帝国将像一个残骸那样到处漂流，然后在海岸上撞得粉碎。"马戛尔尼的这些预言就像一个恶毒巫师的诅咒，准确地预言了 19 世纪中国的命运。

【思考】中国是在什么样的背景下接受西方侵略者的挑战的？

从马戛尔尼使华事件中我们可以看出，18 世纪末 19 世纪初，清王朝已经陷入严重的统治危机之中，而西方资本主义却得到飞速的发展，并且开始四处开拓市场。中国就是在这样的背景下接受西方列强的挑战的。

下面我们首先来了解中国封建社会的衰落和清王朝的统治危机。

一、中国封建社会的衰落与清王朝的统治危机

17 世纪下半叶到 18 世纪，清朝统治经历了康熙、雍正、乾隆的鼎盛，到乾隆晚期，已经开始走向衰落。到鸦片战争前，中国封建社会已经进入其末世，清王朝面临着严重的统治危机。这种危机主要表现在：

第一，土地兼并严重，阶级矛盾激化。满洲贵族入关后，为了笼络汉族地主，除了没收明朝皇室和反清官僚的土地之外，对绝大部分汉族地主的土地都采取了承认和保护的政策；而大量满洲贵族入关后，也要大量占有土地，清朝前期出现了频繁的跑马占田现象，圈占的土地基本上是农民的土地。另外，清前期的人口增长非常快，从乾隆到道光 100 年间，人口增加了将近 3 倍，而同期土地的增长是十分有限的。在生产力没有重大革新的情况下，国民的经济生活全凭土地的自然生产力。因此，人多地少的矛盾更加突出，而土地问题是导致阶级矛盾激化和社会动荡的重要原因。

第二，封建专制强化，吏治腐败严重。清朝初年设立的军机处使皇权集中到了无以复加的地步。清朝前期的几个皇帝都是有作为而又在位时间较长（比如顺治在位 18 年、康熙在位 61 年、雍正在位 13 年、乾隆在位 60 年、嘉庆在位 25 年），这更减少了皇权旁落的可能，加强了君主专制。而清朝前期的吏治腐败也是非常著名的，特别是乾隆后期和嘉庆年间更是厉害。如乾隆时期的权臣和珅在乾隆死后被抄家，光是白银就有 8 亿两之多，而清朝每年的税收也就

七八千万两。

第三，实行文化专制，盲目闭关锁国。清朝入关后，一方面尊崇理学，继续实行八股取士的科举制度，争取汉族知识分子的支持。另一方面，又大力推行文字狱，对知识分子的思想进行严格的钳制，造成"万马齐喑究可哀"的局面。在对外政策上，清朝统治集团昧于时势，对外国情况毫不了解，拒绝一切外来的思想文化。更可悲的是，统治集团中的大部分人对这种落后毫不知情，还在闭关锁国，盲目自大。

以上说明，清王朝的统治已经出现了严重的危机。而与此形成鲜明对比的是，西方资本主义迅速发展，并开始了对落后地区和落后民族的侵略扩张。

二、西方资本主义的发展及其殖民扩张

西方资本主义萌芽产生于14至15世纪的意大利，而14至17世纪的文艺复兴运动为资本主义的发展做了思想准备，15至17世纪的地理大发现则为资本主义提供了更加广阔的发展空间。正如马克思和恩格斯在《共产党宣言》中所指出的那样："美洲的发现、绕过非洲的航行，给新兴的资产阶级开辟了新天地。东印度和中国的市场、美洲的殖民化、对殖民地的贸易、交换手段和一般商品的增加，使商业、航海业和工业空前高涨，因而使正在崩溃的封建社会内部的革命因素迅速发展。"这些革命因素终于导致了欧美各国资产阶级政治革命的爆发：如1640—1688年的英国资产阶级革命、1775—1781年美国独立战争、1789—1799年法国大革命。资本主义政治制度的确立，为资本主义的发展创造了前提和保障。

马克思、恩格斯在《共产党宣言》中指出："资产阶级，由于开拓了世界市场，使一切国家的生产和消费都成为世界性的了。……过去那种地方的和民族的自给自足和闭关自守状态，被各民族的各方面的互相往来和各方面的互相依赖所代替了。"资本主义的对外扩张，使世界一切民族都卷入资本主义的世界市场，马克思称之为"世界历史"阶段。这里所讲的"世界历史"不是指历史学科意义上的世界史，而是指人类社会的历史演进，由最初的、民族的、地域的、孤立的历史向世界历史的转变。

马克思的"世界历史"理论告诉我们：第一，人类历史进入了世界历史阶段，每一个民族都不可能再长久地孤立发展，任何一个民族不是主动成为世界的一部分，就势必被动地卷入资本主义的世界体系；第二，西方资本主义来到中国是其资本的本性所使然，它不是为了把中国变成一个独立的资本主义国家，而是希望中国成为它的世界市场的一部分。这就预示着中国由传统社会向近代社会转化的必然性，也突显出中国面临西方资本主义挑战的严峻性。

【知识点 1.2】
鸦片战争——中国半殖民地半封建社会的开端

一、鸦片战争的爆发和中国的失败

英国资产阶级革命后，国力迅速强大，取得了海上霸主地位。但英国对华贸易由于中国自然经济的抵制和闭关政策的影响一直处于逆差。于是英国殖民者试图用鸦片来抵偿正常贸易的逆差。鸦片贸易成为英国远东三角贸易的重要环节。

鸦片给英国带来了巨额利润，却给中国带来巨大灾难。首先，严重损害了中国人的身心健康；其次，导致白银大量外流，造成国库空虚，使得货币贬值，民众购买力下降，物价上涨，加重了老百姓负担；第三，官吏和士兵吸食鸦片，造成吏治更加腐败，军队战斗力丧失，导致清政府统治危机更加严重。清政府考虑到自身统治的需要，也必须禁烟。于是，1839 年底，道光皇帝任命湖广总督林则徐为钦差大臣，到广州主持禁烟，从而开始了禁烟运动。中国的禁烟打击了英国鸦片贩子的利益，也使英国政府的利益受到损害，因此，中国的禁烟一开始，英国就加紧了发动战争的准备。英国要对中国发动一场侵略战争，其目的不仅仅是保护鸦片贸易，更重要的是想通过战争，打开中国的大门，使中国变成它的商品市场和原材料产地。1840 年 6 月，英国的侵华舰队封锁广州珠江口，鸦片战争爆发。这场战争是英国发动的一场侵略战争，中国进行的是正义的反侵略战争。在战争中，中国的许多爱国官兵也进行了英勇的抵抗，出现了许多可歌可泣的民族英雄，比如关天培、陈化成等等。然而，中国最终失败了。

中国之所以在鸦片战争中失败，原因是多方面的。最根本的原因：一是社会制度的腐败，一是经济技术的落后。而社会制度的腐败是主要的原因，也是导致经济技术落后状况长期得不到改变的根本原因。因此，要真正改变经济技术落后的状况，必须首先改变腐败的社会制度。

二、中国半殖民地半封建社会的逐步形成

中国在鸦片战争中的失败，使战后中国社会各方面发生了一系列深刻的变

化。毛泽东曾经指出："自从1840年的鸦片战争以后，中国一步一步地变成了一个半殖民地半封建化的社会。"因此，鸦片战争被史学家视为中国近代史的开端。这表现在以下几个方面：

1. 政治方面的变化

中国由战前拥有独立主权的封建国家，逐步转变为主权不完整的半殖民地的国家。

鸦片战争以后签订的一系列不平等条约使中国的领土主权、领海主权、关税主权、外贸主权、司法主权都遭到了破坏：如中英《南京条约》将中国的香港岛割让给英国，使中国的领土主权遭到破坏；中美《望厦条约》规定，美国兵船可以自由进出中国通商口岸，这破坏了中国的领海主权；《南京条约》规定"协定关税"，破坏了中国的关税主权；"片面最惠国"的规定，破坏了中国的外贸主权；"领事裁判权"则破坏了中国的司法主权。

2. 经济方面的变化

中国由一个战前以自然经济为主、封建生产关系占统治地位的封建社会逐步转变为半封建社会。

不平等条约给予西方列强一系列贸易特权，比如：五口通商给西方列强的商品倾销提供了便利条件；协定关税降低了外国商品进入中国的成本；"片面最惠国"待遇使列强分享在中国的经济特权。西方列强凭借这些贸易特权，加强了对中国的商品倾销和原材料掠夺，使中国的自然经济遭到破坏。自然经济的破坏，为中国民族资本主义的产生提供了便利条件，但是西方列强的经济掠夺又使中国的资本主义经济得不到独立自由的发展而始终不能占据主导地位。

3. 思想文化的变化

封建传统文化的一统天下开始被打破，开始形成近代思想文化。

随着西方列强对中国的侵略，西方近代文明也开始进入中国。一方面，西方列强对中国的文化渗透，使殖民主义思想文化与中国思想文化结成同盟，形成了半殖民地的思想文化；另一方面，近代西方思想文化也对中国传统封建思想文化产生冲击，使中国思想文化开始了向西方学习的过程。

4. 阶级结构的变化

旧有的地主阶级和农民阶级依然存在，又形成了新的资产阶级和工人阶级，阶级关系更加错综复杂和多元化。

5. 社会主要矛盾和革命性质的变化

由战前的一对社会主要矛盾，演变为战后的两对社会主要矛盾，革命性质也发生了变化。

战前中国社会主要是封建主义同人民大众的矛盾；战后演变成帝国主义和

中华民族、封建主义和人民大众的矛盾。从革命性质来说，战前是农民反封建斗争；战后则是反帝反封建的资产阶级民族、民主革命。

由于上述一系列变化，中国由战前的独立的封建社会，演变成战后的半殖民地半封建社会。而这一演变的过程经历了一个长期的过程，这一过程又与资本-帝国主义对中国的侵略战争紧密地联系在一起：鸦片战争是这一过程的开端；第二次鸦片战争使资本-帝国主义对中国的侵略由沿海深入到内地，并开始形成半殖民地的统治秩序；中日甲午战争不仅导致了帝国主义瓜分中国的狂潮，而且使西方资本主义对中国的经济侵略由以商品输出为主转变为以资本输出为主，中国的半殖民地化程度进一步加深；八国联军侵华战争后签订的《辛丑条约》是清政府对中国主权的一次大拍卖，清政府完全成为"洋人的朝廷"，帝国主义已经在政治上、经济上和军事上完全控制了中国，中国的半殖民地半封建社会最终形成了。

【知识点 1.3】
西方列强的侵略是近代中国贫穷落后的重要原因

近代西方列强对中国的侵略，是导致中国贫穷落后的重要原因。为什么这样说？我们可以从军事侵略、政治控制、经济掠夺和文化渗透四个方面分析。

一、军事侵略

中国近代百余年间，资本-帝国主义对中国发动的侵略战争和武装侵略活动大小有一百余次。大规模的侵华战争有鸦片战争、第二次鸦片战争、中法战争、中日甲午战争、八国联军战争及此后日本大规模侵华战争。可以说，中国是世界近现代史上遭受帝国主义侵略最多的国家之一。通过侵略战争，无辜的生命遭受屠杀。以战争相威胁，西方列强逼迫中国政府签订了一系列不平等条约。1840—1949 年，列强强迫中国签订的不平等条约共 1100 多件。通过这些不平等条约，列强得到割地赔款、开放商埠、协定关税、领事裁判、领海和内河航行、传教、办学、设厂、开矿、筑路、驻兵等侵略权益。同时还割占了我国150 多万平方公里领土。通过不平等条约，列强在我国 16 个通商口岸城市先后建立 30 多个租界；强占我国港湾为租借地共 5 处；各国还在中国划分势力范围,严重地破坏了中国的主权和领土完整。此外,在战争中,列强还大肆抢夺勒索中国的财富,北京三次被侵略者占领,无数的珍宝财物被抢劫。帝国主义通过不平等条约勒索中国赔款共 19.53 亿银圆,相当于 1901 年清政府收入的 16 倍,1901 年全国工矿企业总资本的 82 倍。资本-帝国主义通过发动侵略战争,逼签不平等条约,直接危害中国人民生命财产安全,破坏了中国的主权和领土完整。

二、政治控制

鸦片战争后,资本-帝国主义逐步加强了对清政府内政和外交的控制。把持中国海关是近代外国侵略者控制中国政治的重要手段。近代中国海关的职权范围,除了征收进出口关税外,还管理港口、主办邮政,甚至涉及与外国人交涉的各种事务。中国海关的高级职员全部由外国人充任。海关总税务司俨然成了清朝中央政府的最高顾问,而各通商口岸的海关税务司则成了各地方政府的高级顾问。由于他们的任期长、熟悉中国情况,因而往往比外交官所起的作用还要大。例如担任中国海关总税务司长达 48 年之久的英国人赫德(Robert Hart)就是一个典型代表。赫德从 1863 年开始担任中国海关总税务司,直到 1911 年 9 月去世,他一直是中国海关的掌门人。赫德作为英国殖民者在中国的代表,他在外交事务中的首要立场是为了维护英国的利益。如在中法战争期间,为了尽快结束战争以避免英国在中国的利益受损,赫德在取得了清政府的授权后,秘密地与法国展开了和谈,最后在有利于中国的形势下却签订了损害中国利益的条约。

西方列强对中国政治的控制还体现为与清政府勾结,镇压人民的反抗。例如为了镇压太平天国农民起义,西方列强不但向清政府供应军火、船只,而且派外国军官组织并指挥"洋枪队",甚至直接动用陆海军,对太平军作战。当中国人民掀起反对外国教会侵略的斗争,即发生所谓"教案"时,外国侵略者便指使清政府屠杀中国人民,惩办对人民镇压不力的地方官员。为了控制中国的政治,把中国政府变成自己的驯服工具,资本-帝国主义特别注意在中国政府中扶植和收买自己的代理人。如第二次鸦片战争后,支持奕䜣、文祥等满族贵族掌握总理各国事务衙门。在镇压太平天国过程中,扶植曾国藩、李鸿章等湘系、淮系军阀,帮其购买、制造洋枪、洋炮和练兵。慈禧太后在《辛丑条约》签订前夕,表示要"量中华之物力,结与国之欢心"。辛亥革命时期,帝国主义列强看中握有军权的袁世凯,支持他篡夺辛亥革命果实,建立北洋军阀政权。袁世凯死后,列强又分别扶植皖系军阀段祺瑞、直系军阀冯国璋、奉系军阀张作霖等各派系军阀作为自己的代理人,支持他们割据地盘与进行混战。

三、经济掠夺

资本–帝国主义凭借侵略特权，控制中国的通商口岸，不断扩大对华商品倾销和资本输出，逐步把中国卷入资本主义世界市场。从《南京条约》开放五口通商口岸的规定开始，资本–帝国主义此后一直将强迫中国开放口岸作为不平等条约谈判中的重要勒索内容。据专家考证，从 1842 年到 20 世纪初年，列强通过不平等条约强迫中国开辟的通商口岸达到 70 多处。

列强通过这些通商口岸对中国进行商品倾销和资本输出。在甲午战争前，列强对华经济侵略是以商品倾销为主，甲午战争后签订的《马关条约》规定日本人可以在中国的通商口岸自由开办工厂，此后帝国主义各国纷纷在华设立工厂、开采矿山、修筑铁路，兴办银行，利用各种方式对华进行资本输出。甲午战争后，资本输出成为帝国主义操纵中国经济命脉的主要形式，从而把中国进一步纳入资本主义世界市场的体系中。

四、文化渗透

列强在对中国实行军事侵略、政治控制、经济掠夺的同时，还对中国进行文化渗透。其目的是宣扬殖民主义奴化思想，摧毁中国人的民族自尊心和文化自信心，并为其侵华活动制造理论依据。

文化渗透活动在近代中国更多的是披着宗教外衣，通过传教士的传教布道，宣传基督教义，以便"中华归主"。当时的中国，传教士东奔西走，宣传教义，吸纳教民；教堂遍布城乡，信徒众多。这些传教士和教民，良莠不齐，鱼龙混杂，有虔诚向教、慷慨行善的，也有欺世盗名、为非作歹的；有真诚皈依基督教的传教士，也有披着宗教外衣的帝国间谍。19 世纪末 20 世纪初年的义和团运动，与外国传教士和中国某些教民勾结官府，作恶乡里，霸占田产，欺压良善有莫大的关系。

此外，西方列强还鼓吹"黄祸论"，为侵略中国制造舆论。一般认为，"黄祸论"的始作俑者是俄国人巴枯宁，他在 1873 年出版的《国家制度和无政府状态》一书中，根据他逃亡中国期间的见闻，认为中国人口众多，十分拥挤，将有越来越多的中国人向外移民，这将给西方国家带来威胁。于是他上书沙皇，建议征服中国。

1895 年，德国皇帝威廉二世亲自构思了一幅《黄祸图》，送给俄国沙皇尼古拉二世。这幅《黄祸图》所要表达的意思是，希望信仰基督教的欧洲国家团结起来，击败来自东方的威胁，以保卫欧洲人的信仰与家园。侵略者通过宣扬中国等黄色人种对西方白色人种构成威胁，企图以此论证西方列强侵略中国有理。

这是一种赤裸裸的种族和文化歧视。它摧残中国人的民族自尊心和文化自信心，对中国文化的健康发展产生了深远的不利影响。

从以上种种事实表明，近代西方列强对中国的侵略，是导致近代中国贫穷落后的重要原因。

【知识点1.4】
中国近代民族意识的觉醒

外来势力的入侵给中华民族带来巨大的灾难。但是，列强发动的侵华战争以及中国反侵略战争的失败，从反面教育了中国人民。它不仅激起了中国人民的反抗，也促使中国人民族意识的觉醒。

理解"民族意识"要注意三点：第一，近代民族意识不同于传统中国的"夷夏观"，它是建立在民族平等理念上的；第二，这里所讲的民族不是指汉族或国内任何一个单独的民族，而是指中华民族；第三，民族意识应该与世界意识相结合。只有正确认识世界其他民族，才能正确认识自己。

中国近代民族意识从萌芽、发展到形成，经历了漫长的历史过程，观念演变的轨迹大致可分为四个阶段。

一、地主阶级经世派的"师夷长技以制夷"思想

林则徐、魏源等人在英国发动的侵略战争刺激下产生了朦胧的近代民族意识。林则徐在广州主持禁烟期间就意识到西方国家在某些方面比中国先进，他认为要抵抗外国的侵略，就必须了解外国情况。他组织翻译西文书报，供制定对策、办理交涉参考。所译资料，先后辑有《四洲志》《华事夷言》等，成为中国近代最早介绍外国的文献。魏源则在林则徐编撰《四洲志》的基础上，编成《海国图志》一书，明确提出了"师夷长技以制夷"的思想。

尽管这一朦胧的民族意识还带有明显的传统"夏夷之辨"的痕迹，但其近代因素是非常明显的：它把中华民族与西方列强的矛盾置于世界大局里来观察，明确承认中国有不如西方的地方，主张学习西方来解决中华民族与西方列强的矛盾，这是传统民族意识所不具备的。

二、早期维新思想家的"商战"主张和民主思想

19世纪70年代，在洋务派中分化出一部分知识分子，他们曾经积极地参与洋务运动。在经营洋务的过程中，他们对洋务运动的弊端有了比较清醒的认识，他们主张不仅要在生产技术和军事装备方面学习西方，而且主张在经济、政治制度方面全面地学习西方。这些知识分子以王韬、薛福成、马建忠、郑观应为代表。其中郑观应所著的《盛世危言》可以说是早期维新思想的集大成者。郑观应在《盛世危言》中提出了大力发展民族工商业，与西方国家进行"商战"的经济主张，同时又提出了设立议会，实行"君民共主"的政治主张。他们提出的早期维新思想不仅具有强烈的反侵略和民族独立思想，而且具有一定程度的反封建专制的民主思想。特别是他们的思想具有鲜明的要求发展资本主义以对抗西方对中国经济侵略的思想特征，这种思想已经完全没有了传统的"夷夏之辨"的色彩，其近代民族意识是非常明显的。但其影响主要是在少数知识分子中，没有形成广泛的社会影响。

三、戊戌维新派的"救亡图存"思想

中国在甲午战争中的失败对国人是一种极大的刺激。一方面，中国是败于日本，使中国人普遍认识到中国之贫弱落后；另一方面，战后帝国主义掀起了瓜分中国的狂潮，使中国各阶层普遍产生了深重的亡国灭种意识。在这种条件下，近代民族意识不再是少数知识分子的"精英意识"，而成为一种各阶级、各阶层普遍认同的社会共同意识。康有为、梁启超发起"公车上书"，大力宣传民族意识。而在这方面做出杰出贡献的当数中国近代启蒙思想家严复。严复在《救亡决论》一文中提出了"救亡图存"的口号。1898年他翻译出版了《天演论》，将西方近代社会进化论传入中国，为"救亡图存"的民族意识提供了近代的理论基础。戊戌维新派提出的"救亡图存"思想，体现出深刻的民族危机和民族矛盾意识，又是以"社会进化论"为其理论基础，具有明确的近代色彩，也具有广泛的群众基础。但是，当时还没有提出非常明确的"民族"定义，"中华民族"的民族认同还不是非常明显。

四、资产阶级革命派的"振兴中华"口号

资产阶级革命派的民族意识集中体现在孙中山提出的"振兴中华"口号上。1894年，孙中山在檀香山创立中国近代第一个资产阶级革命小团体——兴中会。在《兴中会会章》中，孙中山分析了中华民族面临的严重的民族危机，提出"是会之设，专为振兴中华、维持国体起见"，明确提出了"振兴中华"的口号。

这一口号第一次明确把中华民族视为一个整体，成为近代民族意识最明确、最完整的表现形式。

近代民族意识的觉醒，成为催生近代中国民族解放运动的精神动力。正是凭借这种热烈的民族意识，中华各族儿女与入侵者展开殊死斗争，粉碎了侵略者无数次灭亡中国的企图，捍卫了祖国的独立和民族的尊严，书写了可歌可泣的历史篇章。

【第一专题 MOOC 论坛讨论话题】

有人说"鸦片战争一声炮响，给中国送来了西方文明"；有人以台湾、香港为例，认为近代殖民主义的入侵推动了中国的近代化，认为"殖民有功""侵略有利"。这些观点实际上涉及如何看待近代"西力东侵"和"西学东渐"的关系问题，请结合所学就以上观点谈谈你的想法。

【第一专题综合测验题】

第一专题综合测验题

模块二 实践教学

【讨论话题】

近代资本–帝国主义的入侵对中国的影响是利大于弊还是弊大于利？

【学习方式】

小组讨论+课堂辩论

【课堂组织】

环节 1：分组讨论
环节 2：观点交锋（每组选派一名代表陈述观点）
环节 3：老师点评

模块三　课堂教学

教学环节一

第一专题自主学习检测（二维码：5 道测验题）

5道测验题

教学环节二

小组合作学习汇报（二维码：小组合作学习优秀作品）

小组合作学习优秀作品

教学环节三

专题一："殖民有功论"辨析

【专题内容】

　　在中国近现代史领域，对于如何评价近代西方列强的入侵对中国的影响这一重要问题，出现了一些错误的历史观。例如：有人说"鸦片战争一声炮响，给中国送来了西方文明"；有人以台湾、香港为例，认为近代殖民主义的入侵推动了中国的近代化，认为"殖民有功""侵略有利"。这些似是而非的观点颇具迷惑性，在社会上和高校青年大学生中产生了不小的负面影响。这些错误的历史观大致可以归纳为两个论点：一是"大炮送来文明论"；二是"殖民推动进步论"。前一观点实质上是对"西力东侵"与"西学东渐"关系的错误认识，后一观点则是对殖民主义与现代化关系的偏颇理解，本讲从这两对关系入手，辨析"殖民有功论"。

一、"大炮送来文明论"辨析

(一) 大炮送来的不是文明而是灾难

曾有人撰文说:"鸦片战争是西方列强以武力作凭借对中国进行的侵略,这是毫无疑义的。但是,是否又应该说,西方的大炮也是一身兼二任,它既是在野蛮地侵略中国,又是在强迫中国这个老大帝国走出封闭,走出中世纪,走向现代化。"因此,鸦片战争"是用侵略手段来达到使中国向世界开放的目的。自然,这是一种不平等基础上的开发,充满着民族的屈辱,但无论如何,从这时起中国又一次开始走向世界,并逐步走向现代化"。因此,"从某种意义上来说,是鸦片战争一声炮响,给中国送来了近代文明"。这一说法的要害不在于表达了鸦片战争后西方文明大量传入中国这一历史事实,而在于它把鸦片战争的"炮声"与西方文明的"传入"联系在一起,从而表达的是,正因为资本-帝国主义的侵略战争,才使中国开始接触西方文明,从而抹杀了资本-帝国主义殖民侵略战争的罪恶本质,成为"殖民主义有功论"的一种说辞。

以鸦片战争为起点的近代一系列侵华战争,是非正义的侵略战争,它爆发的根本原因是西方列强迫切需要争夺中国市场。鸦片战争后,西方资本主义国家疯狂地向中国倾销商品,中国被迫卷入资本主义市场,中国自给自足的封建小农经济开始被打破,开始沦为半殖民地半封建社会。我们可以从军事侵略、政治控制、经济掠夺和文化渗透四个方面分析近代一系列侵华战争给中国带来的深重灾难。

军事侵略。中国近代百余年间,资本-帝国主义对中国发动的侵略战争和武装侵略活动大大小小有一百余次。大规模的侵华战争有鸦片战争、第二次鸦片战争、中法战争、中日甲午战争、八国联军侵华战争及此后日本大规模侵华战争。可以说,中国是世界近现代史上遭受帝国主义侵略最多的国家之一。通过侵略战争,无辜的生命遭受屠杀。以战争相威胁,西方列强逼迫中国政府签订了一系列不平等条约。通过这些不平等条约,列强得到割地赔款、开放商埠、协定关税、领事裁判、领海和内河航行、传教、办学、设厂、开矿、筑路、驻兵等侵略权益。同时还割占了我国150多万平方公里领土,在我国16个通商口岸城市先后建立30多个租界,强占我国港湾为租借地共5处;各国还在中国划分势力范围,严重地破坏了中国的主权和领土完整。此外,在战争中,列强还大肆抢夺勒索中国的财富,北京三次被侵略者占领,无数的珍宝财物被抢劫。

政治控制。鸦片战争后,资本-帝国主义逐步加强了对清政府内政和外交的控制。把持中国海关是近代外国侵略者控制中国政治的重要手段。近代中国海关的职权范围，除了征收进出口关税外，还管理港口，主办邮政，甚至涉及与外国人交涉的各种事务。中国海关的高级职员全部由外国人充任。海关总税务司俨然成了清朝中央政府的最高顾问，而各通商口岸的海关税务司则成了各地地方政府的高级顾问。由于他们的任期长、熟悉中国情况，因而往往比外交官所起的作用还要大。例如担任中国海关总税务司长达48年之久的英国人赫德（Robert Hart）就是一个典型代表。赫德从1863年开始担任中国海关总税务司，直到1911年9月去世，他一直是中国海关的掌门人。赫德作为英国殖民者在中国的代表，他在外交事务中的首要立场是为了维护英国的利益。如在中法战争期间，为了尽快结束战争以避免英国在中国的利益受损，赫德在取得了清政府的授权后，秘密地与法国展开了和谈，最后在有利于中国的形式下却签订了损害中国利益的条约。

经济掠夺。资本-帝国主义凭借侵略特权，控制中国的通商口岸，不断扩大对华商品倾销和资本输出，逐步把中国卷入资本主义世界市场。从《南京条约》开放五口通商口岸的规定开始，资本-帝国主义此后一直将强迫中国开放口岸作为不平等条约谈判中的重要勒索内容。据专家考证，从1842年到20世纪初年，列强通过不平等条约强迫中国开辟的通商口岸达到70多处。列强通过这些通商口岸对中国进行商品倾销和资本输出。在甲午战争前，列强对华经济侵略是以商品倾销为主，甲午战争后签订的《马关条约》规定日本人可以在中国的通商口岸自由开办工厂，此后帝国主义各国纷纷在华设立工厂、开采矿山、修筑铁路，兴办银行，利用各种方式对华进行资本输出。甲午战争后，资本输出成为帝国主义操纵中国经济命脉的主要形式，从而把中国进一步纳入资本主义世界市场的体系中，成了西方大国的经济附庸。

文化渗透。文化渗透活动在近代中国更多的是披着宗教外衣，通过传教士的传教布道，宣传基督教义，以便"中华归主"。当时的中国，传教士东奔西走，宣传教义，吸纳教民；教堂遍布城乡，信徒众多。这些传教士和教民，良莠不齐，鱼龙混杂，有虔诚向教、慷慨行善的，也有欺世盗名、为非作歹的；有真诚皈依基督教的传教士，也有披着宗教外衣的帝国间谍。19世纪末20世纪初年的义和团运动，与外国传教士和中国某些教民勾结官府，作恶乡里，霸占田产，欺压良善有莫大的关系。此外，西方列强还鼓吹"黄祸论"，为侵略中国制造舆论。一般认为，"黄祸论"的始作俑者是俄国人巴枯宁，他在1873年出版的《国家制度和无政府状态》一书中，根据他逃亡中国期间的见闻，认为中国人口众多，十分拥挤，将有越来越多的中国人向外移民，这将给西方国家带来威胁。于是他上书沙皇，建议征服中国。1895年，德国皇帝威廉二世亲自构思了一幅《黄祸图》送给俄国沙皇尼古拉二世。"黄祸图"所要表达的意思是，希望信仰基督教的欧洲国家团结起来，击败来自东方的威胁，以保卫欧洲人的信仰与家园。侵略者通过宣扬中国等黄色人种对西方白色人种构成威胁，企图以此论证西方列强侵略中国有理。这是一种赤裸裸的种族和文化歧视。它摧残中国人的民族自尊心和文化自信心，对中国文化的健康发展产生了深远的不利影响。

以上种种事实表明，号称"西方文明传播者"的侵略者用大炮"送"给中国的，绝不是文明或者"上帝的福音"，而是践踏文明的野蛮和无穷无尽的灾难。

(二)西方列强主动"送来的"的文明往往来者不善

西方列强主动"送"来的文明，其目的往往是借此控制中国，历史上的"阿斯本舰队事件"充分说明了这一点。

"阿斯本舰队事件"发生在清政府镇压太平天国运动期间。英国侵略者认识到，要巩固和扩大在中国的侵略权益，就必须扶植清政府，把它变成为自己侵略服务的工具。为此，英国驻上海领事巴夏礼向清廷提出了一个购买外国船炮以增强清军战斗力，从而最终剿灭太平天国起义的计划。清廷经过反复商议，接受了巴夏礼的建议。由赫德委托已回英国休假的中国海关总税务司李泰国办理此事。英国政府了解此事后，决心借此机会控制中国海军。在未经清政府允许的情况下，李泰国擅自与英国海军军官阿思本签订《合同十三条》，根据这个合同，阿思本不仅成了这支舰队的司令，而且是清政府的海军总司令，所有官兵都由阿思本任用。阿思本只接受中国皇帝的命令，不接受中国其他官员的命令。中国皇帝的命令必须由李泰国传达，而李泰国对中国皇帝的命令有否决权。荒谬的《合同十三条》遭到李鸿章、曾国藩等洋务大臣的反对。在屡次交涉无果的情况下，清政府屈服侵略者的压力，同意将舰队遣散，舰船由英国变价出售。"阿思本舰队"计划使清政府白白损失 66.3351 万两白银。

"阿斯本舰队"事件表明，近代西方列强主动"送来的"文明，其目的不是帮助中国发展，推动中国进步，而是从其自身利益出发，为其殖民侵略服务的。

(三)西方文明东渐是先进中国人主动追寻的结果

的确，鸦片战争后，客观上出现了中国传统社会解体，中国的近代化运动启动的历史现象。在这一过程中，伴随着西方侵略扩张而来的西方文明在客观上确实对中国传统社会解体和近代化运动的开始起到了一定的作用。但应该看到，这一作用只是资本主义侵略的副产品，而并非西方资本主义侵略的目的。同时，这种作用也是中国人民自己寻求的结果。

鸦片战争后，先进的中国人为了改变中国贫穷落后的现状，不断地寻找救国救民的真理。在近代，中国人学习西方文明分三个阶段。从魏源的"师夷长技以制夷"到洋务派的洋务活动是第一个阶段，主要学习西方器物文明。从戊戌维新到辛亥革命是第二个阶段，主要学习西方制度文明。五四前后的新文化运动时期是第三个阶段，学习西方观念文明。由此可见，中国人对西方文明认识的深入过程，同时也是西方文明作用于中国的过程。西方文明东渐不是鸦片战争的直接后果，而是一代代先进中国人在民族意识觉醒之后主动追寻的结果。此外，我们还要认识到，西方文明也不是中国近代化运动的唯一思想动力，不能认为中国的近代化就是西方文明传入的结果。侵略战争对中国的传统社会形成了冲击，西方文明也对中国传统社会的解体起了一定的促进作用，但中国的近代化说到底是中国社会内部变革的结果。从太平天国到洋务运动，从戊戌维新到辛亥革命，中国先进知识分子的变革是中国一步步向着近代社会转化的根本动力。

二、"殖民推动进步论"辨析

关于殖民主义与现代化的关系，在中西学术界和社会思想领域都存在一股美化殖民主义的思潮。在我国，有人认为："从历史发展的角度看，西方近代对落后民族的殖民化是一种进步，殖民化在世界范围内推动了现代化的进程。殖民化打开了一个个封闭的地域，开拓了一个个商品市场和文化市场，使整个世界，特别是东西方不再隔绝，而是相互开放。……没有殖民化就没有世界化、国际化。"在西方学术界，英国学者 P. J. 凯恩和 A. G. 霍普金斯合著的《英帝国主义》书中写道："我们在此强调这样的事实，即把英国推到海外的那种力量与经济考虑结合在一起了，它们携带着一个更广泛的发展方案，这个方案的目的是提高文明标准和生活标准，而相应地伴随着这个方案的是自由政治原则和传教事业的出口。"该书的作者提出了"绅士资本主义"（gentlemanly imperialism）这个概念。"绅士帝国主义"既可理解为"绅士们的帝国主义"，也可理解为"绅士般的帝国主义"。而"绅士般的帝国主义"则意味着帝国主义是文雅的、有礼貌的。这就自然而然地为帝国主义涂上了脂粉。我们把这种观点称为"殖民推动进步论"。持此论者常常引用马克思关于殖民主义的"双重使命论"观点。马克思在《不列颠在印度统治的未来结果》中曾说："英国在印度要完成双重的使命：一个是破坏的使命，即消灭旧的亚洲式的社会；另一个是重建的使命，即在亚洲为西方式的社会奠定物质基础。"正确理解马克思关于殖民主义"双重使命"的观点，才可能真正驳倒"殖民推动进步论"。

(一)马克思的"双重使命"的判断主要是针对印度而言的，没有普遍意义

马克思的"双重使命"判断的特定对象是英国对印度的殖民统治，对其他殖民统治和殖民地没有借鉴意义。例如欧洲殖民者对美洲印第安人进行征服后，并没有对印第安人的落后社会制度进行变革，而是将他们驱赶到"保留地"，使其难以发展。或者，欧洲殖民者采取毁灭性行动，屠杀印第安人。在这里，"双重使命论"是无法适用的，原来印第安人的土地变成了殖民者的家园。

(二)在殖民统治下的殖民地是不能完成社会变革的

殖民主义者为了自身的利益，有必要在殖民地执行双重使命，使之在一定程度上资本主义化；但是，同样是为了自身利益，殖民主义者又不能在殖民地"完成"双重使命，使之完全资本主义化。在"消灭旧的亚洲式社会"方面，英国为了把印度变为自己的纺织品市场，采用各种手段摧毁了印度传统的手工纺织业，破坏了印度农业和家庭手工业相结合的自然经济，也摧毁了印度的农村公社，这对推动印度社会向前发展的确起了重大作用。但是，印度社会中妨碍社会进步的许多旧东西却仍然被保留下来。穆斯林和印度教徒的对立是马克思一再强调的印度旧社会中的一大问题。这个问题在英国统治时期不仅没有得到解决，而且由于英国殖民当局实行"分而治之"的策略，有意挑动穆斯林与印度教徒的对立，使这个问题变得更加复杂，更加尖锐了。英国殖民者退出印度前，又有意按宗教信仰把印度分割为印度、巴基斯坦两个自治领，使印度正式分裂，而克什米尔地区的归属悬而未决，至今仍是印、巴矛盾冲突的重要根源。

(三)在殖民统治下的殖民地的发展并不能都归因于殖民统治

在殖民统治下的殖民地发展，很多都是殖民地人民努力的结果，并不能都归功于殖民统治。例如，在英国的殖民统治下，印度人民坚持反对殖民主义，努力发展民族工业，寻找民族解放的途径，这就不能归功于殖民统治或殖民主义。鸦片战争后，中国人民救亡图存的一切努力及其成就也不能归功于西方殖民主义者。

(四)殖民主义的后遗症对被殖民国家贻害无穷

殖民统治给被殖民国家和地区带来了巨大伤害，可谓贻害无穷。例如，非洲地区的殖民主义遗留问题。非洲地区的殖民主义遗留问题包括：
第一，造成边界冲突问题。侵略者强行划分边界导致的非洲民族和边界冲突问题，如阿尔及利亚与突尼斯的边界冲突。第二，经济畸形发展问题。各个

殖民地都片面发展一种或几种供出口的农业经济作物或矿产品。如加纳的可可和黄金、苏丹和乌干达的棉花。在许多殖民地，现代工业几乎等于零。他们被迫生产他们所不消费的产品，而消费他们不生产的产品。在非洲殖民地，出现了非常奇特的现象，输出花生却进口花生食品、输出咖啡豆却进口咖啡饮料、输出棉花却进口纺织品、输出铁矿砂却进口铁器生产工具、输出铝矾土却进口铝制器皿。第三，种族歧视问题。由于数个世纪奴隶贸易、殖民主义和种族压迫的影响，歧视、鄙视非洲黑人的种族主义谬论泛滥，使非洲人民深受其害，部分非洲人认为自己"低能""卑贱"，而帝国主义却是"不可战胜的"，其统治是"不可动摇的"。殖民体系崩溃，殖民主义虽然被钉在人类历史的耻辱柱上，但是歧视黑人的丑恶思想意识并没有轻易消除。当前非洲国家在克服困难，进行现代化建设过程中，一些人表现出缺乏强烈的精神力量，缺乏自力更生、奋发图强的意识，缺乏自立于世界民族之林的自信心，而是一味依赖于国际社会，这无疑是殖民主义在非洲造成恶果的一种突出表现。

如果说殖民主义在某种程度上推动了被殖民统治国家的发展和进步，那么这种所谓"发展"或"进步"，正如马克思所言，是"用被杀害者的头颅做酒杯"喝下的"甜美的酒浆"。

【参考文献】

1. 孙瑞亮，季庆华. "阿思本舰队"流产始末[J]. 军事历史，1995(2).
2. 陈冠中. 也谈殖民地香港的社会与文化[J]. 读书，2009(4).
3. 林华国. 怎样认识马克思主义关于殖民主义的"双重使命"论[J]. 史学研究，2002(3).
4. 张顺洪. 关于殖民主义史研究的几个问题[J]. 河南大学学报(社会科学版)，2005(1).
5. 陆庭恩. 非洲国家的殖民主义历史遗留[J]. 国际政治研究，2002(1).
6. 吴争春. 殖民岂能有功[J]. 湘潮，2019(4).

无可奈何花落去*

——农民阶级和地主阶级不能救中国

---

* 本题出自宋代晏殊《浣溪沙》词："无可奈何花落去，似曾相识燕归来。"农民阶级和地主阶级都曾在历史上发挥过积极的历史作用，但在近现代中国，已经不能成为历史舞台的主导力量。

教学目的与要求	1. 通过线上学习，使学生了解在日益加深的民族危机和社会危机背景下，农民阶级和地主阶级洋务派各自对国家的出路进行了有益的早期探索，并提出各自的主张与方案。 2. 通过小组合作学习和课堂讨论，使学生从"天国梦"的幻灭、"自强梦"的破灭中认识到两大阶级力量无法肩负起争取民族独立、实现国家富强的历史使命的主要原因及经验教训，即中国农民阶级的革命性和与生俱来的历史局限，地主阶级洋务派的历史局限性及给予我们的启示。 3. 通过课堂专题讲授，引导学生将日本明治维新与洋务运动进行对比分析，进而理解两场变革之所以一成一败的根本原因，帮助学生树立正确的历史观。
教学重点与难点	1. 教学重点：农民阶级的平均主义、地主阶级的"中体西用"指导思想为什么都不可能使中国走向民族独立和国家富强，由此解决中国的出路问题。 2. 教学难点："中体西用"指导思想的局限性。
教学方式	1. 在线自主学习 2. 小组合作学习 3. 课堂专题讲授
课时安排	6 学时

在线教学导引

网上教学内容	网上学习任务清单
2.1 太平天国起义的爆发 2.2 太平天国运动的失败 2.3 洋务运动的兴起 2.4 绝对平均主义和"中体西用"的主张不能救中国	1. 完成第 2 专题 4 个知识点视频的学习 2. 完成第 2 专题单元测验题 3. 参与第 2 专题讨论

实践教学设计

实践教学主题	实践教学方式
探讨农民阶级和地主阶级洋务派领导的两场运动失败的原因	小组合作学习+课堂讨论

面授课堂教学设计

教学环节	教学内容	教学方法
★环节一： 网上学习检测	第二专题自主学习检测题	参与式
★环节二： 小组合作学习成果汇报	课堂讨论：太平天国运动究竟是历史的进步还是倒退？	研讨式
★环节三： 面授专题二	中国的洋务运动与日本的明治维新为何同途殊归	讲授式

模块一 在线教学

【第二专题 MOOC 知识点视频内容】

【知识点 2.1】
太平天国起义的爆发

太平天国起义的爆发

● **【本讲导入】**

鸦片战争后，中国的民族危机和社会危机日益加深。在这种背景下，中国社会各阶级、阶层都在思考和探索"怎么办"的问题。农民阶级、地主阶级洋务派从各自的阶级立场出发，对国家的出路进行了早期探索，分别提出了自己的主张和方案，并付诸政治实践。本专题集中讲述传统社会中的两大政治力量农民阶级和地主阶级洋务派对国家出路的早期探索，并分析其失败的原因。

一、太平天国起义爆发的原因

太平天国农民战争爆发的根本原因，是土地兼并引发的贫富不均问题和农民负担沉重的问题。

(一)土地兼并严重，农民负担沉重

太平天国农民起义爆发前夕，中国封建社会已经积聚太多社会问题，其中最根本的问题就是土地问题。中国自秦汉以来，生产方法不曾有过重大的革新，因此国民的经济生活全凭土地的自然生产力。一户小农家庭，耕地如果不能与人口同步增长，若没别的经济来源，就会日益贫困，贫困就借债，最后

只能卖田抵债。于是，便助成商贾富豪的兼并。由此，土地渐渐集中于少数地主富商人家，造成贫富分化。例如太平天国的首义之区广西金田村，占人口少数的地主拥有88%的土地，而占人口大多数的农民仅占土地约12%。[①]

由于人多地少，土地供不应求，地主趁机提高地租，使地租剥削日益苛重。广西的地租一般是"百种千租"（即以一百斤种子播种的田，要收一千斤的租谷），有的甚至达到"百种两千租"。当时的地租率已经达到50%，甚至达到80%。

此外，农民还要承受封建国家的横征暴敛。再加上自然灾害频繁，农民生活非常艰难。农民处境的艰难，使这个群体滋生着对社会和政府不满的情绪。

(二) 鸦片战争失败，进一步激化了阶级矛盾

与历朝历代其他农民起义相比，太平天国农民起义新增了一个外来因素，那就是鸦片战争后外来势力的入侵对社会矛盾的激化。

第一，巨额赔款额外增加了农民的负担。鸦片战争后，清政府需要支付的战争赔款为2100万银圆。清政府筹措这笔赔款，直接来自各种税约占73%。[②]而这些税收最终都落在老百姓身上。

第二，鸦片贸易使白银外流、银贵钱贱现象更加严重，导致农民负担大大加重。战后，鸦片贸易不仅没有停止，反而更加厉害。大量鸦片的涌入，势必导致白银大量外流，从而导致银贵钱贱。"银贵钱贱"是一种经济现象，清朝银两与制钱并行流通，银与钱在流通中的比价如何，对国计民生影响巨大。清朝规定交纳赋税必须按照白银核算，但农民和手工业者在市场上出售农产品或手工业产品只能得到铜钱。如果1821年农民出卖一石谷可以交纳一个人的赋税的话，到1850年则必须出卖1.5石谷才能交纳同样一个人的赋税。

第三，外国商品输入和通商路线改变导致大量手工业者和运输工人失业。大量外国棉纺织品的输入，使中国大量从事棉纺织品生产的手工业者破产。而战后通商路线的改变则加剧了运输工人破产。鸦片战争前，只有广州一口通商，江南大部分出口商品都是沿三条商道到广州。一条是从湖南湘潭到广州，一条是从江西九江到广州，还有一条是福建武夷山到广州。鸦片战争后，随着五口通商，特别是上海开埠，前两条商道基本废弃，第三条商道也难以为继。商道沿线的船夫、挑夫、马夫失业后成为游民，并组织或加入会党，加剧了社

---

① 太平天国金田起义[M]. 北京：人民出版社，1975：4.

② 马宇平，黄裕冲. 中国：昨天与今天——1840—1987国情手册[M]. 北京：解放军出版社，1989：23.

会的动荡不安。

总之，太平天国农民战争是在清王朝面临严重的社会危机和统治危机，阶级矛盾十分尖锐的情况下爆发的一场农民战争。一位曾亲历这个重大历史事件的英国人吟唎（Augustus F. Lindley）在《太平天国革命亲历记》一书中曾记载了起义初期民众对太平军的拥护和支持，他说："援军从四面八方涌来；一切地方起义军，一切被暴虐专制所迫害的人们，一切不满异族统治的人们，一切燃烧着爱国之火的人们，都奔集到天王的旗下。"①民众对太平天国农民起义的热烈支持，表明了他们对清政府统治的不满，也证明了反抗清朝暴政的太平天国农民起义的正当性和正义性。

二、拜上帝教与太平天国起义

(一) 洪秀全与拜上帝教的创立

太平天国起义领袖洪秀全，广东花县人，出身于一般农家。从 14 岁开始参加科举考试，至 29 岁仍未及第，是一个失意的农村读书人。科场失意的洪秀全曾在广州街头得到一本宣传基督教教义的小册子《劝世良言》。1843 年当他再一次应试落第后，洪秀全开始信奉上帝，并自己创立宗教——"拜上帝教"。

拜上帝教虽然选取了一些基督教的教义，但它并不是基督教的一个教派，而是将基督教和中国佛教、道教以及民间宗教乃至迷信的一些观念和仪式杂糅在一起。其教义既包含上帝面前人人平等的基督教原始平等思想，也宣扬天人感应、灵魂附体的神学和迷信观念，还吸取了天地会"反清复明"的种族思想以及儒家大同社会的政治理想。成为太平天国早期发动和组织农民起义的有力思想武器。

【思考】洪秀全为什么采用宗教形式发动农民起义？

可以说，以宗教形式发动农民起义是我国封建时代农民起义的一个普遍现象。太平天国农民起义也不例外。产生这一现象的原因主要在于封建制度下农民的特点以及宗教在农民心目中的位置。

在封建社会里，农民被束缚在一小块土地上，过着分散落后、自给自足、彼此隔绝的生活。这种生产和生活的特点使得他们既散漫无羁、互不统属，又迷信落后、崇尚权威。在此情况下，要把这些分散、迷信、处于隔绝状态下的

① ［英］吟唎（Augustus F. Lindley）. 太平天国革命亲历记［M］. 王维周，译. 上海：上海古籍出版社，1985：68.

农民组织到一起，就必须有一个共同的精神信仰。而在当时的情况下，宗教是把农民组织和联系起来的最恰当的工具与纽带。因为宗教在农民中历来有一定的根基和影响。长期以来，落后、低下的科技水平和生产力水平成为宗教迷信在农民中流行的温床。而宗教中所包含的救苦救难、众生平等思想，也容易使处于水深火热中的农民产生不切实际的幻想。因此，宗教的传播形式是农民所熟悉的，利用宗教发动起义更容易为农民所理解和接受。

（二）太平天国起义的爆发及其进程

也许你会问，太平天国农民起义为什么在广西地区爆发？这是因为此处土客矛盾比较激烈。洪秀全所生活的广西地区，有土著人和客家人的分别。客家人由外地迁入，常与本地人产生冲突。洪秀全是客家人，加入拜上帝教的大多也是想要寻求庇护的客家人。客家人的抱团心理和土著人的地域意识都十分强烈。在客家人与土著人产生冲突时，地方官府往往站在土著人一边。由于官府处理土客矛盾时的不公正，导致广西地区土客冲突的烈度不断加大。1850 年在土客之间的又一次械斗中，当地官府准备捉拿"乱源"洪秀全和冯云山。洪秀全顺势要求所有拜上帝教信徒变卖家产，集中起来准备行动。

1851 年 1 月 11 日，洪秀全率众在金田宣布起义。气势磅礴的太平天国农民战争从此开始了。太平军从金田村出发，一路北上，1852 攻下永安后，在此建制封王，建号"太平天国"。1853 攻占武昌，同年进驻南京，在此建立都城，改南京为天京。建都天京后，太平天国进行了北伐和西征（1853—1856），向北打到天津，逼近北京。1856 年，太平天国在军事上达到了全盛时期。

太平天国运动的失败

【知识点 2.2】
太平天国运动的失败

一、太平天国内部矛盾的发展和爆发

（一）太平天国政权的封建化

太平天国起义者们的最初理想是要建立一个区别于封建制度的农民政权，然而定都天京后，太平天国政权的封建性与日俱增。尊卑等级制和世袭制是封

建社会王朝政权的特点。太平天国政权的封建化首先体现在实行了一套"分贵贱""判尊卑"的礼制,从天王到诸王、各级将官,直至一般士兵,等级森严,礼仪烦琐,甚至连称呼、服饰、仪卫等都区分明确,不准逾越。其次体现为世袭制,天王及诸王、侯爵位都可以世袭。这就和旧的封建政权没有区别了。

(二)起义领袖的蜕化变质

太平天国定都天京后,各级领导人普遍抛弃了过去朴素的作风,滋长起享乐思想,追求穷奢极欲的糜烂生活。他们大兴土木,为自己兴建宫殿;沿用封建帝王的嫔妃制度,以至天王及诸王无不妻妾成群。

(三)内部争权夺利的斗争

政治上的倒退和生活上的腐化,必然导致组织上的宗派主义和离心倾向。太平天国定都天京后,各王均有千人以上的亲信官员和侍从人员,形成各自的利益集团,彼此钩心斗角。在这当中,矛盾的焦点集中在洪秀全与杨秀清的关系上。因为金田起义前,由于杨秀清在洪秀全不在的情况下,以"天父附体"的方式稳定了拜上帝会的人心,从而取得了"代天父发言"的资格。"永安建制"时,他被封为东王,并可以"节制西王以下诸王",从而形成了太平天国领导集团的二元中心,也埋下了太平天国日后分裂的伏笔。到天京后,洪秀全深居宫中,不理朝政,而杨秀清则声望和权势越来越大。天京事变就是洪杨矛盾的总爆发。

●【教学案例】天京事变

杨秀清逼封万岁:在太平天国向南京进军以及定都天京后的军事行动中,杨秀清的威望和权力达到了顶点,而他对权力的欲望也达到了顶点。他曾多次以"天父下凡附体"的方式逼洪秀全就范,答应他的要求。与此同时,杨秀清与其他诸王的关系也越来越差。由于杨秀清权大,众人往往敢怒而不敢言。最后竟发展到杨秀清"逼封万岁"。1856 年 9 月,东王称"天父下凡",召天王洪秀全到东王府,要求洪秀全封他为万岁。洪秀全当时答应,事后密诏韦昌辉、石达开等回京。

韦昌辉血洗天京:北王韦昌辉率兵回天京,突袭东王府,东王被杀,东王府内数千男女被杀尽。其后北王以搜捕"东党"为名,大杀异己,众多东王部属在弃械后被杀,平民也不能幸免,随后韦昌辉血洗南京城,2 万余人被屠杀。

石达开被迫出走:翼王石达开回到天京后,责备韦昌辉滥杀。韦昌辉起杀害翼王之心,石达开连夜逃出城外。北王随后尽杀其家属及王府部属。翼王从安庆起兵讨伐北王,求天王杀北王以谢天下。此时在天京以外的太平军大多支

持翼王，北王在势急下攻打天王府，但最终失败被杀。北王韦昌辉死后，翼王石达开执政，但天王洪秀全不再信任异姓王，开始重用其兄弟以牵制石达开。1857年石达开负气带领大军出走，更令太平天国雪上加霜。

【思考】为什么说"天京事变"的发生是太平天国由盛到衰的转折点？

"天京事变"使太平天国在政治上出现"朝中无人，军中无将"的局面；在军事上则造成了太平天国大量有生力量被杀或出走，湘军乘机调整力量，加强了对天京的包围和进攻；在思想上导致了太平天国理想的破灭和拜上帝教的全面破产。拜上帝教在太平军起义初期曾发挥过号召和组织民众的作用，但天京事变之后，洪秀全已很难继续以神权主义号召民众，拜上帝教徒具宗教形式，而丧失宗教内在精神。因此，太平天国从此一蹶不振，再也无法恢复前期的那种进攻的态势。

二、中外反动势力联合镇压太平天国

太平天国起义的失败既有自身的局限，也有客观方面的原因，这就是中外反动势力相互勾结，对太平天国运动进行联合绞杀。当满汉地主阶级当权派对太平军束手无策时，曾国藩和湘军走上前台，成为团结整个地主阶级对抗太平军的中坚力量。因此，我们有必要了解曾国藩与湘军崛起与太平军失败的关系。

曾国藩(1811—1872)，湖南湘乡（今双峰）人。1852年，他因母亲去世在家守孝。清朝廷令他在湖南帮办团练。曾国藩以办团练为名，训练了一支完全不同于清朝经制之师的军队，即湘军。湘军的强悍缘于它不同于八旗和绿营的军事建制。湘军的特点：第一，采取"兵为将有"的招募办法，即将领、士兵必由统兵者亲自选拔招募。这加强了各级将领之间以及士兵与将官之间的亲密关系。第二，采取"选士人，领山农"的选拔办法。所谓"选士人"，是指湘军的将领基本上是以书生为主体，而且这些书生大都有着同乡、同学、师生、亲友等关系。这样，湘军将领就形成了以书生为主体，以同乡、同学、师生、亲友为联系纽带的群体。所谓"领山民"，即招募勇丁，专招年轻力壮的山乡农民，"油头滑面，有衙门气者，概不收用"，而且募勇必回湖南原籍招募，利用同乡亲友关系相互吸引，编为一营。使一个营从营官到长夫，都是同乡同县之人，易于合心，临阵不会败不相救。第三，既注重"以礼治军"，又重视物质刺激。曾国藩训练军队，重视儒家伦理道德教育，把尊卑上下的封建等级礼教贯穿到营制里去。同时，湘军的饷银相当于绿营兵的3倍，这极大地提高了士兵英勇作战的动力。第四，在军队建制上，采取"水陆相依"的组织编制。湘军不仅有陆师，而且有水师。在作战中，陆师和水师可以互相援助。

湘军所具有的以上特点，使它区别于清朝廷原有军队八旗和绿营，成为打败太平天国的最重要的军事力量。在镇压太平天国农民起义的过程中，湘军由一支武装力量迅速转化为一股强大的政治力量，形成了湘军官僚集团，这也是后来洋务派形成的基础。

1862 年 5 月，湘军开始进攻天京。1864 年 6 月，洪秀全病逝。7 月，湘军攻破天京。天京陷落，标志着农民阶级"天国梦"破灭。

【知识点 2.3】
洋务运动的兴起

一、洋务派的形成及其兴办洋务的动机

19 世纪 60 年代，清统治阶级内部一部分地方官僚和中央权贵开始认识到只有学习西方先进武器装备和科学技术，才能挽救清王朝的统治危机，从而形成了洋务派。洋务派的主要代表人物有：恭亲王奕䜣（道光皇帝第六子），是清廷中央主持洋务的首脑人物。在地方有曾国藩（曾任两江总督、直隶总督等职，创办了清末最早的新式军工企业安庆内军械所，后支持李鸿章创办江南制造总局和派遣留学生，成为洋务派首领）、左宗棠（湖南湘阴人，在闽浙总督任内，创建福州船政局）、李鸿章（安徽合肥人，先后担任两江总督、直隶总督等职，他创办了多个企业，最著名的有江南制造总局和金陵机器局）、张之洞（河北南皮人，创办汉阳铁厂、湖北枪炮厂，是洋务运动后期的代表人物）。

洋务派兴办洋务的动机，奕䜣的奏折做了很好的解释。他在奏折中写道："臣等就今日之势论之：发捻交乘，心腹之害也；俄国壤地相接，有蚕食上国之志，肘腋之忧也；英国志在通商，暴虐无人理，不为限制，则无以自立，肢体之患也。故灭发捻为先，治俄次之，治英又次之。"①。这里的"发"指的是太平军，"捻"是指捻军。这充分说明洋务派兴办洋务的动机一是镇压农民起义、二是抵抗外来侵略。

---

① 贾祯，等. 筹办夷务始末(咸丰朝)(第 71 卷)[M]. 北京：中华书局，1979：17—26.

二、洋务运动的主要内容

(一) 兴办新式企业

洋务派首先兴办的是军事工业。从 1860 年到 1890 年，洋务派在"自强"的口号下先后创办了 20 多个军工局厂。这些军事工业都是官办的，主要集中于枪炮和舰船制造。1865 年李鸿章在上海创办的江南制造总局是其中规模较大的。

洋务派官僚原本以为开办军用工业即可达到"自强"的目的，但不久便发现仅仅开办军用工业根本无法实现其目标。经费不足，原材料短缺，运输通讯不畅，都严重制约着军用工业的发展。对于日益扩大的洋货倾销，国家财政日渐枯竭，更不是军事工业所能解决的问题。他们逐渐悟出一个道理，国家之强离不开"富"，唯有"寓富于强"，才能真正"自强"。因此，在同治末年提出了"强""富"并重，"寓富于强"的方针，开始创办以"求富"为目的的新式民用工业。如李鸿章在上海创办轮船招商局，张之洞在湖北创办汉阳铁厂等。

(二) 建立新式海陆军

建立新式海陆军是洋务运动的另一项重要内容。在镇压农民起义时，湘军、淮军便开始使用西方的近代武器。不过洋务派在创办新式军队方面最主要、最有成效的还是新式海军的筹建。从 19 世纪 70 年代到 90 年代，分别建成北洋水师、南洋水师、福建水师，加上原来的广东水师，号称"四大水师"。"四大水师"共有舰船八九十艘，其中以北洋水师实力最强，拥有舰船 27 艘，其中军舰 22 艘。1885 年又建立"总理海军事务衙门"，统一了海军指挥权。但实力最强的北洋水师在中日甲午战争中全军覆没，这实际上宣告了洋务运动的破产。

(三) 创办新式学堂、派遣留学生

在洋务运动中，洋务派认识到学习西方，举办近代事业必须有自己的洋务人才。从 19 世纪 60 年代开始，洋务派开始创办一系列新式学堂。创办的新式学堂大体分为三类："方言"学堂(即外国语学堂)、武备学堂(即军事学堂)和实业学堂(即职业技术学堂)。"方言"学堂主要有恭亲王奕䜣奏请设立的京师同文馆，这也是中国第一个近代新式学堂。武备学堂主要有闽浙总督左宗棠奏请附设于福州船政局的福州船政学堂及李鸿章奏请设立的北洋水师学堂。实业学堂主要有丁日昌奏请设立的福州电报学堂；李鸿章奏请附设于北洋水师的天津西医学堂等。

● 【教学案例】留美幼童

　　洋务派在兴办新式教育方面最重要的举措之一是向美国派遣官费留学生。1872年到1875年间，由容闳倡议，在曾国藩、李鸿章的支持下，清政府先后派出四批共120名学生赴美国留学。这批学生出洋时的平均年龄只有12岁，因此人们统称他们为"留美幼童"。据不完全统计，到1880年，共有50多名幼童分别进入美国耶鲁大学、麻省理工学院、哥伦比亚大学以及哈佛大学等名校学习。

　　幼童们在美国接受西方的教育，过美国式的生活，随着时间的推移，他们不愿穿中式服装，而是一身美式打扮，不少幼童把脑后的长辫子剪掉，一些幼童受美国宗教文化的影响，甚至信奉了基督教。幼童们学习西方文化，不但学到了许多新的自然科学知识，也接触到西方的人文社会科学，这使他们对烦琐的封建礼节不大遵守，对个人权利、自由、民主之类的东西十分迷恋。所有这些变化都被清政府的保守官僚视为大逆不道，不可容忍，一场围绕留美幼童的中西文化冲突随之爆发了，导致原定15年的幼童留美计划中途夭折，1881年四批留学生全部被召回国。

　　回国后这批西学所造之子饱受中国正统官僚系统的歧视和冷落。但他们勤奋进取，日后大都成为朝廷重臣，活跃在铁路、电报、矿冶等新兴产业，在外交领域，更是当仁不让地代表大清国，足迹遍布世界各地。他们中有成功向美国交涉返还庚子赔款1500万美元的驻美公使梁诚，有促成辛亥革命、南北议和的唐绍仪，有修成京张铁路的詹天佑，有清华大学首任校长唐国安，有北洋大学校长蔡绍基；也有在甲午海战中，撞日舰"吉野"而为国捐躯的"致远"舰副舰长陈金揆等等。

　　【思考】清政府中途召回留美幼童的原因是什么？

　　清政府中途召回留美幼童的原因是多方面的：首先，清廷上下对幼童"美国化"的恐惧，是这项计划夭折的主要原因。洋务派倡导派遣幼童留美的用意是希望借美国人之手培养一批掌握西方科技知识，但服务于封建纲常礼教的卫道士。然而，幼童留美的结果却与这一初衷大相径庭。其次，顽固派的反对。顽固派担心幼童将成为"美化"之人，"不复卑恭之大清顺民"，一开始就极力阻挠。1874年第二批幼童派出之前，他们借口开销太大，主张不再派出第三、四批。尽管因洋务大员李鸿章极力坚持，但给幼童留美事件蒙上了沉重阴影。再次，美国的排华运动起了推波助澜的作用。1879年，美国国会通过《排华法案》，限制华人入境，拒绝留美幼童进入美国陆海军学校，使幼童留美失去最基本的合法性。多种因素叠加，最终造成原定以15年为期的留美计划破产。

留美幼童的经历，折射出洋务运动作为一场学习西方的改革运动，它推动了历史发展和社会进步，但这场改革运动是有限度的，这个限度就是不能危及清朝的统治地位。

【知识点2.4】
绝对平均主义和"中体西用"的主张不能救中国

农民阶级与地主阶级是传统中国的两大政治力量，他们都曾在历史上发挥过积极的作用。但在近代中国，由于时代与阶级的局限，他们的救国方案及其政治实践并未能使国家和民族摆脱困境，真正走向富强民主的现代社会。其原因是什么呢？本节我们来分析这个问题。

一、农民阶级的绝对平均主义违背了社会发展的规律

（一）太平天国的《天朝田亩制度》与《资政新篇》

太平天国起义期间，先后出台了《天朝田亩制度》《资政新篇》两大纲领性改革方案。

《天朝田亩制度》是太平天国定都天京后颁布的第一个纲领性文件，它以改革土地所有制为核心，提出了一整套相当完备的理想设计，反映了农民阶级要求土地的愿望和绝对平均主义的社会理想，即建立一个"有田同耕，有饭同食，有衣同穿，有钱同使，无处不均匀，无人不饱暖"的理想社会。其主要内容：一是制定了平分土地的方案；二是规定了农、副产品的生产和平均分配方式。这种严格的平均主义的分配、消费的经济生活，当然需要一种极具权威的行政力量和严密组织来支配和保证。因此，太平天国建立了军事化的基层政权组织。

《天朝田亩制度》在中国农民战争史上第一次将平均主义思想具体化，是农民阶级对地主土地所有制的彻底否定，也代表着农民运动领袖对近代中国出路的一种积极探索。对此，我们应该予以充分肯定。但是，其局限性也是明显的。它试图将社会生产限制在自给自足的小农经济基础上，反映了农民小生产者的狭隘眼界，不符合社会发展的要求。事实上，《天朝田亩制度》颁布不久，

就导致经济萧条，怨声不断，为了适应现实迫切需要，1855年初就下令"照旧交粮纳税"。因此《天朝田亩制度》在太平天国期间并没有真正实行过。

《资政新篇》是太平天国后期颁布的具有鲜明资本主义色彩的另一纲领性文件。其主要内容涉及政治、经济、思想文化和外交各个方面，是近代中国第一个发展资本主义的方案，符合近代社会发展的要求，代表了19世纪60年代以前中国的最高水平，洪仁玕也因此在中国近代思想史的历史舞台上占有一席之地。"留学生之父"容闳称洪仁玕是"远东大规模现代化计划的先驱"。① 但它未能付诸实施，原因在于：其一，当时的中国还不完全具备实行资本主义的政治、经济与社会变革的条件；其二，它不是农民战争实践的直接产物，没能反映农民对土地的迫切要求，未能得到农民的支持；其三，太平天国后期忙于应付严酷的军事斗争。简言之，物质基础和阶级基础的缺乏导致《资政新篇》仅仅停留在纸面上。

(二)农民阶级绝对平均主义的主张不能救中国

比较《天朝田亩制度》和《资政新篇》的内容，我们可以看出，真正反映农民阶级要求的是前者。然而《天朝田亩制度》所体现的绝对平均主义理想与社会发展的要求是不相适应的，表现在：

第一，绝对平均主义理想建立在非常低下的生产力发展水平上，是违反社会生产力的发展要求的。在人类社会发展进程中，只有生产力不断发展，人类社会才能不断进步。而绝对平均主义把生产力的水平限制在分散的、落后的、使用简陋工具的个体小生产的水平上，这是阻碍生产发展的，也不可能持久得到农民的拥护。

第二，绝对平均主义理想为了做到社会财富的绝对平均分配，主张取消一切商品交换，这是与中国近代发展资本主义的时代要求背道而驰的。

第三，绝对平均主义否定一切社会差别，主张平均分配，这是不符合现实的空想。实际上，在任何社会形态下，生产资料和生活资料都是不可能做到绝对平均分配的。如果在社会上强行推行绝对平均主义，势必严重地损害劳动者的生产积极性，对社会生产力造成严重破坏。

因此，如果按照太平天国的绝对平均主义来寻找中国的出路，只可能使中国维持低下的生产力水平，不可能使中国走上富强、民主的现代化道路。

---

① 郑大华. 晚清思想史[M]. 长沙：湖南师范大学出版社，2005：97.

二、洋务派"中体西用"的主张不能救中国

(一)"中体西用"思想的形成

洋务运动的指导思想是"中体西用"。最早揭示这一思想核心的是冯桂芬，他在1861年就提出"以中国之伦常名教为原本，辅以诸国富强之术"①。而最早用"中学为体，西学为用"表达出来的是沈寿康，他于1895年在《万国公报》上发表《救时策》一文，提出："夫中西学问，本身互有得失。为华人计，宜以中学为体，西学为用。"1898年，另一位洋务官僚张之洞发表《劝学篇》，将"中学为体，西学为用"的思想加以理论概括和系统阐发。

"中体西用"作为一个命题，其实包括两对概念：一是"中学"与"西学"；二是"体"与"用"。所谓"中学"又称"旧学"，主要是指以儒家伦理纲常为核心的政治意识形态；"西学"又称"新学"，主要指西方近代科学技术和军事装备，后来也深入到教育、财政经济制度等近代西方文明。所谓"体"是指不变的根本原则，"用"是指利用。"中体西用"论的实质是在不改变中国固有的政治制度与伦理道德的前提下，用西方近代工业和技术为辅助，维护和巩固封建统治秩序。

(二)"中体西用"的自强之路不是中国真正富强的道路

"中体西用"论的出现，在当时的历史条件下，有其合理的因素。说明部分中国人改变了"夷夏之防"的旧观念，提出了如何学习西方的一种战略思想。在这种指导思想下，中国逐渐引进西方军事与科学技术，有力地推动了中国近代化的进程。

但从总体上说，"中体西用"思想是保守的，是阻碍中国走向世界、走向近代化的。首先，在"中体西用"思想指导下所允许引进和学习的西学是有限度的，张之洞虽然倡言学习"西政"，但他所说的西政只是政治、经济、军事、文化等的一些具体措施，而根本不敢触及西方资本主义的政治理念。在他看来，西方资产阶级的民权之说，与中国传统的纲常伦理是绝不相容的。这就阻碍了中国政治制度和政治意识的近代化。其次，在这种思想的指导下，"中体"对"西用"有巨大的制约作用，传统的政治体制和观念制约着引进的西方军事技术"御侮"能力的发挥，中国在甲午战争中的惨败已充分说明了这一点。

历史证明，"中体西用"的指导思想不可能把中国真正引上独立、富强和民

---

① 冯桂芬. 校邠庐抗议[M]. 上海：上海书店出版社，2002：57.

主的强国之路。

【第二专题 MOOC 论坛讨论话题】

从"中体西用"思想看洋务运动的局限。

思路决定出路。"中体西用"思想是晚晴洋务派提出的改革思路，有人认为如果依据这一思路走下去，中国也许可以避免此后流血的革命，而平缓地实现现代化，请同学们结合洋务运动的历史，畅所欲言，谈谈你对此问题的看法。

【第二专题综合测验题】

第二专题综合测验题

模块二 实践教学

【讨论话题】

太平天国运动究竟是历史的进步还是倒退？

【学习方式】

小组讨论+课堂辩论

【课堂组织】

环节 1：分组讨论
环节 2：观点交锋（每组选派一名代表陈述观点）
环节 3：老师点评

模块三　课堂教学

教学环节一

第二专题自主学习检测(二维码：5 道测验题)

5道测验题

教学环节二

小组合作学习汇报(二维码：往届学生优秀作品)

往届学生优秀作品

教学环节三

专题二：中国的洋务运动与日本的明治维新为何同途殊归

【专题内容】

世界近代史上，洋务运动前的中国和明治维新前的日本，有着极其相似的国情，都是被西方列强强行打开国门，两国都严格执行闭关锁国的政策。当清朝沉浸于天朝上国的美梦时，西方国家的坚船利炮已打到国门，一连串的战争失败，迫使清政府签订一系列丧权辱国的不平等条约，使中国陷入半殖民地半封建的泥潭。当时的日本情况也不乐观，美国"黑船"打开这个闭关锁国达六百年之久的封建国家，随后其他西方国家也强迫日本签订一系列不平等条约，日本面临着严重的民族危机。

为应对西方入侵、摆脱统治危机，中国和日本在 19 世纪 60 年代不约而同地进行了自上而下的改革，清朝的史称"洋务运动"，日本的史称"明治维新"。虽然两国的改革几乎处在同一起跑线上，但最终的结果却大相径庭：中国的洋务运动以失败而告终，日本的明治维新却取得令人瞩目的成功，可谓同途殊归。两国改革为何同途殊归，一直是史学界探讨的重要问题，迄今仍是众说纷纭，莫衷一是。本书从现代化理论的视角切入，或能为解答这一历史难题提供启发。

一、两国制度和文化方面的差异

有研究者指出，中日两国在制度方面的最大差别是晚清中国实行的是集权官僚制，而日本实行的是封建制。那么，这两种政治制度有何区别？哪种更能促进现代化？美国政治学家萨缪尔·亨廷顿认为，集权官僚政体和封建政体是两种截然不同的传统政体，前者具有内部结构稳定性，后者则具有很大的灵活性。集权官僚制具有中央集权、权力一元化两大特点，在农业社会，对于社会的长期稳定发挥了重要作用，但随着中国的发展被纳入现代化轨道，集权官僚政体的弊端开始显现。洋务运动的倡导者在中央以奕䜣为代表，地方以曾国藩、李鸿章、左宗棠、张之洞等人为代表，其成员都是封建官僚，受阶级立场所限，他们从未梦想要把中国锻造成一个新式国家，事实上，他们竭力地巩固而非取代现存的秩序，他们的努力只不过造就了散落在一个传统国家中的一些新派孤岛而已，在这个国家里，占主导的仍然是旧式制度。而德川时代的日本为封建分权，权力是多元的，日本维新运动的主体是武士、大名阶层，他们都是新兴的资产阶级，革命相对彻底并具有颠覆性，在思维观念的更新和接受新生事物能力方面相对见长。加上政体的灵活性和适应性使其对于现代化有较强的应对能力。

中日两国的文化差异也非常明显。中华文明是以儒家文化为核心的原创性农业文明，四周邻国皆为落后地区，中国长期扮演文化输出者的角色，在国民中形成了盲目尊己、故步自封的陋习。这种文化中心主义既不利于外国先进文明的输入，又抑制了本国现代因素的产生与发展。洋务运动时期，保守势力非常强大，不仅压制了民办实业和私家竞争，且未能在官办工业或官督商办企业中注入个人能动性，相反，使新式企业备受官场中司空见惯的无能、任人唯亲和贪污腐败等现象的困扰。从历史上看，在一千多年的时间里，日本大量吸收了中国的大唐文化。明治维新开始后，日本又按照十一个世纪前全盘接受中国文化的方法引进西方的文明，为建设一个现代化的国家奠定了基础。

比较还发现，中日两国的文化心态差异导致学习异质文化的能力有很大不同。中国人是在与列强的多次战争中逐步认识和接受西方的工商业文明的。而地理环境造成的生存危机使得善于采借外来文化成为日本民族的特点，美国著名学者埃德温·赖肖尔对此予以高度评价，"事实上，日本（地理上）的孤立状态倒是迫使他们创造出可能比世界上任何一个类似民族更多并更具有自己显著特征的文化。"因此，日本学习西方文化几乎没有传统价值的羁绊，其民族发展主要靠摄取其他民族的文化滋养自己，在借用西方文明时，心理上的冲突较少，痛苦较小。总之，中日两国传统社会在制度和文化方面的差异使日本站在了一个有利的现代化起点上。这无疑是两国现代化不同结局的重要原因。

二、两国应对西方文化冲击的速度和能力不同

中日两国虽然在 19 世纪中期同样遭受西方列强的挑战，但反应速度和反应能力有很大差别。

中国的农耕文明，内敛保守，其文化观念优越感很强，导致中国人对于西方文明的冲击反应迟钝，也导致了中国现代化道路曲折而漫长。尽管军事上一败再败，但清王朝统治者仍不主动学习西方文明，以至于错失了自鸦片战争之后 20 年的宝贵时间。法国驻华公使施阿兰针对清朝统治者锁国酣睡的心态写道："在 1894 年 4 月这一时期，中国确实处于一种酣睡的状态中。它用并不继续存在的强大和威力的幻想来欺骗自己，事实上，它剩下的只是为数众多的人口，辽阔的疆土、沉重的负担，以及一个虚无缥缈的假设……当我能够更仔细地开始观察中国，并同总理衙门大臣们初次会谈以后，我惊讶地发现这个满汉帝国竟是如此蒙昧无知、傲慢无礼和与世隔绝，还粗暴地标出'不要摸我'的警告。"

日本是四面环海、多地震的岛国，具有很强的生存危机意识，对外来的新信息、新知识有较强的敏锐性与学习欲望，在发现西方文化优越性后迅速开始大幅度引进与学习。当 1853 年面对美国黑船压境时，日本人急转观念和思维，对世界做出了新的判断："近来宇内大开，当各国争雄四方之时。独我邦疏世界之形势，固守旧习，不谋一新之效。"在明治天皇 1868 年颁布的"国是五项誓文"中，把"寻求知识于世界"提到国家基本政策的高度。在认清"各国争雄"的国际大势后，明治政府最高统治集团主动快速地做出选择，他们中的半数亲历周游欧美各国，悉心考察各国富强之道，寻求如何效法西方。结果，日本从闭关到开放的调整，并跃上明治维新加速发展的道路只花了 15 年。

三、两国推行现代化变革的指导方针不同

在内外交困的背景下，清朝统治者逐渐意识到面临着"数千年未有之变局"，不可能一成不变地沿用旧的统治方法，必须有所"变法"，但阶级本质又决定他们不愿意改变封建的统治秩序和传统文化，故而洋务派提出"中体西用"的指导方针，即试图用西方先进的科学技术和军事装备来改变被动的局面，以达到维护封建统治秩序和封建传统文化的目的。

"中体西用"的主张，从哲学上看，是一种既肯定新价值又不否定传统价值的相对主义。正如史学家陈旭麓所评价的，这种做法并不是以新事物取代旧事物，而是在旧事物边上另置一新事物，即"布新而不除旧"。对待向西方的学

习，清政府认为要学习的只是先进科学技术，其他的都不必学，甚至都不必了解。因此，尽管洋务运动取得了一定的成就，但充其量可称为极肤浅的现代化尝试，其活动范围局限于火器、船舰、机器、通讯、开矿和轻工业，未开展任何仿效西方制度、哲学、艺术和文化的尝试。只触及现代化的表皮，而没有获得工业化的突破，可以说，洋务运动的失败是从一开始就注定了的。这一根本缺陷先在 1884—1885 年的中法战争中暴露出来，十年以后，在甲午战争中的败绩，更是确凿无疑地证实了洋务运动的失败。

明治维新开始后，日本政府以"脱亚入欧"为指导方针，在他们看来，除了学习西方的先进科学技术，更重要的是西方的思想文化和政治社会体制。因而，经济上效法德国，文化上效法美国，推行"富国强兵，殖产兴国，文明开化"三大措施。其中的"文明开化"政策的实施，极大地提高了日本的国民素质，培养了大批科技人才及工商业管理人才，对于日本摆脱落后面貌并跻身于先进强国之林起到了无法估量的作用，使日本走出了一条"民族主义的、家族式的、反个人主义的"现代化道路，打破了旧制度的约束，建立了开放的环境，加强了与世界民族间的联系与沟通，激发了社会活力，使日本迅速从一个落后的农业国转变为一个经济较为发达的工业国。无疑，明治维新顺应了当时历史发展的潮流，日本往资本主义国家的方向改革，因此日本的明治维新是成功的。

四、两国推进现代化的主导力量不同

在现代化早期，政府起着关键性作用，中央政府能不能发挥主导作用，发挥得如何，都直接关系着现代化的前途。中国现代化由于晚清政府的迟钝和无能，不得不主要依靠一批具有先进思想、拥有地方实权的士大夫来推进。而日本由于很快建立了资产阶级性质的政权，现代化得以在中央政府的主导下强力推进。两国推动现代化主导力量的不同直接导致了两国现代化的不同结局。

比较而言，中国较日本有更优良的行政组织和文官制度。遗憾的是，晚清政府一直处在难以遏制的政治衰败过程中。由于王朝衰败的巨大惯性不可遏制，清廷无法充当现代化的主导力量。掌握中央实权的慈禧太后徘徊于顽固派与洋务派之间，使洋务运动缺乏一个健全、有力的领导核心。只有士大夫中的洋务派在为现代化奔走呼号，但他们得不到实质性的政治权力的支持。大部分士绅将洋务视为"卑""野"之事，有损于他们的尊严，竭力反对与阻挠现代化。1874 年，由于机车撞到了一个看客，英国修筑的上海至吴淞短线铁路被暴民们扒掉了路基。两年后，两江总督在当地士绅的压力下购买了这段洋路并将其拆毁。

日本的现代化是在政府推动下进行的。在政治、经济、文化、军事等多个方面，明治政府都发挥了推动现代化的主导作用。当时兴办的企业由政府牵头，由专门的政府机构负责。即使是单纯的"官办"，政府的主体责任以及主要目标很明确：在取得一定成果后，针对国有企业亏损和发展私人资本主义的需要，转而开始扶持私人企业。甚至把除部分军工厂外的官办大型企业廉价出售或无偿转让给私人资本家。日本政府对民营企业的扶持是全方位的。"明治政府为了加速扶持资本主义成长，还采取发给巨额补贴、进口优先、发放大笔企业贷款，以及减免企业税和出口关税等办法，无微不至地保护新兴资产阶级的经营活动。"在这种扶持而又不干扰理念的推动下，日本的资本主义迅速地发展和壮大了起来。历史表明，政府主导是日本现代化取得成功的关键。

综上所述，晚清时期中日两国的变革之所以有着截然不同的结局，原因主要体现在上述四个方面，其中包含的历史教训，值得深刻反思。

【参考文献】

1. 周生杰. 制度变迁理论视角下的洋务运动与明治维新之比较[J]. 中共福建省委党校学报，2017(12).
2. 徐中约. 中国近代史：1600—2000，中国的奋斗[M]. 北京：世界图书出版公司北京公司，2013.
3. 姚传德. 从官办到民营——日本明治政府之产兴业方针的演变[J]. 安徽史学，2003(5).

君宪共和总难成*

——资产阶级方案在中国行不通

---

* 杨度曾在袁世凯死后说"君宪已死，共和亦将亡"，表达了当时知识分子对辛亥革命后中国政治前景的忧虑，取此意成"君宪共和总难成"一语，表达维新运动的君主立宪理想和辛亥革命的民主共和理想都难以在中国实现。

教学目的 与要求	1. 通过线上学习，了解资产阶级改良派与革命派为挽救民族危亡所做的不同努力及其历史功绩，使学生理解为什么资产阶级的君主立宪制和共和制在中国都行不通。 2. 通过小组合作学习和微电影拍摄，使学生从辛亥革命志士的人生经历中认识和学习革命者的英雄气概和革命精神。 3. 通过课堂专题讲授，引导学生辨析"告别革命论"的错误观点，帮助学生树立正确历史观。
教学重点 与难点	1. 教学重点：维新运动及辛亥革命失败的原因。 2. 教学难点：辨析"告别革命论"。
教学方式	1. 在线自主学习 2. 小组合作学习 3. 课堂专题讲授
课时安排	6 学时

在线教学导引

网上教学内容	网上学习任务清单
3.1 维新运动的兴起 3.2 维新运动的开展与失败 3.3 辛亥革命爆发的历史条件 3.4 辛亥革命与中华民国的建立 3.5 北洋军阀专制统治的建立 3.6 资产阶级方案为什么在中国行不通	1. 完成第 3 专题 6 个知识点视频的学习 2. 完成第 3 专题单元测验题 3. 参与第 3 专题讨论

实践教学设计

实践教学主题	实践教学方式
我心中的辛亥革命志士	小组合作学习+微电影展示

面授课堂教学设计

教学环节	教学内容	教学方法
★环节一： 网上学习检测	第三专题自主学习检测题	参与式
★环节二： 小组合作学习成果汇报	短暂的人生，永恒的精神——"我心中的辛亥革命志士"微电影展示活动	参与式
★环节三： 面授专题三	"告别革命论"辨析	讲授式

模块一　在线教学

【第三专题 MOOC 知识点视频内容】

【知识点 3.1】
维新运动的兴起

维新运动的兴起

甲午战争失败后，康有为、孙中山等先进人物总结甲午战败的教训，决心向西方学习，以寻找到救亡图存的道路。但旨在仿效日本实行君主立宪制度的"戊戌变法"失败了；而孙中山通过辛亥革命建立的中华民国，换来的却是帝制复辟和军阀混战。为什么资产阶级领导的改良与革命最终都归于失败？为什么资产阶级共和国的政治方案在中国行不通？这一讲我们将一起来学习探讨这些问题。

戊戌维新运动是甲午战争后，中国民族危机空前严重的背景下，由新兴资产阶级为挽救民族危机而进行的变法维新的政治运动，也是新兴资产阶级从其阶级立场出发，对国家出路进行的一次探索。

一、维新运动兴起的历史条件

第一，中日甲午战争中国战败的刺激。在中国近代的反侵略战争中，中日甲午战争可以说是规模最大、失败最惨、影响最深、后果最重、教训最多的一次战争。日本在历史上一直是中国的学生，与中国有着非常密切的历史的、文化的、经济的联系；日本也曾一度遭受西方列强的侵略，面临沦为半殖民地的危险；日本就其国力来说，在当时远远落后于中国。然而就是日本在甲午战争中打败了中国，这对中国人的刺激是非常巨大的。空前严重的民族危机激发了国人普遍的民族危机意识，因此救亡图存成为中国社会各阶层的普遍要求。特别是一些先进的知识分子经过反思，认识到中国之所以失败，日本之所以胜利，最主要的原因是日本经过明治维新，建立了优于中国的政治经济制度。因此，要救亡图存，就必须变法，建立资本主义的政治经济制度。

第二，民族资本主义的初步发展和民族资产阶级的初步形成。19世纪末，中国的民族资本主义得到了初步的发展。民族资本主义初步发展的原因是多方面的：一是洋务运动的推动和示范作用；二是甲午战争后清政府由于被迫允许外国人在中国开办工厂，也就不得不允许民间办厂；三是许多民间资金的拥有者把开办工厂，举办实业作为救亡图存的重要途径。资本主义经济的发展使民族资产阶级也开始形成，中国民族资产阶级主要来自官僚、地主、商人和华侨。尽管这个时候的资本家数量不多，其中大多数在经营近代资本主义企业时还兼有原来的旧的身份，如资本家兼官僚、资本家兼地主、资本家兼商人等等，但共同的利益使他们有了自己的政治和经济要求：在民族问题上，他们要求废除不平等条约，取消外国资本主义在中国的特权；在政治上，他们要求有一定的民主权利，能够参与政治；在经济上，他们要求摆脱封建专制的束缚，自由地发展资本主义。由于他们的力量还很弱小，也没有形成独立的阶级意识，所以他们的要求主要由一些从地主阶级营垒中分化出来的知识分子所代表。这些代表他们利益要求的知识分子就是维新派。

第三，西学的传播和维新思潮的兴起为维新运动提供了思想基础。洋务运动促进了西学的广泛传播，使广大知识分子开始向西方寻求挽救国家命运的思想武器。洋务运动后期，一些从洋务派营垒中分化出来的知识分子开始提出自己的维新主张，形成了早期维新思想。甲午战争后，在内忧外患的冲击和中西文化的碰撞过程中，人们逐渐形成了一个共识，要救国，只有维新，要维新，只有学习外国。那时的外国只有西方资本主义国家是先进的，它们成功地建立了资本主义制度。日本向西方学习成效显著，中国人也想向日本学习。在这样的历史条件下，资产阶级改良思想在中国社会迅速传播，并发展成一场变法维新的政治运动。

二、维新派的形成及其主要代表

甲午战争前，中国没有形成过代表社会发展要求的新的政治势力。"戊戌维新派是中国近代最先形成的反映新的时代特征和新的社会要求的政治势力。这一新的政治势力以康有为为核心，以康有为长兴讲学（即创办万木草堂）为其形成的开始。"1895年5月，康有为、梁启超在北京发起"公车上书"。"这次上书可以说是康有为与他的弟子第一次集中士人之力量向当政者提出自己的政治见解和主张的尝试，也是维新派这一新的政治势力形成的重要契机。"梁启超认为"中国之有群众的政治运动，实自此始。"①随着戊戌维新派的形成，也形成了以康有为为核心的骨干力量，这些骨干力量除康有为外，还有梁启超、谭嗣同、严复等。

康有为（1858—1927），广东南海人，人称康南海。他于1888年第一次上书光绪帝，主张变法。1891年在广州设立万木草堂，招徒讲学，著书立说。1895年他发起"公车上书"，成为维新派的精神领袖。先后撰写《孔子改制考》《新学伪经考》，为变法主张建立理论根据。维新运动中，康有为参与组织强学会、保国会，创办《中外纪闻》，并向光绪帝上《应诏统筹全局折》（即第六次上皇帝书）。

梁启超（1873—1929），广东新会人。康有为在万木草堂的得意弟子。1895年，与康有为一起联合各省举人发动"公车上书"，先后参与北京强学会和上海的强学分会活动。在上海与黄遵宪一起办《时务报》，著《变法通议》，大力宣传维新变法思想。1897年到长沙，任时务学堂中文总教习。梁启超被称为"天才的宣传家"，他撰写的政论文章，在社会产生广泛的影响。

谭嗣同（1865—1898），湖南浏阳人。1895年倡议在家乡浏阳创办算学馆，1896年在南京著《仁学》。1897年回湖南，参与时务学堂、南学会、《湘报》等活动，并积极参与创办轮船、筹建铁路等实业活动。1898年4月应诏入京，任军机章京。戊戌政变发生前，曾夜访袁世凯，劝袁发兵围园杀后，救光绪皇帝。政变后被杀。谭嗣同是维新派中最具战斗精神的思想家，他第一个正面抨击封建纲常伦理，被誉为"晚清思想界的彗星"。

严复（1853—1921），福建侯官（今福州）人。早年考入福州船政学堂。1877年到1879年，被公派到英国留学，先后就学于普茨茅斯大学和格林威治海军学院。回国后，先后在福州船政学堂和天津北洋水师学堂任教。他译述《天演论》，大力宣传社会进化论思想，书中提出的"物竞天择""适者生存"思想警醒了包括胡适、毛泽东在内的一代爱国青年奋起救国。

---

① 梁启超. 饮冰室合集·专集（卷34）[M]. 中华书局，1989年影印版：60.

【知识点3.2】
维新运动的开展与失败

一、百日维新

随着民族危机的进一步加深以及维新派宣传组织活动的深入开展，维新思潮迅速朝着一场实际的政治改革运动转化。1898年(农历戊戌年)6月11日，光绪帝在康有为为首的维新派推动下正式颁布"明定国是"诏，宣布开始变法，史称戊戌变法。因新政从1898年6月11日开始，到9月21日慈禧太后发动政变为止，前后共103天，所以历史上又称"百日维新"。

从百日维新新政的内容看，在一定程度上反映了新兴资产阶级的利益和要求，对中国民族资本主义的发展和社会的进步具有积极意义，因此是资产阶级性质的改良运动。如政治上提倡向皇帝上书言事，在一定程度上开放民主，有资产阶级参与政权；在经济上，主张发展资本主义工矿企业和交通运输业，鼓励创造发明，主张资本主义的雇佣劳动等；在文化上，创办学堂，改革科举，奖励创办报刊，准许自由组织学会等。这些都有利于民族资本主义发展和社会进步。

【思考】为什么说百日维新新政内容没有触及封建制度的根本？

新政内容没有从根本上触及封建制度的根本。这主要体现在：第一，在政治上，没有采纳维新派多次提出的开国会，立宪法的主张，没有触及封建专制统治的基础；第二，在经济上，没有提出任何改革或改变封建土地制度的主张，没有触及封建生产关系的根基；第三，在文化上，虽然有改书院、兴学堂、废八股等主张，但没有废除科举制度，没有触及封建文化教育制度的根本。所以，"百日维新"的新政内容是一个很不彻底的资产阶级改良方案。

即使如此，在戊戌维新运动中，中央各机构和地方各督抚对于光绪皇帝的变法诏令也基本上没有落实，改革诏令大都成为一纸空文。因此，维新运动在地方上除了一些宣传和学会的活动，真正进行实际改革的很少。只有湖南省在光绪帝颁布"明定国是"诏以前就开始进行了一系列实际的改革，从而成为维新运动中"全国最有生气的省份"。

● 【教学案例】湖南维新运动的兴衰

在维新运动中，湖南维新占有十分重要的地位，它不仅是整个维新运动的一个缩影，而且真正赋予了维新运动以社会实践意义。在戊戌维新运动中，湖南之所以成为"全国最有生气的省份"有多方面的原因：第一，在甲午战争中，湘军曾出辽东征战，湖南对湘军征战寄予极大的希望，但湘军在辽东大败，使湖南人受到了比其他省份更大的刺激，从而有了更大的改革动力；第二，湖南当时集中了一大批有着维新思想倾向的官僚，如陈宝箴、江标、徐仁铸、黄遵宪等，还有许多康门弟子到湖南来参与新政，如梁启超；还有一大批本地的维新派志士，如谭嗣同、唐才常、熊希龄等；第三，维新派与洋务派在早期的合作也是湖南维新运动前期有声有色的重要原因。

湖南维新运动大致可分为三个阶段：第一阶段是1895年秋到1897年秋；第二阶段是1897年秋到1898年5月；第三阶段是1898年5月至戊戌政变发生。第一阶段，湖南维新运动的主体力量是具有改革思想的省级大员和具有自强思想的地方绅士以及激进的维新派。三者的联手合作使运动得以平稳进行。1895年8月，具有维新思想的巡抚陈宝箴走马上任，有力地将湖南维新改革推向高潮。光绪帝称陈宝箴为"新政重臣"。第一阶段湖南的维新举措主要是兴办实业，如开办机器制造公司、矿务局、电报局、火柴厂、铸钱局、工商局、蚕桑局、水利公司等。这一阶段兴办的实业，地方绅士所做的贡献比维新派还要多。地方绅士之所以积极参加新政，是因为他们也要"自强"，他们也希望国家强盛，不受外侮，在这一点上，他们与维新派是一致的，但他们的思想水平仍是沿袭了洋务派的"自强运动"老路。

湖南维新运动高潮起于第二阶段，即1897年10月至1898年3月。这个阶段维新运动开始涉及思想文化方面，其标志是时务学堂、南学会、湘报的创立。其中规模最大，影响最广的是1898年春在陈宝箴的支持下，由熊希龄、谭嗣同等建立的南学会。南学会是一个政治组织，是湖南维新的总团体，其成员遍布各行各业。南学会的主要活动方式是讲演，然后根据听讲者提出的疑问进行定期解答。讲演的内容始终紧靠维新变法这个中心，涉及政治、学术、教育、外交、工商等等方面，有力地推动了湖南维新变法运动的发展。

第三阶段是新旧两派激烈斗争的阶段。向激进维新派发起攻击的主要是前期参加了筹办实业的绅士，其主要人物是当时湖南的两个大绅士——前国子监祭酒、时任岳麓书院山长(院长)的王先谦和吏部主事叶德辉。"宾凤阳事件"是新旧两派斗争白热化的标志。宾凤阳是当时岳麓书院斋长(相当于学生会主席)，为王先谦的得意门生，以守旧而闻名，对维新变法运动持反对态度。当时务学堂于 1897 年建成招生正式入学之后，以中文总教习梁启超为首的维新志士刻意宣传维新变法思想，并给学生的札记中留下尖锐的关于时事评论的激进言语。向学生灌输民主平等思想，变法改制思想和大同民权学说，着重点就是向学生灌输西方资产阶级社会政治学说。当这些新思想撞击着岳麓书院的时候，一些守旧学生深为不满，宾凤阳就是其中的一个，他立即表示出对维新言论的不满，并上书王先谦，以维护"名教纲常""忠孝节义"为名，攻击时务学堂，要求从严整顿，辞退梁启超等人。随后，王先谦等人联名向巡抚陈宝箴呈递《湘绅公呈》，攻击维新派，要求整顿时务学堂。稍后出现了诬蔑时务学堂师生的匿名揭帖。熊希龄等时务学堂的维新派对守旧派发起反攻，他们也向陈宝箴呈递"整顿书院"的禀词。并且针对匿名揭贴，要求质讯宾凤阳等人，严加追究责任。当陈宝箴准备调查处理此事时，王先谦挺身而出，为宾凤阳承担责任，并且以辞职相要挟，迫使陈宝箴不得不做出让步。这就是当时著名的"宾凤阳事件"。

守旧派最终获得了湖广总督张之洞的支持。戊戌政变后，湖南巡抚陈宝箴被革职，湖南维新运动归于失败。

【思考】湖南维新运动中，维新派与洋务派从合作到决裂说明了什么问题？

湖南维新运动反映了戊戌维新过程中维新派与洋务派的合作与斗争的真实状况。戊戌变法一些措施之所以能落实到实践层面，是因为它与洋务派官僚的主张有某些共同点，即"自强求富"，因此在第一阶段能得到洋务派官僚的支持。但随着维新派提出学习西方，建立资产阶级政治制度时，新旧两派的分歧浮出水面。这实际上反映了洋务派与维新派改革主张的根本差异。资产阶级维新派试图通过与清朝统治者的合作进行自上而下的改良，无异于与虎谋皮。

二、戊戌政变

戊戌变法要逐步改变旧制度，它必然侵犯到与这个制度密切联系的那些阶级、阶层、集团的利益，因此它一开始就遭到顽固守旧势力的反对。掌握实权的慈禧太后在改革未触及满洲贵族的利益之前，尚持宽容、观望的态度。随着变法的发展，慈禧太后开始加强对局面的控制。1898 年 9 月 21 日，慈禧太后突然从颐和园回宫，宣布"训政"，光绪帝被软禁于中南海瀛台，康有为逃亡日本。谭嗣同、刘光第、林旭、杨锐、杨深秀、康广仁被杀害于北京菜市口，史称"戊戌六君子"，百日维新失败。戊戌政变后，除京师大学堂外，其他新政大都被废除，戊戌维新运动失败，中国也失去了一次改革的良好时机！

【知识点3.3】
辛亥革命爆发的历史条件

在资产阶级维新派进行维新变法运动的同时，以孙中山为代表的资产阶级革命派则选择了另一种方式——革命。本节我们来了解辛亥革命发生的历史背景。

一、民族危机加深，社会矛盾激化

《辛丑条约》签订后，西方列强虽然没有再对中国进行大规模的侵略战争，但是帝国主义已经在政治上控制了清政府，在经济上加紧对中国进行资本输出，并掠夺中国的铁路、矿山权益。随着民族危机的加深，清朝政府与人民群众的矛盾也进一步激化。清政府在镇压戊戌变法后，政治上更加趋于反动，经济上则加重了对人民群众的赋税剥削，使社会矛盾进一步激化。辛亥革命前十年，人民群众自发的反抗斗争风起云涌，有抗捐抗税斗争、有会党和农民起义、有工人罢工、有反对克扣军饷的兵变、有学生的罢课学潮、有反对教会和外国侵略的斗争等等，当时清政府的官方文书中称此类事件为"民变"。据统计，从1902年到1911年，各地民变多达1300余起。其中，1910年发生的"长沙抢米风潮"是晚清"民变"中规模和影响较大的一次。

●【教学案例】长沙抢米风潮

1904年长沙被辟为商埠以后，外国商品像潮水一般涌入，加速了农民和手工业者的破产。《辛丑条约》规定给帝国主义的赔款，湖南每年要分摊70万两。地方当局巧立名目，增加捐税；大小官吏乘机勒索、贪赃枉法，弄得民不聊生。

由于清政府日益腐败，水利失修，灾害连年。1909年的大水，致使谷米收成受到严重损失。供应本省已经不足，因水灾歉收的邻近省份却仍然沿袭过去的办法，前往湖南采购粮食。自岳州、长沙开埠以来即从湖南采购大米转运出口的外国商人更是趁火打劫，他们取得湖南巡抚岑春蓂的同意，并经清政府外务部批准，竞相携带巨金，来湘抢购，明运可查的每月两三千石，偷运出境者为数更巨。湘米大量外流，湖南粮荒日益严重。据王先谦等人的调查，1910年3月下旬，长沙公私存粮不足30万石，尚不足两个月的需要。这时，距新谷上市为时尚早，而地主奸商的囤积活动更加猖獗，米价扶摇直上，一日数涨，由往年每石两三千文上下，猛增至每石七八千文，而且涨势并未刹减，各米店皆悬牌书"早晚市价不同"六字。当时，长沙城内人心恐慌，局势动荡，迫于饥饿的民众铤而走险的征兆日益明显。

4月12日，底层民众黄贵荪一家因无钱买米感到生活无望投水惨死的消息，迅速在长沙城内外传散开来，人们无不为之感到极大的愤慨。第二天，一位老妇在长沙南门外碧湘街一米店买米，竟遭到店主的无理辱骂。围观群众打抱不平，冲进碓坊，揪住店主就是一顿痛打。当巡防队闻讯赶来时，米店已被捣毁，大米已经抢光。在处理这起突发的群体性事件时，长沙知县和警察言而无信、敷衍民众，加之别有用心的人散布谣言，从中蛊惑民众闹事，在这种情况下，早已对政府和洋人心存不满的民众，开始冲击巡抚衙门，继而发生严重的打、砸、抢、烧事件，不仅长沙城内的巡抚衙门、巡警站岗的岗亭被砸毁殆尽，长沙800余家米店也被抢得干干净净。这时，长沙城内有人传言："从前湖南没有外国鬼子，大家有饭吃，外国鬼子越来越多，我们没有饭吃了!"于是，饥民又将斗争矛头指向在长沙的外国洋行、码头、教堂。日本领事署、美商美孚洋行、英商怡和洋行、日商东情三井洋行及教堂、趸船等都遭到捣毁或焚烧。清朝政府的大清银行、长沙海关等衙署也遭到同样的命运。

风潮发生后，清政府惊慌万分，连忙调集军队开进湖南。4月15日，开始了对群众的残酷镇压。英、日、美、德等国家也纷纷从外地调来兵舰，帮同政府镇压群众，轰轰烈烈的长沙抢米风潮终于被残暴地镇压下去。

【思考】长沙抢米风潮的发生说明了什么问题？

长沙抢米风潮是长沙广大人民群众举行的一次自发的反帝反封建斗争。它从饥民要求官府减价平粜开始，斗争逐步深入，以致烧毁政府衙门，进而将矛头指向在长沙的外国势力，充分反映了当时社会矛盾的严重和人民群众斗争情绪的蓬勃高涨，这次风潮持续的时间虽然不长，但显示了人民群众的力量，同时预示着一场政治剧变的到来。

二、清末"新政"破产，统治集团内部矛盾激化

在内忧外患的形势下，清政府不得不有所改革。1901年清政府开始实施"新政"。"新政"的大部分内容与戊戌维新的内容是相近的，甚至有些措施还超过戊戌维新，如废除科举考试制度，开启了教育近代化，对后世产生深远影响。

新政在政治改革方面的最大举措是预备仿照日本实行君主立宪制度。其直接导因是 1904 至 1905 年的日俄战争，此次战争，日本打败俄国，当时舆论将其原因归结于两国政治制度的不同，认为是日本的君主立宪制度打败了俄国的君主专制制度。在立宪呼声高涨和革命党人不断起事的双重压力下，清朝统治者被迫于 1906 年宣布预备仿行君主立宪制度。自预备立宪改革启动之后，清朝统治集团内部中各个派别围绕政治权力的再分配展开了激烈的斗争。1908 年光绪皇帝与慈禧太后相继去世。年幼的溥仪即皇帝位，其父摄政王载沣上台执政，统治阶级内部的权力斗争更加白热化。1909 年袁世凯被开缺回河南老家。清皇室的疑忌和打压，加速了以袁世凯为代表的汉族官员对皇室的离心力，瓦解了作为清朝统治支柱的满汉官僚政治同盟关系。1911 年 5 月，清政府推出第一届责任内阁，在 13 位内阁大臣中，汉族 4 人，满族 9 人，其中皇族又占 7 人，被人讥讽为"皇族内阁"。"皇族内阁"的出台，暴露了清朝统治者借改革之名行集权之实的真实意图，它使立宪派大失所望，纷纷抛弃清政府，倒向革命派一边。清皇室的倒行逆施，使统治阶级内部满族官僚与汉族官僚之间、中央政府与地方政府之间的矛盾激化，加速了清王朝的垮台。

三、资产阶级革命派的形成及其活动

20 世纪初年，以新式知识分子特别是留学生为主体，形成了一个革命的知识分子群体。他们代表民族资产阶级的利益要求，主张以革命的手段推翻清政府，建立资产阶级民主共和国。资产阶级革命派的形成，为革命形势的成熟提供了主观条件。

资产阶级革命派为发动革命，进行了一系列组织和宣传活动。1894 年孙中山在檀香山建立兴中会，举起了武装起义的旗帜。此外，还有黄兴等在湖南长沙创立的华兴会；刘静庵、宋教仁等人在武昌成立科学补习所；蔡元培等在上海成立光复会；陈独秀等在安徽安庆成立的岳王会。

除了成立革命组织，资产阶级革命派还开展了大量宣传活动，发表了宣传民主革命思想的文章和书籍，使资产阶级革命思想得到更广泛的传播。其中章炳麟的《驳康有为论革命书》、邹容的《革命军》、陈天华的《警世钟》和《猛回头》是这些革命文章和书籍中的代表作。

随着革命派组织和宣传活动的展开，成立一个全国性的资产阶级政党的条件也成熟了。1905 年 7 月 30 日，各革命团体在东京召开筹备会议，孙中山提议新党名称为"中国革命同盟会"。同盟会的成立，基本结束了革命小团体分散斗争的局面，一定意义上统一了各地革命的步调。

【知识点 3.4】
辛亥革命与中华民国的建立

岳麓山承载着厚重的辛亥文化，在这里安眠着近 60 位为辛亥革命献身的湘籍烈士。我们将结合岳麓山上辛亥革命英雄的故事，和大家探讨 3 个问题：一是革命党人发动的反清系列武装起义；二是辛亥革命胜利进行中潜伏的危机；三是中华民国的建立和辛亥革命的历史功勋。

一、革命党人发动的反清武装起义

自从 1894 年孙中山在檀香山举起反清革命的旗帜之后，资产阶级革命派先后发动了十余次反清武装起义。1906 年的萍（乡）、浏（阳）、醴（陵）起义，是同盟会成立后发动的第一次反清武装起义。在这次起义中，年仅 22 岁的湖南湘潭人刘道一牺牲。刘道一是同盟会留日学生中因反清革命被清政府杀害的第一人。1912 年刘道一与夫人曹庄合葬于岳麓山青枫峡。

1911 年黄花岗起义是辛亥革命成功前影响最大的一次起义。这次起义的领导人是黄兴，他是湖南长沙人，在革命军中有"实干家"的美誉，他多次亲临前线指挥作战。在黄花岗起义中，黄兴亲自率勇士 130 多人攻入两广总督衙门，后因孤立无援而失败。在这次起义中，86 位革命党人壮烈牺牲，72 位烈士遗骸收葬黄花岗，黄兴本人身负重伤，断了两根手指。在后来的武昌起义中，黄兴在危急时刻前往增援，使革命军人心大振，为辛亥革命的成功立下了汗马功劳。1912 年 10 月 10 日，在武昌起义取得胜利的一周年纪念日，黄兴挥笔写道："百折不回，十七次铁血精神，始有去年今日；一笔钩尽，四千年帝王历史，才成民主共和。"表达了革命党人为民主共和理想越挫愈勇的精神和推翻帝制建立民国的满怀豪情。1916 年 10 月 31 日，黄兴因操劳过度病逝于上海，1917年 4 月 15 日中华民国政府以国葬厚礼厚葬黄兴于岳麓山。

革命党人十几年不懈的浴血奋战，终于换来了 1911 年 10 月 10 日武昌起义的成功。武昌起义是在清王朝陷入四面楚歌的境地时发动的。此起彼伏的"民变"、对改良彻底失望的立宪派、因清朝皇族压制而心怀不满的汉族官僚，与革命党人一起汇成一股历史的洪流，合力冲垮了清王朝。

二、辛亥革命胜利进行中潜伏的危机

然而，在辛亥革命大潮高涨的形势下，却潜伏着失败的危机，这种危机体现在独立各省政权的更迭中，主要有以下几种情况：

第一，革命党人发动起义取得胜利后，将政权拱手让给旧官僚和旧军官。这种情况以湖北最为典型。武昌起义胜利后，急需一个可以主持大局的人。按理说应该推选一个德才兼备、深孚众望的革命中坚人物出来担任首领，把革命进行到底。但湖北的革命党人却拉出一个与革命毫无关系，而且畏惧革命的旧军官黎元洪来作为军政府的都督。黎元洪在革命前任湖北新军协统（相当于旅长）。就在起义当晚，他还亲手枪杀了两名响应起义的士兵，然后藏匿在一个参谋的家中。他是被革命党人搜出，用枪逼着当上湖北军政府都督的。不过，在当时的形势下，黎元洪出任军政府都督对于革命的发展也发挥过积极作用，为旧势力倒向革命起了示范的作用。

第二，革命党人起义胜利掌握政权后，旧军官和立宪派发动政变，夺取政权，这种情况以湖南最为典型。武昌起义后不到十天，首先起来响应的便是湖南的革命党人。领导湖南起义的是一位年仅24岁的浏阳青年——焦达峰。然而，湖南独立不到10天，焦达峰和另一位起义领导人陈作新便被立宪派联合旧军官阴谋杀害。辛亥革命成功后，为缅怀革命先烈，中华民国临时政府追赠焦达峰为"开国陆军上将"，1916年10月归葬岳麓山。

第三，旧官僚将清朝旧政权改头换面，原来的清朝巡抚摇身一变成了革命军政府的都督。这种情况以江苏最为典型。江苏巡抚程德全是清末一个著名的投机官僚。上海独立后，程德全自感清朝政权已无法维持，遂令手下军队"一律袖缠白布"，在原抚署大门上挂上"中华民国军政府江苏都督府"的牌子，程德全成为新政府的都督。为表示革命，他命令手下士兵用竹竿将抚署屋顶上的瓦挑下来几片，以示破坏。

第四，革命党人掌握政权后，很快蜕变为新军阀和新官僚。这种情况以山西最为典型。在山西太原发动起义的是革命党人掌握的新军八十五标（相当于团）。阎锡山曾以同盟会会员身份参与谋划起义。八十五标起义成功后，阎锡山率部响应。在立宪派的拥戴下，阎锡山被推为山西军政府都督。但他很快蜕变为新军阀，统治山西长达38年之久，成为名副其实的"山西王"。以上是辛亥革命大潮中独立各省政权更迭的四种情况。

从中我们可以看出：（1）推倒清王朝的政治力量有三支：革命派、立宪派、实力派（包括旧官僚、旧军官），因此在接下来新政权的建立中，将是三方力量的角逐。而与立宪派、实力派相比，革命党人革命精神有余而政治斗争和政权建设经验不足；(2)各省政权大多落入旧势力手中的事实说明，革命派势力总体上小于立宪派和实力派。这预示着辛亥革命将是一场不彻底的革命，后来的历史演进证明了这一点。然而，我们并不因此而否定辛亥革命伟大的历史意义。

三、中华民国成立和辛亥革命的历史功绩

武昌起义后不到两个月，内地18个省中已有14个省宣布独立，清王朝土崩瓦解。1911年12月29日，孙中山被独立各省代表推选为临时大总统。1912年1月1日，孙中山在南京宣誓就职，宣告中华民国临时政府成立。辛亥革命以"民国"取代"帝国"，是中华民族历史上一个重要的里程碑，有着伟大的历史意义。有史学家用"皇帝倒了，辫子割了"来形象地说明辛亥革命的两大历史功绩。

"皇帝倒了"

皇权是旧秩序的重心。正如历史学家陈旭麓先生所言："在中国，不懂得皇帝的权威，就不会懂得辛亥革命打倒皇帝的伟大历史意义。"在皇帝之下，没有独立自由的个体，只有臣民而不可能有国民。辛亥革命推翻帝制，不仅使中国历史越出了改朝换代的旧轨道，走上了民主政治的历史征途，而且唤醒了民众的主体意识，推动着臣民向国民的进化，其历史功勋是不朽的。

"辫子割了"

此外，辛亥革命的历史功绩还体现在对社会习俗的改良中。在清朝，留辫是效忠清王朝的标志。武昌起义后，各地革命党人就动员群众剪辫。"剪辫"在当时不仅是一种政治立场，也是在观念和习俗上的弃旧从新。南京临时政府成立后，颁布了一系列移风易俗的政令，例如：

(1)禁缠足、禁鸦片、禁赌博，使一些社会陋俗得到革除，从而使人性尤其是女性得到解放。

(2)改称谓，以"先生""君"替代"老爷""大人"，从而以平等、博爱精神否定过去的尊卑等级。

(3)以鞠躬之礼取代跪拜之礼，使礼节上的尊卑观念逐渐被平等观念取代。

社会风俗的改良，赋予中华民国更具体的社会内涵。正是在这种"润物细无声"的点滴改良中，古老的中国社会逐渐向现代迈进。

【知识点 3.5】
北洋军阀专制统治的建立

辛亥革命成功推翻清朝后，资产阶级性质的南京临时政府只存在了三个月便夭折了。1912 年 4 月临时政府迁往北京后，中华民国政权逐步被以袁世凯为首的北洋军阀把持。

一、袁世凯窃国，辛亥革命失败

袁世凯就任中华民国临时大总统时，他对中华民国的态度与资产阶级革命派在根本精神上是有差异的。资产阶级革命派虽然默许袁世凯为总统，但是在他们心中，共和政府的基础是立在"民权"之上的。而袁世凯心里所希望的共和是总统独揽大权的共和，他想做的是一个与皇帝相似的总统。因此，袁世凯担任临时总统后，开始逐步集权建立专制独裁统治。

刺杀宋教仁，是袁世凯破坏民主共和的一个重要事件。宋教仁等人试图通过政党竞争来控制国会，通过国会立法控制政府，进而以法治约束袁世凯，以维护民主共和制度。1912 年 8 月宋教仁在同盟会的基础上筹建了国民党。他奔走各地，开展竞选。1913 年初，国民党在参、众两院中占据了多数席位，在议会政党中居绝对优势。袁世凯忌讳宋教仁，他曾想用巨金收买宋教仁，但宋教仁是一个既有能力又有政治操守的人，并不愿意做袁世凯个人的私党。1913年 3 月，正当宋教仁因国民党竞选胜利而踌躇满志，启程北上时，袁世凯派人在上海车站将他刺杀。宋教仁的血告诉世人：在一个没有民主的社会里是不会有真正的共和民国的。

"宋案"的枪声使孙中山等人惊醒过来，看到了新生的共和国制度正面临崩溃的危险。为保卫共和制度，孙中山发动了"二次革命"。由于袁世凯在军事上占绝对优势，而国民党方面既缺乏兵力和财力，又内部意见不一致，结果不到两个月就失败了。资产阶级掌握政权的地方全部丧失，北洋军阀势力扩张到整个长江流域。"二次革命"是维护共和制度的一次武装反袁斗争，实为辛亥革命的继续。它的失败，使民国初年的历史进入一个新的阶段，即北洋军阀统治时期。

二、北洋军阀专制统治的建立

军阀的特点有二：一是将本是国家统治工具的军队变成私有之物；二是依仗私有的武装力量分割地方，形成私有的地盘。因此，军阀统治的实质是武力统治，它比寻常的封建统治带有更多的动乱性和黑暗性。

北洋军阀政府从政治、经济、文化思想等各个方面对辛亥革命进行了全面的反攻倒算。政治上，北洋政府实行军阀官僚的专制统治，剥夺了《临时约法》规定给予人民的各种民主权利；经济上，北洋政府竭力维护帝国主义、地主阶级和买办资产阶级的利益；文化思想方面，尊孔复古思潮猖獗一时。中国重新坠入黑暗的深渊。

资产阶级革命派在辛亥革命后为挽救民主共和，进行了"二次革命"、"护国"运动、"护法"运动等重大的斗争，但无不以失败而告终。这一系列革命运动的失败说明，孙中山为代表的资产阶级革命派并没有找到中国的真正出路，历次革命的失败，不仅是孙中山个人的失败，也标志着整个中国民族资产阶级领导的旧民主主义革命的终结。资产阶级革命派希望在中国建立一个独立、民主的资产阶级共和国的梦想破灭了。

尽管辛亥革命最终失败了，但是，以孙中山为代表的中国民主革命的先驱者的业绩和不屈不挠、屡败屡战的奋斗精神，永远是值得我们铭记的。辛亥革命既是旧民主主义革命的最高峰，又是由中国共产党人领导的新民主主义革命的前奏和序曲。可以说，如果没有辛亥革命，中国共产党的成立，就会缺乏必要的政治基础、思想基础和阶级基础。正因为如此，每年国庆的时候，天安门广场总要放上孙中山先生的画像。中国共产党的领导人，都对辛亥革命给予了极高的评价[1]。

---

① 田伏隆，饶怀民. 辛亥革命与中国近代社会[M]. 岳麓书社，2003：1.

【知识点3.6】
资产阶级方案为什么在中国行不通

本节我们分析资产阶级的君主立宪和民主共和的方案为什么在中国都行不通。

一、维新派的君主立宪的温和改良方案在中国行不通

(一)维新派的变法理论与改良主张

康有为被认为是维新派的精神领袖,他的变法理论代表了维新派的主张。其变法理论前后有所变化:

首先是"托古改制"理论。康有为写的《新学伪经考》和《孔子改制考》为维新派提供了"托古改制"的理论依据。维新派对封建专制制度不满,但又不敢彻底否定封建专制制度和封建旧文化,于是,康有为将他的变法主张假托于孔子,将孔子打扮成维新变法的祖师,其目的就是减少变法的阻力。然而,他的这种理论本身是有缺陷的,特别在学术上受到了许多攻击。不但未能统一维新派内部的思想,反而给维新变法平添了不少阻力。

因此,在维新思潮传播的高潮中,康有为又悄然对自己的变法理论进行了一些修正,即在坚持"托古改制"理论的同时,又提出"仿洋改制"作为补充。"仿洋改制"不再披上中国古代圣贤的外衣,而是直接提出学习外国进行变法。只是这个时期的"洋"主要的不再是西方,而是东方。在向光绪帝进呈的一系列翻译著作中,康有为认为在中国变法改革不能以西方国家为榜样,而只能以日本和俄国为榜样。根据当时中国的实际情况,他认为日本和俄国依靠皇权完成维新变法大业以达到富国强兵的道路,是中国应该仿效的道路。因此,他认为当时的中国关键的问题不在于"立宪法,开国会",而在于加强光绪帝的权力。因此,康有为在维新运动高潮中就不再提他原来极力主张的"立宪法,开国会"的主张了。[①]

---

① 彭平一. 戊戌维新运动中康有为策略变化的原因探析[J]. 安徽大学学报(社会科学版),2005(3).

（二）君主立宪的改良道路在中国行不通

然而，这种依靠皇帝的权力进行变法，以实现君主立宪理想的温和改良主张是不适合中国国情的。

第一，君主立宪的政治制度是资产阶级国家的政治制度之一，在西方和日本等国也有成功的实践。但是，这种制度在中国的政治土壤中是无法实现的。中国已经有几千年的封建君主专制的传统，在专制君主看来，天下就是自家的天下，他绝对不愿意任何人来与他分享政权，当然他也不会在没有武装革命的压力下自动退出历史舞台。即使是在戊戌维新运动中，开明的光绪皇帝也不愿意让宪法来限制其权力，让国会来分离其权力。后来，清朝廷的"预备立宪"骗局以"皇族内阁"的出台为结局，就有力地证明了专制君主不会自动让出自己的统治权力。

第二，维新派希望光绪皇帝学习日本明治维新时期的明治天皇，能够夺回权力，振兴朝纲，厉行变法，也是一厢情愿的。光绪皇帝与明治天皇最大的不同是，明治天皇经过倒幕运动，已经把权力从德川幕府手中夺过来了，他是掌握着实权的君主；而光绪皇帝虽然想有作为，但没有任何实权，实权控制在慈禧太后手中，甚至光绪皇帝的生命都被慈禧太后所控制。维新派想依靠一个并无实权的皇帝来实现自己君主立宪政治理想的努力是非常幼稚的。

第三，与日本明治维新相比，戊戌变法明显缺乏群众基础和武装力量的支持。日本明治维新是在武装倒幕运动后进行的，大量下层武士成为维新的社会基础。特别是武装的倒幕运动为明治维新扫除了变法的障碍，大大加强了日本维新派和明治天皇的力量。而戊戌维新运动既缺乏广泛的社会基础，也没有武装力量的支持。这种自上而下的温和改良在封建专制政体下是必然要失败的。历史也证明了这一点。

二、资产阶级共和国方案在中国行不通

（一）孙中山的三民主义勾画了资产阶级共和国的蓝图

三民主义即民族、民权、民生三大主义，是孙中山提出的资产阶级民主革命纲领，在这一纲领中他初步描绘了一个资产阶级共和国的蓝图。

民族主义包括"驱除鞑虏，恢复中华"两项内容。孙中山的民族主义把反民族压迫同夺取政权结合起来，对动员革命派和各族人民起来革命起了积极作用。

民权主义的核心内容是"创立民国"。第一，推翻君主专制制度，建立民主共和国。第二，按"革命程序"实现主权在民。孙中山把革命程序分为三个时

期，即军政、训政、宪政三个阶段，到宪政阶段才能真正实现主权在民。第三，新国家的政体实行五权分立。所谓五权，就是行政权、立法权、司法权、考试权、监察权。其中考试权与监察权的独立是孙中山在西方三权分立的基础上，结合中国传统在政体设置上的独创。

民生主义是社会革命的纲领，其主要内容是"平均地权"。"平均地权"实际上是一种土地国有政策，即把土地所有权和地租转交国家。这一政策有利于限制地主对土地的垄断，有利于资本主义的发展。孙中山的民生主义具有积极的社会意义，它是近代中国第一个把土地问题和发展资本主义联系起来的经济纲领，比较客观地反映了近代中国社会经济发展的趋势。

(二)三民主义的方案在中国行不通

三民主义对于组织和发动群众，传播资产阶级民主革命思想和主张都具有重要意义。但是，它又是一个具有严重局限性的革命纲领。

第一，民族主义没有明确提出反帝的主张，在实际运动中，又没有区分汉族中的革命对象。三民主义中的民族主义虽然也暗寓着争取民族独立的含义，但是革命派害怕帝国主义对革命的干涉，甚至幻想通过承认不平等条约来取得帝国主义国家的承认和支持。由于缺乏坚定的反帝立场和正确的外交策略，革命派在辛亥革命中在对待帝国主义的问题上犯了一系列的错误。如没有废除帝国主义的不平等条约和侵略特权；许诺承担清政府借的外债；不敢收回海关管理权等等。因而，最终被帝国主义勾结袁世凯窃取了革命成果。另外，革命派在将满洲贵族作为主要打击对象的同时，没有意识到，清王朝的统治实质上还是阶级统治，汉族的官僚、军阀和地主与满洲贵族一样，也是革命的敌人。他们认为，只要清皇室能够退位，建立汉族人的政权，谁来掌握政权都不重要。这种狭隘的民族主义给以袁世凯为首的汉族官僚、军阀窃取革命成果提供了机会。

第二，民权主义没有考虑广大工农群众在国家中的地位，甚至在革命过程中出现了镇压人民群众的现象。民权主义无疑是要建立一个资产阶级的民主共和国，这也是当时所能提出的最激进的国家体制。但是，中国的资产阶级力量本来非常弱小，如果没有广大工农的支持，单靠资产阶级的力量，革命是不可能成功的。在民权主义的纲领中，尽管标榜中华民国"由全体中国国民组织之"，但实际上没有规定人民群众有哪些权利，人民群众在共和国的体制中没有切实得到保障的政治地位。革命派在革命中除了革命的知识分子外主要利用的是新军和会党。除了这两部分力量，革命派并没有真正去广泛发动广大工农群众参加革命，特别是没有意识到广大农民在民主革命中的主力军作用。因此，辛亥革命因缺乏广泛的群众基础而归于失败。

第三，民生主义没有从根本上否定封建土地所有制，没有满足农民的土地要求。革命派的土地纲领主要着眼于国家土地所有制。同时，他们所设想的"平均地权"也是通过征收土地税的方式逐步将土地转移到国家手中，这在一定程度上部分承认了地主土地所有权。革命派也忽视了农民对于土地的迫切要求，根本没有在农村废除封建土地所有制，进行土地改革的设想和计划。对此，毛泽东曾说过："国民革命需要一个大的农村变动。辛亥革命没有这个变动，所以失败了。"[①]这正是对辛亥革命没有解决农民土地问题，没有真正发动农民参加革命的历史教训的总结。

综上所述，资产阶级领导的维新与革命的失败，资产阶级的君主立宪和三民主义方案之所以行不通，是因为它们不适合中国国情。中国既是一个长期封建制度的农业社会，又是一个封建势力和帝国主义共同统治的半殖民地半封建社会，资本主义力量非常弱小。这些基本国情决定了资产阶级的方案在中国行不通。

【第三专题 MOOC 论坛讨论话题】

有人认为，"辛亥革命是一朵不结果实的花"，请谈谈你对这个观点的看法。

【第三专题综合测验题】

第三专题综合测验题

---

① 毛泽东. 湖南农民运动考察报告. 毛泽东选集(第1卷). 北京：人民出版社，1991：16.

模块二　实践教学

【微电影主题】

短暂的人生，永恒的精神——"我心中的辛亥革命志士"

【学习方式】

小组合作拍摄+课堂展示

【课堂组织】

环节 1：小组合作拍摄
环节 2：课堂展示（视频最长不超过 15 分钟）
环节 3：老师点评

模块三　课堂教学

教学环节一

第三专题自主学习检测(二维码：5 道测验题)

教学环节二

小组合作学习汇报(二维码：往届学生优秀微电影)

教学环节三

专题三："告别革命论"辨析

【专题内容】

20 世纪初，围绕中国究竟是采用革命手段还是改良方式这个问题，革命派与改良派分别以《民报》和《新民丛报》为主要舆论阵地，展开了一场大论战。它们一个旨在以暴力推翻清王朝，建立民主共和政体；一个力争改造清王朝，使之走上君主立宪的道路。这是清末资产阶级统一体中两种不同政治势力，在探求救亡图存过程中形成的两种不同的救国方案及其展开的角逐。

无独有偶，20 世纪末又出现了一股推崇改良、否定革命的思潮。该思潮提出"革命只是一种破坏性的力量"，主张"告别革命"。《人民日报》《光明日报》以及其他一些重要的学术刊物纷纷发表文章对"告别革命论"进行批驳。辛亥革命是这次论争最为重要的聚焦点。围绕辛亥革命的爆发是激进主义的产物还是客观历史发展的必然结果，以及辛亥革命给社会带来的是动荡和混乱还是进步与发展，"告别革命论"者提出了辛亥革命"激进主义产物说"和辛亥革命"只破不立说"。对此，本讲将从两个方面予以辨析。

一、辛亥革命爆发的历史必然性

恩格斯曾在《德国的革命和反革命》中指出："把革命的发生归咎于少数煽动者的恶意那种迷信的时代，早已过去了。现在每个人都知道，任何地方发生革命动荡，其背后必然有某种社会要求，而腐朽的制度阻碍这种要求得到满足。"列宁也曾在《第二国际的破产》中指出："革命是不能'制造出来'的，革命是从客观上（即不以政党和阶级的意志为转移）已经成熟了的危机和历史转折中发展起来的"，"没有这些不仅不以各个集团和政党的意志，而且也不以各个阶级的意志为转移的客观变化，革命通常是不可能的"。

列宁将这些客观变化的总和叫作革命形势。他指出："在马克思主义者看来，毫无疑问，没有革命形势，就不可能发生革命，而且并不是任何革命形势都会引起革命。一般说来，革命形势的特征是什么呢？如果我们举出下面三个主要特征，大概是不会错的：（1）统治阶级已经不可能照旧不变地维持自己的统治；'上层'的这种或那种危机，统治阶级在政治上的危机，给被压迫阶级不满和愤慨的迸发造成突破口。要使革命到来，单是'下层不愿'照旧生活下去通常是不够的，还需要'上层不能'照旧生活下去。（2）被压迫阶级的贫困和苦难超乎寻常地加剧。（3）由于上述原因，群众积极性大大提高，这些群众在'和平'时期忍气吞声地受人掠夺，而在风暴时期，无论整个危机的环境，还是'上层'本身，都促使他们投身于独立的历史性行动。"在此基础上，列宁进一步阐述，"只有在上述客观变化再加上主观变化的形势下才会产生革命，即必须再加上革命阶级能够发动足以摧毁（或打垮）旧政府的强大的革命群众行动"。教材正是根据列宁对革命形势的论述，分析了辛亥革命爆发的历史条件。

（一）民族危机加深和社会矛盾激化：人民群众不能照旧生活下去了

《辛丑条约》签订后，清政府完全成为"洋人的朝廷"。帝国主义为争夺在华的利益，在中国进行了一系列战争或武装冲突，如1904年至1905年的日俄战争就是日本和俄国为竞争中国东北的权益而进行的一场早期帝国主义战争。另外，1903年至1904年英国出兵中国西藏，也与俄国的势力形成了冲突；英国与德国在长江流域也进行了争夺。这说明，中国的民族危机进一步加深了。

清政府以"量中华之物力，结与国之欢心"乞讨帝国主义的"保全"，残酷地压迫和剥削人民群众，民族危机进一步激化了清政府与人民群众的矛盾。面对20世纪初深重的民族灾难和晚清政局的演变，人民群众已经不能照旧生活下去了。辛亥革命前十年，人民群众的反抗斗争风起云涌，平均每两天半发生一次的民变，既沉重地打击了帝国主义侵略势力，也挖空了清朝封建统治的根基。民变推进了革命形势，革命高潮指日可待。

（二）清政府"新政"和"预备立宪"的破产：统治阶级无法照旧统治下去了

"上层"统治者无法照旧统治下去，与"下层"群众无法照旧生活下去是相辅相成的。由于下层群众无法照旧生活下去，统治阶级必须应付日益激化的社会矛盾。对于下层群众的镇压可能适得其反，而国内外要求改革的呼声很高：国内资产阶级和立宪派要求改革；地方实力派也希望通过改革得到更多的地方权力；清政府驻各国的公使也纷纷电请清政府实行改革；西方列强也希望清政府进行一些改革，更加适应它们以华治华的策略。在革命与改良的夹击中，清政府从 1901 年开始实施"新政"以期自我挽救，史称"清末新政"。

"新政"是在维护封建专制制度的前提下对统治方法有所变通。慈禧太后之所以推行"新政"，是为了笼络人心，抵御革命，同时也是为了适应帝国主义侵略政策的需要。因而，清政府不可能真正改革封建政治制度。出于"皇位永固""外患渐轻""内乱可弭"的目的，清政府当然不会真正实现宪政。1911 年 5 月，清政府成立的责任内阁变成了"皇族内阁"，进一步暴露了清政府所谓"预备立宪"的本质，其实就是把皇帝集权变成皇族集权，权力最终还是集中在皇帝手里。"皇族内阁"的出台，使对"预备立宪"充满希望的立宪派也在绝望之后转向了革命。另一方面，正如历史学家陈旭麓先生所言，"'新政'加重了捐税，因而大大地扩展了自己的对立面；新式学堂培养了近代学生，因而造就了成批的反封建志士；新军淘汰了绿营练勇，结果却筑成了把枪口指向王朝的武装力量"。这充分说明，清朝廷推行"新政""预备立宪"都是因为它已经无法照旧统治下去了，而新政和"预备立宪"的破产，又使它陷入了更加无法照旧统治下去的境地。

（三）资产阶级革命派的形成及其活动：革命主观力量的成熟

按照列宁的观点，革命形势的成熟除了客观上的变化，还必须有主观上的变化，即人民群众已经开始"独立的历史性行动"，并且有了革命的领导力量去发动这种历史性行动，也就是说要有主观革命力量的形成。20 世纪初年，民族资本主义得到了进一步的发展，民族资产阶级也随着资本主义经济的发展而有了明显的发展。而在维新运动和清末新政中的新式教育培养了大批新式知识分子，特别是清末大量青年学生留日，形成了一个留学生群体。正是以这些知识分子，特别是留学生为主体，形成了一个革命的知识分子群体。他们代表民族资产阶级的利益要求，主张以革命的手段推翻清政府，建立资产阶级的民主共和国，这就是我们所讲的资产阶级革命派。他们创建革命团体、成立革命政党、宣传反清民主革命、发动武装起义。资产阶级革命派的形成，为革命形势的成熟提供了主观条件。

革命领袖孙中山其实并非天生的革命派，辛亥革命的爆发也并非革命者头脑里激进主义的产物。1894年，孙中山上书李鸿章，提出"人能尽其才，地能尽其利，物能尽其用，货能畅其流"的主张。孙中山原本希望通过清政府的自我革新实现社会变革，但正如他在1904年所写的《中国问题的真解决》中所指出的，"清王朝可以比作一座即将倒塌的房屋，整个结构已从根本上彻底地腐朽了。难道有人只要用几根小柱子斜撑住外墙就能够使那座房屋免于倾倒吗？"（除主张革命的孙中山外，与之政治立场和政治态度不同的梁启超、李鸿章，也曾将清王朝比喻成经不起疾风暴雨的老房屋。）适逢甲午惨败，孙中山从上书的失败和残酷的现实中"积渐而知和平之手段不得不稍易以强迫"，"原欲以和平之手段要求立宪政体之创行而已，迨至和平无效，始不得不出于强力"，从而由改良走向了革命。

孙中山为代表的资产阶级革命派是革命的主观力量，但他们代表着社会发展的要求，顺应了革命形势成熟的潮流。由此可见：一场革命的爆发并且取得成功，不是一个人或者几个人，几十个人一时冲动的产物，甚至不是一个政党革命纲领或革命政策的产物，而是社会历史发展规律的产物。革命先行者固然在一定程度上影响了辛亥革命的历史进程，但他们之所以能够影响历史的进程，乃是因为在他们的背后有着广泛的社会基础。

二、辛亥革命破与立的辩证关系

要理解辛亥革命破与立的辩证关系，首先就要对"破"的含义有个准确的把握。如果把"破"理解成"破损、损坏好的事物"，"破"就带有消极、负面的意义，但是，如果把"破"理解成为"破除、破坏落后的事物"，"破"就具有积极、正面的影响。在此基础上，辛亥革命的"破"与"立"体现在以下几个方面：

（一）破封建君主专制，立民主共和政体

辛亥革命最重要的意义在于它推翻了封建势力的政治代表、帝国主义在中国的代理人清王朝的统治，结束了两千多年封建社会的君主专制制度，建立了中国历史上第一个资产阶级共和政府，使民主共和的观念开始深入人心，并在中国形成了"敢有帝制自为者，天下共击之"的政治观念。用目睹了辛亥革命的少年瞿秋白的话来说，就是"皇帝倒了，辫子割了"。民国纪年取代皇帝纪年，剪辫代替留辫，"洪宪帝制"和张勋复辟的失败，无一不说明皇权时代已成过往云烟。

(二) 破封建陋习, 立社会新风

在陈旭麓先生看来, "变政难, 移风易俗更难"。这是因为"旧染污俗"在社会变迁的过程中已经内化变成了一种集体的无意识, 一种习以为常。伴随着政治的革新, 辛亥革命后社会风习的改革也具有不可小觑的历史意义。"废除对官吏的跪拜礼, 禁称'大人'、'老爷'; 废止奴婢、解放'贱民'; 男子剪辫、女子放足; 禁止种植和吸食鸦片, 以及提倡科学、反对迷信"等一系列社会习俗改良的背后, 是新旧政权的革故鼎新, 也是新旧思想和文化的新陈代谢。辛亥革命后社会风俗的改变, 以其潜移默化的方式推动着社会向前发展。

(三) 革命的破坏性作用与建设性作用

当然, 诚如毛泽东曾经所说, "革命不是请客吃饭, 不是做文章, 不是绘画绣花, 不能那样雅致, 那样从容不迫, 文质彬彬, 那样温良恭俭让。革命是暴动, 是一个阶级推翻一个阶级的暴烈的行动"。正因为如此, 我们也就不能否认革命在某种程度上也具有一定的破坏性, 如人的伤亡、短时间的社会动荡等等。

然而, 人们在革命过程中所付出的代价和做出的牺牲, 是为了换取更大的历史进步, 革命的破坏性作用是以革命的建设性作用作为目的和归宿的。百余年前革命派对改良派错误观点的批驳, 如"革命不免于杀人流血固矣, 然不革命则杀人流血之祸, 可以免乎?""无革命, 则亦无平和, 腐败而已, 苦痛而已""我们革命的目的是为众生谋幸福""革命之有破坏, 与革命之有建设, 固相因而至、相辅而行者也""革命之破坏与革命之建设必相辅而行, 犹人之两足、鸟之双翼也"等等, 对我们今天正确认识革命破与立的辩证关系, 仍然具有重要的启发意义。孙中山先生的题词"天下为公"也告诉了我们革命的目的不是一己私利, 而是天下为公。

改良与革命并没有绝对的优劣之分, 各个国家在其发展进程中, 应该根据自身的国情在改良与革命之间做出选择。但是, 当一个国家依靠改良的方式不能改变落后的生产力和生产关系, 而革命的主观力量又逐渐成长壮大起来的时候, 革命就成为了历史的必然。"告别革命论"无视辛亥革命已经具备的历史条件, 否定辛亥革命所具有的伟大的历史意义, 这是我们应该警惕和反对的。

正如习近平总书记在纪念孙中山先生诞辰 150 周年大会上的讲话, 1911年, 在孙中山领导和影响下, "震惊世界的辛亥革命取得成功, 推翻了清王朝统治, 结束了统治中国几千年的君主专制制度。由于历史进程和社会条件的制约, 辛亥革命虽然没有改变旧中国半殖民地半封建的社会性质, 没有改变中国

人民的悲惨命运,没有完成实现民族独立、人民解放的历史任务,但开创了完全意义上的近代民族民主革命,打开了中国进步闸门,传播了民主共和理念,极大地推动了中华民族思想解放,以巨大的震撼力和影响力推动了中国社会变革"。

【参考文献】

1. 刘晴波,彭国兴. 陈天华集[M]. 长沙:湖南人民出版社,2011.
2. 孙中山. 中国问题的真解决[M]//孙中山. 孙中山全集(第 1 卷). 北京:中华书局,1981.
3. 金冲及. 孙中山与辛亥革命[M]. 广州:广东人民出版社,1996.
4. 卢毅. "告别革命论"辨析[J]. 求索,2000(2).
5. 陈旭麓. 近代中国社会的新陈代谢[M]. 上海:上海社会科学院出版社,2005.
6. 吴爱萍. 革命是近代中国历史发展道路的必然选择——兼析"告别革命"论[J]. 清华大学学报(哲学社会科学版),2008(1).
7. 章开沅,林增平. 辛亥革命史[M]. 上海:东方出版中心,2010.
8. 孙中山. 建国方略[M]//孙中山全集(第 6 卷). 北京:中华书局,1981.
9. 李文海. 怎样认识辛亥革命——访中国人民大学原校长李文海教授[J]. 思想理论教育导刊,2011(9).
10. 恩格斯. 德国的革命和反革命[M]//马克思,恩格斯. 马克思恩格斯选集(第 1 卷). 北京:人民出版社,2012.
11. 列宁. 第二国际的破产[M]//列宁选集(第 2 卷). 北京:人民出版社,2012.
12. 习近平. 在纪念孙中山先生诞辰 150 周年大会上的讲话. 人民日报[N]. 2016-11-12(2).

开天辟地大事变[*]

——马克思主义在中国传播与中国共产党成立

[*] 毛泽东在《唯心历史观的破产》一文中说:"一九一七年的俄国革命唤醒了中国人,中国人学得了一样新的东西,这就是马克思列宁主义。中国产生了共产党,这是开天辟地的大事变",本题取其意而成。

教学目的 与要求	1. 通过讲解马克思主义在中国传播的国际、国内背景，使学生理解中国人民接受马克思主义是内外因素综合作用的结果，理解马克思主义中国化有其历史的必然性。 2. 使学生了解中国共产党的成立给中国社会带来的深刻变化。 3. 要求学生能够结合国际国内形势分析中国人接受马克思主义的原因；能够立足于国情分析马克思主义中国化的进程。
教学重点 与难点	1. 教学重点：中国人接受马克思主义的原因和中国共产党成立的历史意义。 2. 教学难点：近代思想启蒙与马克思主义在中国传播的关系。
教学方式	1. 在线自主学习 2. 小组合作学习 3. 课堂专题讲授
课时安排	6 学时

在线教学导引

网上教学内容	网上学习任务清单
4.1 中国先进分子接受马克思主义的原因 4.2 中国先进分子对马克思主义的选择 4.3 青年毛泽东是怎样成为马克思主义者的 4.4 早期马克思主义者的研究和宣传工作 4.5 中国共产党的创建 4.6 中国共产党成立后中国革命的新面貌	1. 完成第 4 专题 6 个知识点视频的学习 2. 完成第 4 专题单元测验题 3. 参与第 4 专题讨论

实践教学设计

实践教学主题	实践教学方式
如何评价中国传统文化对马克思主义中国化的影响	小组合作学习+课堂讨论

面授课堂教学设计

教学环节	教学内容	教学方法
★环节一： 网上学习检测	第四专题自主学习检测题	参与式
★环节二： 成果汇报与讨论	1. 小组合作学习成果汇报 2. 讨论：中国传统文化与马克思主义中国化的关系	研讨式
★环节三： 面授专题一	不忘初心　方得始终 ——中共一大代表的历史命运及其启迪	讲授式

模块一 在线教学

【第四专题 MOOC 知识点视频内容】

【知识点 4.1】
中国先进分子接受马克思主义的原因

中国先进分子接受
马克思主义的原因

辛亥革命后，传统的政治秩序被颠覆，新的秩序远未建立，中国处于政治纷乱、社会失序、价值迷茫的时代。中国知识分子需要找到新的意识形态，既为外在的社会奠定秩序的思想基础，也为内在的心灵寻觅安身立命之地。在经历了新文化运动、十月革命和五四运动等一系列重大事件之后，部分中国知识分子从迷茫和彷徨中走出来，经过比较，最终选择了一种新的思想武器——马克思主义，并以这个思想为指导，成立了一个政党——中国共产党。本讲我们将重点分析马克思主义在中国的传播以及中国共产党的成立。

纵观人类现代历史的发展进程，我们可以发现：还没有哪一种思想有如马克思主义一样，从根本上影响、决定和支配了中国好几代人的命运，并从而影响了整个人类的历史进程。那么马克思主义为什么会被那一代中国先进分子所选择、所信仰？

一、中国先进分子对西方资产阶级民主主义的怀疑和保留

中国先进知识分子从信仰资产阶级民主主义转向信仰马克思主义，首先缘于第一次世界大战后，先进知识分子对西方资产阶级民主主义的怀疑和保留。

(一)资本主义制度内在矛盾的逐渐暴露

帝国主义时代，特别是第一次世界大战，使资本主义制度内在的矛盾比较

充分地暴露出来，使中国先进分子对西方文明产生了怀疑。第一次世界大战是欧洲有史以来破坏性最大的战争：3000多万人死伤；1000多万人死于因战争而引起的饥饿和灾害；各交战国的经济损失总计达2700亿美元；许多城市和乡村变为废墟，大批工厂、铁路、桥梁和房屋被毁坏。一战的爆发和它所造成的巨大灾难暴露了西方文化的弊端。欧洲人普遍觉得自己的文化已经"没落"或衰败。当时影响最大、也最能反映战后西方人对西方文明失望之感的，是德国历史哲学家斯宾格勒写的《西方的没落》一书。

一战不仅使西方世界笼罩在一片悲观的气氛之中，也使本来对学习西方文明充满热情和希望的部分中国知识分子产生了怀疑和动摇，部分原来主张西化的知识分子如李大钊、陈独秀、瞿秋白等人，于十月革命后不久便逐渐放弃了西化主张，而转为"以俄为师"，开始接受和宣传马克思主义。

（二）中国人学习西方的努力屡遭失败也使先进分子对资产阶级共和国方案产生疑问

中国人在向西方学习的过程中，曾进行过戊戌变法和辛亥革命，但结果证明资本主义道路在中国走不通，这使得中国先进分子对资产阶级共和国方案产生疑问。毛泽东在《论人民民主专政》一文中说："中国人向西方学得很不少，但是行不通，理想总是不能实现。多次奋斗，包括辛亥革命那样全国规模的运动，都失败了。国家的情况一天一天坏，环境迫使人们活不下去。怀疑产生了，增长了，发展了。"

二、俄国十月革命对中国先进分子的影响

正当中国知识分子对国家前途感到迷惘彷徨的时候，俄国十月革命发生，十月革命的胜利为中国先进分子选择马克思主义提供了历史契机。

1917年11月7日（俄历10月25日），列宁领导的布尔什维克推翻了资产阶级临时政府，建立了苏维埃政权。由此，世界上第一个社会主义国家宣告诞生。因为革命发生在俄历10月，故称为"十月革命"。俄国十月革命的胜利，不仅是人类历史上无产阶级及其政党通过暴力革命推翻地主资产阶级统治，进而建立无产阶级专政的社会主义国家的首次成功尝试，而且也是人类历史上第一次将马克思、恩格斯创立的科学社会主义由理论形态变为现实的伟大实践。它向包括中国在内的世界各国人民证明了马克思主义是无产阶级和一切被压迫民族和人民求得解放的锐利的思想武器。新生的苏维埃政府还发表对华宣言，表示愿意将沙皇政府从中国掠夺的一切不平等权利交还中国，放弃在中国的一切特权。所有这些，对于为探求救国真理而历尽艰难曲折的中国先进知识分子

来说，无疑是一个巨大的启迪和鼓舞，使他们看到了中国的希望。

十月革命推动中国的先进分子从资产阶级民主主义转向社会主义，其原因在于：第一，俄国与中国相同与近似的国情给予中国人一个启示：经济落后的国家也可以用社会主义思想指引自己走向解放之路；第二，苏俄的反帝和对中国的平等态度引起了人们的震动和向往，有力推动了社会主义思想在中国的传播；第三，俄国革命的依靠力量和革命方法，给予中国先进分子以新的启示，推动他们去研究这个革命所遵循的主义。

三、资本主义经济的发展与工人阶级队伍的壮大

资本主义的发展与工人队伍的壮大为马克思主义的传播提供了经济和社会阶级基础。鸦片战争以后，随着洋货的冲击、自然经济的逐步解体及清政府调整经济政策，我国的民族资本主义经济在 19 世纪 70 年代正式诞生。辛亥革命后，民族资本主义得到了较快发展。第一次世界大战期间，由于帝国主义列强忙于战争而暂时放松了对中国的商品倾销，中国民族工商业的发展进入了黄金时代。

随着民族资本主义的长足发展，中国工人阶级队伍也迅速壮大，工人运动深入发展，并出现了新的前所未有的变化：工人的罢工不但次数日益频繁，而且罢工由单纯的经济斗争逐渐转向反帝反封建的政治斗争，由分散的自发的斗争逐渐转向有组织有领导的斗争。中国工人阶级正处在由自在的阶级向自为的阶级的发展变化之中，迫切需要新的属于本阶级的思想武器的指导和革命政党的领导。1919 年的五四运动，标志着中国工人阶级独立地走向政治舞台，因而马克思主义在中国有了得以传播的阶级基础。

四、传统大同思想的影响

中国传统文化中积淀的大同社会思想，是马克思主义被中国先进分子接受和传播的文化心理原因。

郭沫若在 1925 年写了一篇题为《马克思进文庙》的小说，隐喻了马克思主义与中国传统文化中某些思想的契合之处。在小说中，孔子用"有朋自远方来，不亦乐乎"开场欢迎远道而来的马克思，经过交谈，孔子发现马克思的理想社会与自己的大同理想"不谋而合"，马克思也发现自己对世界与人生的看法与孔子"完全相同"；最后，马克思慨叹："我想不到在两千多年前，在遥远的东方，已经有了你这样一个老同志！"

中国古代大同社会理想记载于《礼记》一书中："大道之行也，天下为公。选贤与能，讲信修睦，故人不独亲其亲，不独子其子，使老有所终，壮有所用，幼有所长，鳏寡、孤独、废疾者皆有所养。男有分，女有归。货，恶其弃于地也，不必藏于己；力，恶其不出于身也，不必为己。是故，谋闭而不兴，盗窃乱

贼而不作，故外户而不闭，是谓大同。"①大同理想描画了一个没有争斗、没有剥削、没有压迫、互爱互助的理想社会，它与马克思所描绘的共产主义社会是相似的，这就使中国知识分子很容易对马克思主义产生似曾相识的亲近感和文化心理上的认同。

五、新文化运动的影响

新文化运动缘起于对辛亥革命失败的反思。新文化运动正式开始的标志性事件是 1915 年 9 月 15 日陈独秀在上海创办《青年杂志》。

新文化运动作为近代中国一场伟大的思想解放运动，它同时包含了两大思想解放的向度："对传统求解放"和"对西方求解放"。新文化运动前期，陈独秀、胡适等启蒙思想家以西方近代资产阶级民主主义思想为批判中国旧文化的武器，力图把国人从传统思想观念和行为习惯的束缚中解放出来，这便是"对传统求解放"的含义。所谓"对西方求解放"，是指 1919 年之后，经过对第一次世界大战发生原因的反思，新文化运动中部分知识分子从盲目崇拜和效法西方资本主义文明的思想中解放出来，谋求一种超越西方近代文明的更高级的文明，这便是"对西方求解放"的含义。新文化运动使知识分子的思想得到了空前的解放，从而为马克思主义的传播提供了思想前提。

中国先进分子对马克思主义的选择

【知识点 4.2】
中国先进分子对马克思主义的选择

如果说新文化运动掀起思想解放的新潮流，为马克思主义在中国的传播奠定了思想基础，那么五四运动则使马克思主义发展成为新思潮中的主流。

一、五四运动促进了马克思主义的传播

（一）五四运动的发生

发生在 1919 年的五四运动，是中国社会整体演变和国际社会诸多因素共同作用的结果。其直接导火线则是巴黎和会上中国外交的失败。巴黎和会将德

---

① 张文修. 礼记[M]. 北京：北京燕山出版社，1995：159.

国在中国山东的利益转让给日本，北洋军阀政府却准备签字承认这个条约。中国人民对这种国际强权和卖国行为忍无可忍，五四运动由此爆发。五四运动以6月3日为界，分为两个阶段，之前以北京为中心，以学生为主力；之后以上海为中心，以工人为主力。

具有强烈爱国主义热忱的青年学生是五四运动的先锋力量。五四运动的高潮和标志性事件是火烧赵家楼，赵家楼公馆是北洋政府交通总长、著名亲日派官员曹汝霖的住宅。火烧赵家楼是五四运动期间学生的一个激烈行动，他们不畏反动政府的逮捕镇压，用勇敢和忠诚赢得了社会各界的支持，唤起了广大民众参与到反帝反封建的伟大斗争中来。

6月3日北京学生在街头演讲时被北洋政府逮捕178人，第二天，军警又拘禁学生700多人。但这种高压只能适得其反。学生的爱国行动得到越来越多的各界人士的同情和支持。北京学生大批被捕的消息传到上海，上海工人阶级在学生斗争最为艰苦的时候挺身而出，并发展成为运动的主力。6月5日上海工人开始罢工，数日内罢工工人增加到10万人以上。随后长辛店、天津、长沙、武汉等地的工人也纷纷举行罢工和示威游行，在短时间内，罢工风潮席卷全国150余座城市。

迫于工人罢工、学生罢课和商人罢市的压力，北洋政府不得不于6月7日释放被捕学生，于6月10日下令罢免亲日派官员曹汝霖、陆宗舆、章宗祥三人。6月28日，巴黎和会对德和约签字，中国代表团拒绝出席会议，没有在该项和约上签字。至此，五四运动取得重要成果。电影《我的1919》以艺术的形式呈现了中国外交官顾维钧在此次会议上对列强的谴责。

（二）五四运动是新民主主义革命的开端

像五四运动这样席卷全国，具有如此声势和威力的群众爱国运动，在中国历史上不曾有过。五四运动被认为是新民主主义革命的开端，这是与作为旧民主主义革命的辛亥革命相比较而言的。

第一，与辛亥革命的不彻底性相比，五四运动体现出反帝反封建的彻底性。辛亥革命几乎完全没有直接改变帝国主义列强在中国的支配地位；对于封建主义，革命党人中的大多数人也没有清醒的认识。因此推翻清王朝建立中华民国后，与旧势力妥协的心理成为主流，导致革命半途而废。五四运动则表现出反帝反封建的彻底性，民众在运动中表现出不达目的誓不罢休的顽强意志。最终取得重要胜利。

第二，与辛亥革命缺乏深厚的群众基础相比，五四运动则表现出广泛的群众性特点。辛亥革命虽然在一定程度上依靠并发动了群众，但局限于新军、会党和留学生，没有广大民众的参与和声援，革命党人在与敌对势力斗争时深感孤立无援，最终不得不与袁世凯代表的旧势力妥协。五四运动所牵动的社会面如此之广，包括学生、工人、商人、市民、知识分子、留学生等等，民众中蕴藏的力量一旦得到解放，可谓惊天动地、无坚不摧，它最终迫使反动势力张皇失措，不得不答应民众的爱国要求。

第三，五四运动被视为新民主主义革命的开端，还有一个重要的原因，那就是五四运动展现了工人阶级的政治力量，它使中国先进分子看到了救国的新力量，进而将马克思主义与工人运动结合。

二、马克思主义的进一步传播

五四运动后，马克思主义发展成为新思潮中的主流。越来越多的人开始了解马克思主义。马克思主义得到进一步传播。早期马克思主义的信仰者主要由三类人转变而来。

(一)早期马克思主义者的队伍

第一类是新文化运动的精神领袖，其代表是李大钊、陈独秀。李大钊1913年留学日本，受到日本著名的马克思主义者、京都帝国大学教授河上肇的影响，对马克思主义产生浓厚兴趣。1917年俄国十月革命后，李大钊率先关注并研究十月革命，研究马克思主义。1919年9月发表《我的马克思主义观》。与以往一些人对马克思学说所做的片面的、不确切的表述相比，李大钊的这篇文章对马克思主义的介绍已经具有相当完整的形态，而且得到了基本正确的阐释。这表明李大钊已经成为中国的第一个马克思主义者。陈独秀1919年4月开始在报刊上发表文章，赞颂俄国十月革命。他转变为马克思主义者是在离开北京大学以后。五四运动期间，陈独秀在北京亲自散发《北京市民宣言》，结果被北洋政府逮捕，后虽然被释放，但他受到北洋政府军警的监视，这使他开始向马克思主义者转化。1920年9月，他在《谈政治》一文中公开宣示了他的马克思主义立场。

第二类早期马克思主义的信仰者是五四运动的左翼骨干。其代表人物有毛泽东、杨匏安、蔡和森、周恩来。我们重点介绍一下大家不太熟悉的杨匏安，广东香山县人，是中国共产党早期优秀的理论家和革命活动家。1919年杨匏安在广州积极参加了五四运动。同年11月《广东中华新报》刊登了他的长篇文章《马克思主义》，他是最早把马克思主义传播到中国的先驱者之一，曾有"北李南杨"之说。"李"就是李大钊，"杨"则指杨匏安。1931年7月杨匏安被国民党逮捕，蒋介石亲自出面劝降，杨匏安不为所动。敌人改为严刑逼供，他咬紧牙关,只字不吐,最后壮烈牺牲,年仅 36 岁。

第三类早期马克思主义的信仰者是一部分原同盟会会员、辛亥革命活动家,其代表为吴玉章、董必武、林伯渠。

这些革命先驱者的思想经历是值得后人深思的。它们接受马克思主义,绝不是一时冲动或趋时行为,而是经过深思熟虑,经过反复比较和实践检验,最后才做出这个一生中最重要的选择的。毛泽东转化为马克思主义者的经历就可以说明这一点。

【知识点 4.3】
青年毛泽东是怎样成为马克思主义者的

青年毛泽东是怎样
成为马克思主义者的

"独立寒秋,湘江北去,橘子洲头,看万山红遍,层林尽染,漫江碧透,百舸争流,万类霜天竞自由……"年轻的毛泽东曾经踌躇满志地站在橘子洲头,指点江山,激扬文字,抒发他对人生和社会的感悟。

本节我们将以青年毛泽东的人生和思想历程为例,来了解 20 世纪 20 年代中国的青年知识分子怎样一步一步转变为马克思主义的信仰者。

一、青年毛泽东的人生经历

毛泽东 1893 年 12 月 26 日出生于湖南湘潭县韶山冲一户农家。青年毛泽东的人生历程大致可以分为两个阶段:1910—1918 年,"修学储能"阶段;1918—1921 年社会实践阶段。

童年和少年时代的毛泽东在韶山私塾中接受了 6 年的"孔夫子"教育。1911 年毛泽东考入湘乡驻省中学,来到长沙。1914 年 21 岁的毛泽东进入湖南一师本科 8 班学习。湖南一师的历史、名师、新学风对毛泽东产生了重要而深远的影响,他在这里不仅打下了深厚的学问基础,而且获得了社会活动的初步经验,开始形成自己的思想方法和政治见解。

1918 年 4 月,毛泽东与蔡和森、萧子升等发起成立新民学会。新民学会的会员都是湖南籍的知识青年,有 70 余人。由于王夫之、曾国藩的示范作用,湘籍青年往往以天下为己任,同时注意自我修养。新民学会起初以"革新学术,砥砺品行,改良人心风俗"为宗旨,学会成立时规定,会员一不虚伪,二不懒惰，三不浪费，四不赌博，五不狎妓。新民学会孕育了一批共产主义者，如何叔衡、罗章龙、李维汉、谢觉哉、向警予、杨开慧、夏曦、萧三、郭亮等等。

1918 年 6 月，毛泽东从一师毕业。8 月前往北京，组织赴法勤工俭学活动。并在李大钊任主任的北京大学图书馆工作。北京之行，为毛泽东日后转变为一个马克思主义者提供了契机。

二、青年毛泽东思想信仰的转变

1920 年至 1921 年之际，毛泽东从一个改良主义者、无政府主义者逐渐转变为马克思主义者。促使他思想信仰发生转变的原因，可以归纳为三个人、三本书和一件事。

三个人是指陈独秀、李大钊、蔡和森。

1918 年毛泽东到北京，通过与李大钊的结识，第一次真正了解到了俄国革命的情况，第一次接触到了马克思主义学说。

1920 年 5 月毛泽东到上海，和陈独秀讨论马克思主义。陈独秀对马克思主义的坚定信仰和热切推崇，给毛泽东留下了深刻的印象，对毛泽东思想上向马克思主义转变无疑起到了重要作用。

1920 年 11 月，在法国勤工俭学的蔡和森给毛泽东写信，他认为，现在的世界还不能实行无政府主义，并且说，社会主义才是医治现代社会的良方，而且他提出，实现社会主义的方法，就是实行阶级战争和无产阶级专政。他主张在中国组织共产党，效法俄国。毛泽东表示深切赞同蔡和森的主张。

三本书是指《共产党宣言》《阶级斗争》《社会主义史》。

1936 年，毛泽东与美国记者斯诺谈话时曾说："有三本书特别深刻地铭记在我心中，使我树立起对马克思主义的信仰。我接受马克思主义，认为它是对历史的正确解释，以后，就一直没有动摇过。"毛泽东所说的三本书，就是陈望道翻译的《共产党宣言》、德国人考茨基撰写的《阶级斗争》，以及英国人柯卡普著述的《社会主义史》。毛泽东没有出国留学，他一生最大的爱好是读书，他的知识除了实地调研就是来自书本。毫无疑问，读书改变了毛泽东的命运，也进而影响了中国革命发展的轨迹和进程。

一件事是指湖南自治运动。

当时的中国，北洋军阀政府腐败而又专横，打着"武力统一"的旗号，连年发动对南方的征伐战争，许多人把希望寄托在地方自治或联省自治上面。李大钊、陈独秀等也曾表示赞同。这种流行的政治主张对毛泽东的影响是不小的。1920 年毛泽东从上海回湖南后，尽管他已向马克思主义急速转变，但对社会改良的手段仍抱有某些期望。不在实践中尝试一下，人们是很难轻易放弃自己选择过的思想武器的。

当时，新任湖南督军的谭延闿声称将采取"湖南自治""还政于民"的政策。他的目的是笼络人心，维护他还没有巩固的统治，抵制北洋军阀政府的再度干预。毛泽东大受鼓舞，号召湖南带个头，率先建立"湖南共和国"。他个人或联名在长沙《大公报》和上海的报纸上连续发表十四篇文章，系统地提出实现湖南自治的具体主张。然而，当长沙近两万群众冒着大雨上街游行，向谭延闿递交了毛泽东起草的《请愿书》，要求迅速召开人民制宪会议，谭延闿接下了《请愿书》，但对所提各项要求却在事后断然拒绝，撕下了开明的伪装，并制造高压恐怖气氛，准备逮捕毛泽东。警察虽然没有采取逮捕行动，但一场以和平请愿方式进行的自治运动，也从此一蹶不振，不了了之。无情的事实迫使毛泽东冷静下来。原来设想的路走不通了，必须另外开辟一条新路。毛泽东一向是个善于从失败中吸取教训、能够在探索中不断扬弃那些不符合实际的想法的人。

1921 年 1 月毛泽东给蔡和森回信，态度鲜明地表达了他对马克思主义、共产主义的信仰。在表明这种态度时，毛泽东刚过完 27 岁的生日。他说这是"山穷水尽诸路皆走不通了的"最后选择！四十年后，他对英国元帅蒙哥马利说："革命不是哪里想干不想干的问题，我最初就没有想过干革命的问题。我那时当小学教员，当时也没有共产党，是因为形势所逼，不能不干。"事实的教训，使毛泽东终于摆脱开对社会改良道路的最后一点幻想，使他更加义无反顾地走上革命的道路，下这个决心实在是不容易的。一旦下定了决心，毛泽东再也没有回过头。

【思考】青年毛泽东经历了怎样的思想历程才最终选择马克思主义？

第一，毛泽东是经过反复的比较，才选择了马克思的科学社会主义。和当时中国的先进知识分子一样，毛泽东在成为马克思主义者之前，不断地选择，也不断地放弃。西方近代文化中的各种思想和思潮，诸如社会进化论、改良主义、无政府共产主义、新村主义、泛劳动主义、实验主义等，他都接触过，有的还躬行实验过。然而，上述种种主义，似乎并没有使他成为其中某种主义的坚定信仰者，在种种如饥似渴的选择和尝试都无效或失败的情况下，特别是湖南自治运动失败后的困惑、迷茫之际，在陈独秀、蔡和森这一师一友的帮助下，毛泽东于 1920 年与 1921 年之际，在政治上开始脱离小资产阶级民主改良主义而转向共产主义，从无政府主义转向了马克思列宁主义。

第二，这一选择是在实践中逐步确立的：毛泽东正是在实践中才认识到改造中国和世界的斗争必须有新的思想武器；他也是在一次又一次实践中认识到改良主义、无政府主义和革命民主主义的缺陷；也只有在实践中毛泽东才能不断加深对于马克思主义的理解，从而最后成为真正的马克思主义者。

毛泽东从改良主义者到革命民主主义者、从无政府主义者到最后成为马克思主义的坚定信仰者，正是当时大多数共产主义知识分子所经历过的思想历程。

【知识点4.4】
早期马克思主义者的研究和宣传工作

早期马克思主义者采取了一系列行动宣传扩大马克思主义的影响。

一、组织马克思主义研究团体

随着马克思主义的传播，各地出现了一批研究马克思主义的学会团体，如北京大学的马克思主义学说研究会。1920年3月，北京大学马克思学说研究会为了便于搜集中外马克思主义学说的资料，成立了马克思学说研究会"亢慕义斋"（"COMMUNISM"的音译），当时"亢慕义斋"已搜集了马克思主义的英文书籍40余种、中文书籍20余种，基本上包括了马克思、恩格斯和列宁的主要代表著作。在马克思主义学说刚刚传入中华大地、国内马克思主义文献极为缺少的情况下，条件简陋的"亢慕义斋"，即已有了如此系统完备的马列主义文献收藏，可以说是一个奇迹。这是中国的先进分子执着追求真理的体现，也是马克思主义在中国传播的生动见证。

二、创办宣传马克思主义的报刊

1919年马克思主义者在各地纷纷创办报刊宣传马克思主义：如李大钊主持的《晨报》副刊，开辟了"马克思研究"专栏。五四运动后，《新青年》杂志逐渐变成了宣传马克思主义的主要阵地。毛泽东在长沙创办《湘江评论》；周恩来在天津出版《觉悟》杂志；瞿秋白在北京创办《新社会》旬刊等等。据不完全统计，仅在1919年下半年，全国各地新创办的、具有宣传马克思主义倾向的报刊达200多种。这些活动极大地扩大了马克思主义的影响，提高了群众的思想觉悟，同时也为共产党组织的建立，做了思想上和组织上的准备。

三、出版译介马克思主义的著作

在这方面做出重要贡献的是陈望道。陈望道是上海"马克思主义研究会"

发起人之一，1920年初，陈望道开始秘密翻译《共产党宣言》。他躲在一间破旧的柴草棚里，除了要克服许多难以想象的困难，还要防备敌人的袭击。他用了三个多月时间译完这本书。这是《共产党宣言》在中国出版的第一个全译本，它的出版在中国马克思主义著作的传播史上占有重要地位。

四、同反马克思主义的思想流派进行论战

马克思主义在中国传播使新文化运动的统一战线开始分化，一些资产阶级知识分子甚至公开站到反对马克思主义的对面。早期马克思主义者为了宣传和捍卫马克思主义，与反马克思主义思潮进行了论战。以下主要介绍马克思主义者与改良主义、无政府主义的论战。

（一）与改良主义者的论战

这场论战以李大钊与胡适的"问题与主义"之争为标志。

1918年陈独秀和李大钊创办了一个谈政治的刊物《每周评论》，用以评论现实政治，宣传马克思主义。胡适认为《每周评论》的做法是不可取的。他认为，新文化运动应该暂时撇开现实的政治问题，而致力于研究和解决最基本的关于中国的知识文化和教育等方面的问题，以便为中国的建设打下一个非政治的文化基础。因此，胡适发表了一篇《多研究些问题，少谈些"主义"》，奉劝人们多提出和解决一些具体的问题，少谈一些抽象的、纸上的主义。李大钊写了《再论问题与主义》的公开信，反驳胡适的观点。他认为问题与主义有不能分离的关系。解决社会问题，应该使社会大多数人先有一个共同趋向的理想主义。李大钊主张既要研究实际问题，也要宣传理想的主义。

问题与主义之争暴露了马克思主义与实验主义两种思潮在中国的最早冲突和对立，它们通过这次争论扩大了各自的影响。从这次争论开始，实验主义和马克思主义都比较关注于社会的政治现实问题，一方面进行探索和宣传，同时也在寻求解决问题的方法。

（二）与无政府主义者的论战

无政府主义鼓吹绝对自由，反对无产阶级专政，主张"无政府共产主义"。五四时期克鲁泡特金的无政府共产主义和互助进化论不仅在小资产阶级知识分子和某些资产阶级知识分子中广为流传，即使已具有初步共产主义觉悟的知识分子，也在某种程度上受到了它的影响，许多人分不清无政府共产主义与科学社会主义的界限。1920年9月，陈独秀在《新青年》上发表《谈政治》一文，明确以无产阶级专政的思想批评了无政府主义。自此才算真正展开了一场关于马

克思主义与无政府主义思想的论战。

这场争论主要集中在三个问题上：第一，关于无产阶级专政。无政府主义者认为：互助是人类的本能，社会进化的动力，所以，他们反对一切强权。马克思主义者批评了"反对一切强权"的提法，提出：不可抽象地反对一切强权，"强权所以可恶，是因为有人拿他来拥护强者、无道者，压迫弱者与正义。若是倒转过来，拿他来救护弱者与正义，排除强者与无道，就不见得可恶了"①。马克思主义者指出，无产阶级斗争的最终目标也是没有国家的。但是在阶级没有消灭以前，主张要有强力无产阶级专政的国家。第二，关于自由。无政府主义思想的理论核心是个人的"绝对自由"。对此，马克思主义者认为：个人绝对自由的主张是行不通的。第三，关于生产和分配。这是无政府主义和马克思主义争论的焦点。在生产上，无政府主义者反对集中，反对计划生产，主张"将一切生产机关，委诸自由人的自由联合管理。"在分配上，强调"一切生产资料和生活资料都归公有"，实行"各尽所能、各取所需"的分配原则；主张实行无政府革命后，立即实现无政府共产主义社会，如果革命没有做到彻底分配，便不是彻底的革命。马克思主义者认为："无政府主义的生产组织，有一种最大的缺点，即是不能使生产力保持水平"，应该"把一切农业工业的生产机关，都移归中央管理。"②关于分配，李达指出：在生产水平发展不高的情况下，实行"各尽所能，各取所需"的分配原则，是一种不切实际的空想。

经过上述论战，马克思主义者不仅廓清了马克思主义与改良主义和无政府主义等形形色色社会思潮的区别，宣传了马克思主义，扩大了马克思主义的阵地，而且为中国共产党的建立创造了思想条件。

【知识点4.5】
中国共产党的创建

中国共产党的创建

从1920年8月开始，上海、北京、武汉、长沙、济南、广州等地和日本、法国的留学生相继成立了共产党的早期组织。这些共产党早期组织的成立为中国

---

① 陈独秀. 独秀文存（卷一）[M]. 合肥：安徽人民出版社，1987：364.
② 李达. 李达文集（第1卷）[M]. 北京：人民出版社，1980：49.

共产党的成立奠定了组织基础。随着马克思主义的传播和各地共产主义小组的建立，到1921年，在中国成立工人阶级政党的条件基本上具备了。

一、中共"一大"召开始末①

1921年6月，共产国际代表马林、共产国际远东书记处代表尼克尔斯基先后来到上海，他们与李汉俊、李达等商谈建立党的工作，并决定在上海召集全国代表会议。李达分别与广州的陈独秀、北京的李大钊联系商议，确定在上海召开中国共产党全国代表大会。由李达和李汉俊分别写信给北京、长沙、武汉、广州、济南以及日本留学生中的组织或党员，通知他们各派两名代表来上海，出席党的全国代表大会。李达和李汉俊承担了代表大会的联络、筹备和会务方面的工作。

1921年7月23日晚，中共"一大"在上海召开，来自全国各地的共产主义小组的13名代表出席了会议，在13名代表中湖北籍的有5人，湖南籍的有4人，北大的学生有3人（张国焘、刘仁静、陈公博），后来党史界与各方研讨依据13名代表在中共历史中的作用进行排名，依次为毛泽东、董必武、陈潭秋、何叔衡、王尽美、邓恩铭、李达、李汉俊、包惠僧、刘仁静、张国焘、陈公博、周佛海。他们代表当时全国50多名党员。"一大"开幕时，党的两位最重要创始人"南陈北李"都没有出席，陈独秀虽然被确定为大会主席，但当时他正在广州担任广东大学预科校长，为筹备校舍经费而四处奔忙。李大钊当时是北大教授，正值北大学年结束，校务繁忙，不能抽身。

会议确定了党的名称为中国共产党；通过了由张国焘、李达等起草的党纲；通过无记名投票选举了由陈独秀、李达、张国焘组成的中央局。陈独秀担任书记、李达任宣传主任，张国焘任组织主任。

参加中共一大的13位代表，他们在那个血雨腥风的年代，共同为世界第一大党的建成做出了贡献。历史会永远记住他们缔造的伟大时刻。遗憾的是，由于对党认识的不同，目标理想的差异，他们走过了不同的人生轨迹，而他们最终的人生结局也不尽相同。这13位代表的人生经历和最后归宿，大致可以分为五类情况。

第一类，中华人民共和国成立后健在并担任党和国家高级领导人的有两人：毛泽东和董必武。董必武在中华人民共和国成立后历任中央财经委员会主

---

① 包惠僧. 包惠僧回忆录[M]. 北京：人民出版社，1983：31；
黄黎. 中共一大召开纪实（上、下篇）[J]. 党史博采，2003（1，2）.

任、政务院副总理、最高人民法院院长、中华人民共和国副主席等职。

第二类是在新民主主义革命中牺牲或病逝的有陈潭秋、何叔衡、王尽美、邓恩铭。陈潭秋(1896—1943,湖北黄冈人,湖北代表)曾任中华苏维埃粮食部长、中共中央驻新疆办事处代表和八路军驻新疆办事处负责人等职,1943年9月27日,陈潭秋和毛泽民、林基路等同志被与蒋介石暗中勾结的盛世才秘密杀害于乌鲁木齐。何叔衡(1876—1935,湖南宁乡人,湖南代表)大革命失败后到莫斯科中山大学学习。回国后受党的指派,在上海担任中国互济总会主任。1935年2月24日,何叔衡等从江西转移到福建长汀县,不料与敌遭遇。何叔衡落崖受伤,被匪兵连击两枪,壮烈牺牲。邓恩铭(1901—1931,贵州荔波人,山东代表),在一大后继续投身和领导革命运动,曾任中共山东省委书记,后因叛徒出卖被捕,在敌人的刑讯逼供、百般折磨中毫不动摇,1931年4月在济南英勇就义。王尽美(1898—1925,山东诸城人,山东代表)长期从事工人运动,1923年至1925年5月,担任山东省委书记。1925年,王尽美因肺病逝世。

第三类人是后来脱党但仍保持共产主义信仰的,有李达和李汉俊。李达(1890—1966,湖南零陵人,上海代表)一大后在上海党的机关工作一年。不久返湘,与毛泽东创办湖南自修大学,因与陈独秀与张国焘有矛盾,于1923年宣布脱党。此后一直从事教育和马克思主义理论研究和宣传工作。1949年由毛泽东和刘少奇介绍重新入党。中华人民共和国成立后先后担任湖南大学和武汉大学校长。"文化大革命"初期受批斗,1966年被迫害致死。李汉俊(1890—1927,湖北潜江人,上海代表),一大后由于与陈独秀和张国焘有矛盾,离开上海回湖北,从事工人运动,后脱离党的活动。第一次国共合作时曾任国民党湖北党部执行委员、湖北省教育厅厅长等职。大革命失败后从事教育工作。1927年被广西军阀逮捕杀害。

第四类是后来脱党在国民党政府任职但中华人民共和国成立后仍健在的,有刘仁静和包惠僧。刘仁静(1902—1987,湖北应城人,北京代表),1926年赴苏联学习受托洛斯基思想影响,成为中共内的托派。后脱党,在国民党和三青团一些机构任职。中华人民共和国成立后,被安排在人民出版社任编辑,直到退休。1987年因车祸身亡。包惠僧(1894—1979 湖北黄冈人,陈独秀指派代表),大革命失败后退出中国共产党。1931年,任蒋介石陆海空军总司令部参谋。1936年转任国民党政府内政部参事。1944年夏,包惠僧自动申请遣散,携家眷到澳门谋生。1957年,被任命为国务院参事室参事。1979年7月2日,因病去世。

第五类是后来叛党或叛国的,有三人:张国焘、陈公博、周佛海。张国焘

（1897—1979 江西萍乡人，北京代表）长期担任党和红军的高级职务。红军长征时他进行了分裂党和红军的活动。1938 年，张国焘投奔国民党，被开除党籍。1949 年举家迁到香港，1968 年再迁往加拿大。1979 年病死在当地一所养老院中。陈公博（1892—1946，广东南海人，广东代表）一大后就对马克思主义的热情骤降，并对共产主义产生怀疑和困惑。1922 年秋，陈公博脱党到海外留学，回国后加入国民党，1938 年追随汪精卫叛国，任汪伪政权立法院长、行政院长等职，抗战胜利后以叛国罪被判死刑，1946 年在苏州被枪决。周佛海（1897—1948，湖南沅陵人，旅日代表）1924 年脱党。1938 年，他投敌充当汉奸，抗战胜利后以叛国罪被判无期徒刑，1948 年死在狱中。

"一大"13 位代表的人生经历和最后归宿，是值得我们后人深思的。一个人选择什么，是否能将这种选择坚持到底，将决定着一个人一生的成败得失。

二、中国共产党创建的历史意义

中国共产党的创建，被毛泽东视为中国历史"开天辟地的大事变"。

【思考】毛泽东为什么说中国共产党的成立是"开天辟地的大事变"？

第一，中国共产党的成立使中国革命有了坚强的领导核心，灾难深重的中国人民有了可以依赖的组织者和领导者，中国革命从此不断向前发展，由新民主主义革命向社会主义革命推进。

第二，中国共产党的成立，使中国革命有了科学的指导思想。中国共产党以马克思主义为指导思想，把马克思主义和中国革命的具体实践相结合，制定了正确的革命纲领和斗争策略，为中国人民指明了斗争的目标和走向胜利的道路。

第三，中国共产党的成立，使中国革命有了新的革命方法，并沟通了中国革命和世界无产阶级革命之间的联系，为中国革命获得了广泛的国际援助和避免走资本主义提供了客观可能性。

【知识点 4.6】
中国共产党成立后中国革命的新面貌

中国共产党成立后，中国革命的面貌就焕然一新了。这主要体现在两个方面：

一、制定革命纲领，发动工农运动

1922 年中国共产党在上海举行第二次代表大会。制定了明确的革命纲领。二大宣言指出：党的最高纲领是实现社会主义、共产主义；党在当前阶段的纲领是打倒军阀；推翻国际帝国主义的压迫；统一中国为真正的民主共和国。不久以后，"打倒列强、除军阀"的口号就成了广大人民共同的呼声。在马克思主义中国化的进程中迈出了实质性的一步。

此外，中国共产党开始采取资产阶级、小资产阶级的政党和政治派别没有采取过，也不可能采取的革命方法，即群众路线的方法。中共二大指出："我们既然是为无产群众奋斗的政党，我们便要'到群众中去'，要组成一个大的'群众党'。"这样，新生的中国共产党就初步地解决了中国革命的动力问题。

在中国共产党的领导、组织、推动下，中国工人掀起了第一个罢工斗争高潮。从 1922 年 1 月香港海员罢工到 1923 年 2 月京汉铁路工人罢工，在 13 个月的时间里，全国发生了包括安源路矿工人罢工、开滦煤矿工人罢工等在内的大小罢工 100 余次，参加者在 30 万人以上。通过领导工人的斗争，中国共产党密切了同工人阶级的联系，党的自身建设也由此得到了加强。

与此同时，浙江省萧山县、广州海陆丰等地的农民运动也发展起来了。彭湃，农民运动的领袖，广东海丰人，出身于一个地主家庭，1924 年入中国共产党，他在家乡开展农民运动，撰写《海丰农民运动》一书，成为从事农民运动者的必读书，被毛泽东称为"农民运动大王"。

工农运动的蓬勃发展，触动了当权者的利益，危及他们的统治。1923 年 2 月 7 日北洋政府血腥镇压了京汉铁路工人大罢工，40 多名工人被杀害，伤 200 多人，被捕 60 多人，1000 多人遭开除。这就是著名的"二七惨案"。工人运动的受挫使中国共产党得到教训：第一，中国革命的敌人是强大的，仅仅依靠工人阶级孤军奋战是不够的，必须争取可能的同盟军。第二，在当时的中国，工人没有起码的民主权利，仅依靠罢工这个武器进行合法斗争，是不行的，必须建立革命的武装。年轻的中国共产党正是带着这些从实际斗争中初步得到的经验教训，进入以国共合作为基础的大革命时期。

二、实行国共合作，掀起大革命高潮

1922 年 8 月中共中央在杭州西湖举行了特别会议。共产国际代表马林在会上传达了共产国际的指示，主张共产党员以个人身份加入国民党，建立国共统一战线。1923 年 6 月，中国共产党在广州召开了第三次全国代表大会。大会的中心议题是讨论国共合作问题。1924 年 1 月国民党一大在广州召开，大会接受了中国共产党提出的反帝反封建主张，重新解释了孙中山的三民主义，宣布实行"联俄、联共和扶助农工"的三大政策，并正式承认中国共产党党员、青年团员以个人身份加入国民党。国民党一大的胜利召开，标志着国共合作的国民统一战线正式建立。在共产国际的帮助下，中国共产党与当时以孙中山为首的国民党实现了第一次国共合作。

国共合作统一战线建立后，在苏联和共产党的帮助合作下，广州国民政府创办了黄埔"陆军军官学校"。1924 年 5 月，黄埔陆军军官学校正式开学。军校的办学宗旨，即培养军事和政治人才，组成以军校学生为骨干的革命军，从而"把革命的事业重新来创造"。黄埔军校的特点：把政治教育提到与军事训练同等重要的地位，注重培养学生的爱国思想和革命精神。这是它同一切旧式军校根本不同的地方。周恩来在这方面做出了重要贡献。1924 年至 1927 年，国共两党合作期间，军校培养了 4 期毕业生共 4900 人，为国共两党培养了不少著名的军事家或高级军事人才。军校学生两次东征，扫清了广东全省军阀，继而出师北伐，为中国革命做出了重大的贡献。

以黄埔学生军为主力的革命军肃清了广东的反动军阀势力，1925 年 7 月，国民政府在广州建立。广东革命根据地统一后，北伐的问题就提上了议事日程。国民党第二次全国代表大会确立了北伐的方针。

北伐前夕，北洋军阀势力分裂为三派：直系军阀吴佩孚，盘踞在湖南、湖北、河南及陕西东部等地，控制着京汉铁路，有军队 20 多万人。奉系军阀张作霖，控制着东北各省、津浦路北段及京津一带，有军队 30 多万人。从直系军阀中分化出来自成一派的军阀孙传芳，占据着江苏、安徽、浙江、福建、江西 5 省及上海广大地盘，扼守长江下游，有军队 20 多万人。

1926 年 5 月，国民革命军第四军叶挺独立团首先经韶关入湘，揭开了北伐的序幕。7 月 1 日，国民政府发布北伐宣言。7 月 9 日，国民革命军在广州誓师，北伐战争正式开始。北伐军从 1926 年 7 月出师到 1927 年初，经过半年时间，打垮了数倍于己的吴佩孚和孙传芳的几十万反革命武装，占领了湖南、湖

北、江西、福建、安徽、江苏等省的全部或大部，把革命从珠江流域推进到长江流域，极大地动摇了北洋军阀的统治。

随着北伐的胜利进军，农民运动猛烈发展起来，掀起了农村大革命的高潮。北伐战争的胜利，又推动了工人运动的高涨。此时期全国工会会员由北伐战争前的124万发展到280万人，特别是湖南、湖北的工人运动有了迅猛的发展。1926年年底，两省工会会员都超过了30万人，并成立了省总工会。其他如安徽、江西、浙江、福建、江苏、上海等地，工人组织也发展极快。此时期工人运动的特点是普遍组织了纠察队，有些地方由罢工斗争发展到武装起义，如上海工人举行了三次武装起义，直接配合北伐军作战。

第一次国共合作期间，从1925年至1927年中国的反帝反封建革命，比以往任何一次革命，包括辛亥革命和五四运动，群众的动员程度更为广泛，斗争的规模更加宏伟，革命的社会内涵更加深刻，因此被称作大革命。

然而，国共两党由于各自政治理念的分歧和政治立场的差异，最终从合作走向破裂。1927年由国共合作发动的大革命宣告失败。共产党员和革命群众遭到大肆搜捕和屠杀。然而共产党并没有被打垮。革命的星星之火不久之后变成了燎原烈焰，这将是我们下一个专题学习的内容。

【第四专题MOOC论坛讨论话题】

五四运动前后，西方各种社会思潮涌入中国。然而，潮来又潮去，只有马克思主义最终扎根中国，开花结果。马克思主义的传入与马克思主义的中国化，都与中国传统思想文化有着千丝万缕的联系，请同学们就此论题发表看法。

【第四专题综合测验题】

第四专题综合测验题

模块二　实践教学

【讨论话题】

中国传统文化与马克思主义中国化的关系

【学习方式】

小组讨论+课堂辩论

【课堂组织】

环节 1：分组讨论
环节 2：观点交锋(每组选派一名代表陈述观点)
环节 3：老师点评

模块三　课堂教学

教学环节一

第四专题自主学习检测(二维码:5 道测验题)

5道测验题

教学环节二

小组合作学习汇报(二维码:往届学生优秀作品)

往届学生优秀作品

教学环节三

专题四:不忘初心　方得始终
——中共一大代表的历史命运及其启迪

【专题内容】

出席中共一大的共有 13 位代表,代表着全国 50 多名党员。他们分别来自北京、上海、湖北、湖南、山东、广东 6 个共产主义小组,每个小组 2 名,另外有 1 名是党的筹建人陈独秀指派的。具体名单如下:

北京:张国焘、刘仁静;

上海:李汉俊、李达;

湖北:董必武、陈潭秋;

湖南:毛泽东、何叔衡;

山东:邓恩铭、王尽美;

广东:陈公博、周佛海;

特指代表:包惠僧。

在剧烈的革命洪流激荡下,在岁月的无情冲刷下,历经大浪淘沙,13 名代表分别走上了几种归宿。

一、从南湖到开国大典——毛泽东、董必武

毛泽东（1893—1976），湖南湘潭人，湖南共产主义小组代表。后历任中共中央委员会主席、中共中央军事委员会主席、中华人民共和国主席。1976年9月在北京病逝。

董必武（1886—1975），湖北黄安，今红安人，湖北共产主义小组代表。后历任中共中央政治局常委、全国人大常委会副委员长、中华人民共和国代主席。1975年4月在北京病逝。作为一位忠厚长者，历任党和国家重要领导职务的董必武一生信仰马列："遵从马列无不胜，深信前途会伐柯。"

董必武给人印象是位忠厚长者，党内尊称"董老"，实际上他却是现代谍报大师，用间之术除周恩来、叶剑英外，中共党内无出其右者。

二、脱党而不放弃信仰——李汉俊、李达

李达

李达（1890—1966），湖南零陵人，上海共产主义小组代表。在"一大"会议上，被选为中共中央局成员，负责宣传工作。1923年秋，因与陈独秀、张国焘有矛盾，愤然脱党。

"一大"会址的选定和外地代表的住宿等具体事务都是李达负责的，他的新婚妻子王会悟是上海女界联谊会理事、社会主义青年团团员。嘉兴是王会悟读过书的地方，那里情况她十分熟悉。7月31日清晨，王会悟乘头班车先到嘉兴，租了一条游船并点了一桌酒席。上午10时代表们到了嘉兴，王会悟扮成舞女望风，一旦发现异常，代表们就假装打麻将。

1927年之后，李达结束在毛泽东主办的中央农民运动讲习所任教之后，陆续在武昌、上海、北京、湖南、广西等地的大学任教，教唯物主义哲学。埋头著作的李达写出了《社会学大纲》，毛泽东后来读了足足十遍，并写信称赞李达是一个"真正的人"。

1948年，李达人生迎来了转机，他接到了毛泽东寄送的暗语信，上面说：现在公司生意兴隆，希望你能赶紧来参与经营。李辗转到了北平，毛泽东还专门派人在车站迎接。见面时，毛泽东仍称李为"鹤达兄"。随后，经刘少奇介绍，毛泽东等作为历史证明人，在新中国成立两个月后重新入党。

1949年12月2日李达被毛泽东亲自任命为湖南大学校长，他也是由中央政府最早任命的大学校长之一。1950年2月18日李达就职湖南大学，不久配合政治需要对湖南大学进行了社会主义的改造，并主持了爱晚亭的重建工作。1952年11月李达被任命为武汉大学校长。从1953年2月24日李达正式在武

汉大学工作，李达在武大主政长达 13 年时间。

"文化大革命"一开始，他遭到大大小小的批斗，绝望中的李达给毛泽东写信："主席：我有难，请救我一命。李达顿首"。据说，这是李达生平第一次称毛泽东为"主席"。但遗憾的是，信件辗转到了毛泽东手时，李达已不幸被摧残致死，终年 78 岁。

李汉俊

李汉俊（1890—1927，脱党不放弃信仰），湖北潜江人，上海共产主义小组代表。二大后，李汉俊与张国焘和陈独秀发生矛盾，就渐渐脱离了党的活动。其实，陈独秀对李汉俊没有多大成见，二大时，向他发出邀请。但李没去，托人带了一封意见书，还是表示反对集权制、铁的纪律。茅盾回忆说，李是有很重的知识分子的高傲气质，坚持个人的独特见解。1924 年，中共中央鉴于李自动脱党，开除了他的党籍。脱党后，李担任了国民党湖北省党部委员、湖北省政府委员兼教育厅厅长等职务。需要强调，大革命失败后，他利用"合法"职位，掩护了一批尚未暴露的共产党员、共青团员和进步人士，为革命做了大量工作。1927 年 12 月 17 日下午，李汉俊在寓所被新上台的桂系军阀胡宗铎抓走，在未审讯的情况下，当晚被枪决。桂系军阀在刑场贴出告示，称李汉俊为共党首要分子。呜呼，烈士没有在党的花名册上，却死在"罪"为共党首要分子的布告下。时年 37 岁。中华人民共和国建立后被追认为革命烈士。

中共一大会址位于上海兴业路 76 号（原法租界望志路 106 号），当年那里正是李汉俊和胞兄李书城（同盟会会员，新中国成立后为中央人民政府首任农业部部长）的家。

在创建中国共产党上，李大钊和李汉俊是公认的两大功臣，以前许多文章只提到了李大钊，这一点有点不公正。应当说，北方受李大钊影响，南方受李汉俊的影响，特别是一大代表中，十三人中就有五个湖北人（董必武、陈潭秋、李汉俊、包惠僧、刘仁静），说明李汉俊功不可没。

三、血洒疆场志未酬——何叔衡、邓恩铭、陈潭秋

何叔衡（1876—1935），湖南宁乡人，湖南共产主义小组代表，是参加会议最年长者，后任中央工农民主政府工农检查部部长。1935 年 2 月，在福建上杭牺牲。

陈潭秋（1896—1943），湖北黄冈人，湖北共产主义小组代表。1939 年任中共中央驻新疆代表、八路军驻新疆办事处负责人，并担任我党与"新疆王"盛世才建立统一战线的重要任务。1942 年 8 月 29 日，蒋介石派宋美龄等人赴新疆，诱使盛世才反共，他给盛世才许多封赏，并让盛世才在国民政府及新疆的党、

政、军内担任许多个重要职务。盛世才从此公开投靠国民党。1942年9月在新疆被捕，1943年9月27日，陈潭秋和毛泽民、林基路等同志被与蒋介石暗中勾结的盛世才秘密杀害于乌鲁木齐。为防止枪声惊动四周，刽子手就用麻绳将其活活勒死。

邓恩铭（1901—1931），贵州荔波人，水族，山东共产主义小组代表。后任中共山东省委书记。1928年，由于叛徒告密，不幸在济南被捕。狱中，邓恩铭面对严刑拷打，坚贞不屈，不断与敌人展开针锋相对的斗争。他有3年在狱中，1931年曾组织难友越狱杀出牢房。邓恩铭和一些人因身体虚弱，且身穿囚服、头发甚长，未跑出多远又被抓回来。后来，国民党省党部来人认出他的身份。邓恩铭便慷慨宣传革命主张，在山东军阀韩复榘集体"枪决红匪"时，唱着《国际歌》上了刑场。

四、背信弃义，叛党投敌——陈公博、周佛海、张国焘

陈公博

陈公博（1890—1946），广东南海人，广东共产主义小组代表，是一大代表中最先脱党的。

陈公博是最后一位报到的代表。7月14日，他带着新婚的妻子李励庄经香港转乘轮船，于7月21日才来到上海。为了出入方便，这对新婚夫妇住进了位于南京路上的大东旅馆。而其他代表则住在提前订好的博文女校。在此之前，广东方面的代表，特别是陈独秀迟迟不来，上海方面十分着急。

1921年7月30日，一大会场遭敌探骚扰，次日会议移至南湖，惊魂未定的陈公博脱离集体而逃，返回了广州。尔后脱党而去，跻身国民党行列。由于汪精卫和廖仲恺的信任和支持，陈公博加入国民党不久，便担任了国民党中央党部书记。1926年1月，在广州召开的国民党第二次全国代表大会上，陈公博当选为国民党中央执行委员，地位显著提高。短短几个月，陈公博从一个刚刚入党的新党员，跃进国民党核心领导层，这些都与汪精卫的提携密切相关。

1938年投敌，充当汉奸，1940年在南京就任汪伪中央政治委员会委员、立法院长及军事委员会训练部长要职，成为汉奸中的二号人物。

1944年汪精卫去世后，陈公博由汉奸中的二号人物升为一号魁首。1945年8月15日，日本侵略者投降，陈公博仓皇逃到日本。随后，国内掀起惩罚汉奸的浪潮。陈被送回南京。抗战胜利后因叛国罪被判死刑，1946年被枪决。

周佛海

周佛海（1897—1948），湖南沅陵人，旅日共产主义小组代表，是唯一从境外赶回来的一大代表。11月初，周佛海返日，改入京都大学。在错误的理论指

导下，周佛海逐渐与共产主义背道而驰，并为生活所困而沉沦。

1924年脱党，加入国民党，曾任国民党中央宣传部部长。

1938年投敌，充当汉奸。任汪伪国民党中央常务委员、财务委员会主任委员兼特务委员会主任委员。1940年3月，后又任汪伪政府财政部部长兼中央政治委员会秘书长、中央储备银行总裁、行政院副院长、上海市市长等职。

1943年，被戴笠秘密吸收入军统，成为国民党政府在汪伪政权中重要卧底。军统局地下电台曾架设在周本人和其妻弟杨惺华的私宅，照常工作；周佛海提供有关汪伪政权的军事、经济以及日本与东北的政治情报。1942年10月，周佛海还安排重庆的特工人员设计杀死了汪伪政权的特务头子李士群。在抗战结束前夕，中国共产党方面也曾策反过周佛海，以和周组成"联合阵线"对抗国民党政府，但未成功。

1945年日本投降后，任国民政府军事委员会上海行动总队司令。后在舆论压力下被捕。

1945年9月30日，周佛海等被押送重庆。次年9月押到南京

1946年，周以"迫谋敌国、图谋反叛本国"之罪被判处死刑。周佛海的婚外恋人杨淑慧以公布蒋周往来密电为由，要挟蒋介石特赦周佛海。

1947年3月26日，国民政府下达主席令，特赦周为无期徒刑。1948年2月28日，周口鼻流血死于南京老虎桥监狱一囚室之中。这一结局可能与戴笠过早去世（1946年6月16日）有关，因为很多策反人士只与戴笠单线联系。所以在戴笠飞机失事后，许多被军统吸收的汉奸最后均被枪毙。

张国焘

张国焘（1897—1979），江西萍乡人，北京共产主义小组代表，一大会议主持者，中途叛党。

五四运动，张国焘始终冲在前面，并成为第一批被抓的学生领袖。

在"一大"会议上，被选为中共中央局成员，负责组织工作。

1935年6月，红一方面军在长征途中的懋功地区与红四方面军会师。两军劫后相逢，本应同心协力，共度艰难。张自恃是中共的元老，所领导的红四方面军当时又兵强马壮（八万人），实力远在中央红一方面军（不足三万人）的疲惫之师之上。于是便以此作为资本伸手抓权，提出解决"组织问题"，策动下面向中央提出要求，自任军委主席。毛泽东深知张国焘在政治上有野心，是和周恩来完全不同的两种人。在这种情况下，红一方面军虽然在实力上不及红四方面军，但因当时多数中共政治局委员们随军行动，占有天时人和之利。于是，毛泽东同担任总政委的恩来商量，恩来一点也不计较个人地位，觉得这么安排好，表示赞同。就这样，张国焘取代了周恩来在军中的地位，成为红军的总政

委和中央军委的总负责者。1960 年 10 月，美国作家埃德加·斯诺在北京中南海采访毛泽东时问道："您一生中最黑暗的时刻是什么时候？"毛泽东回答："那是在 1935 年的长征途中，在草地与张国焘之间的斗争。""当时党内面临着分裂，甚至有可能发生前途未卜的内战。"

此后，张对中央北上的决议拒不执行，直至最后抛出一个非法成立的第二中央。张国焘任中共中央主席，"第二中央"宣布开除毛泽东、周恩来、博古、洛甫的党籍。南下期间，损兵折将。被迫取消第二"中央"、"中央军委"等，被迫带领红四方面军和贺龙、任弼时领导的红二方面军及红一方面军的部分部队一同北上，1936 年 10 月在甘肃静宁县将台堡（今属宁夏）与红一方面军会师。红军三大主力会师后，彭德怀诱使张国焘脱离大部队，仅带数十人的警卫排进入根据地，由此解除了张国焘对红四方面军的指挥权，彭德怀带领的中央军委前进指挥所接替张国焘控制了红二、四方面军。

张国焘进入陕甘宁边区之后，被边缘化，1937 年 3 月遭到批判后任边区政府副主席。

1938 年 4 月 5 日，张国焘在赴陕西中部祭扫黄帝陵之后，登上了中国国民党方面的汽车扬长而去。周恩来等人百般劝阻无果，张国焘叛党终成事实。张在自己的退党声明中说："这个共产党已经不是我毕生向往和为之浴血奋斗的那个党了！"张国焘叛党时，他的夫人杨子烈和小孩还在延安。对张国焘叛党之事，杨子烈十分吃惊，当即痛骂张国焘"不仁不义"，又表示自己要去寻找，"一定到武汉把张国焘找回延安"。对此，毛泽东和党中央答应了她，即将其和小孩"礼送出境"，并希望她能够规劝一下张国焘。毛泽东还对她说："你能把张国焘找回来，就是共产党大大的功臣！"并批给她 500 元法币的旅费。但她一去之后，杳无音讯。

张国焘叛党后，立即投奔到戴笠门下，从事反共活动。他在上海办过宣传反共的《创进》报。蒋介石对张国焘这样的中共叛徒，就是既利用，又提防。他曾在戴笠的一个请示报告上批了一句话："凡是能叛变共产党的人，也会随时叛变我们。"戴笠根据这一批示，提出了军统使用中共叛徒的八字原则："尊而不敬，用而又防。"

1949 年，张逃往香港，而没能逃往台湾同第三势力一起办起《中国之声》杂志。毛人凤回答说：过去他就没有做出过什么，让他去台湾还能做出什么呢？如果他不愿意留在大陆，台湾是不会欢迎他去的。

1966 年，张国焘匆匆离开香港，移居加拿大。

1979 年 12 月在加拿大老人病院，无力捡起掉在地上的毛毯而被冻死。

五、历经曲折，迷途知返——刘仁静、包惠僧

刘仁静

刘仁静(1902—1987)——最年轻的一大代表(当时年仅19岁)。湖北应城人，北京共产主义小组代表。出任团中央书记时，也不过21岁。1930年因参加托洛茨基派别组织被党开除，后加入国民党。新中国成立后，刘检查了自己的历史错误，《人民日报》刊出他的声明。这位一大代表眼里的小弟弟表示，"今后必须向毛主席和中国共产党学习。过去犯了严重的错误，以后决心在党及毛主席领导下，为建设新中国而努力"。任人民出版社特约翻译。

要有知错就改，勇于承认错误的精神。中晚年的刘仁静在发现自己所错之事后能够及时纠正，这是我们大学生值得学习的地方。

1966年"文化大革命"开始，刘仁静受到冲击，被红卫兵抓捕关进秦城监狱。后来，毛主席知道了这件事，毛主席说：有些老托派，像刘仁静，不要关了吧。毛主席这一指示，无疑是对刘仁静的保护。很快刘仁静就从秦城监狱放了出来，获得了人身自由。1976年"文化大革命"结束，刘仁静安全地回到了家中。这时他已是74岁的老人，身板还硬朗，与家人团聚安度晚年。1987年因横穿马路被公共汽车撞倒在北京去世。

包惠僧

包惠僧(1894—1979)，湖北黄冈人，是陈独秀指派的，代表陈独秀参加会议，并负责向陈汇报会议情况的代表。一大结束后，包回到武汉，担任湖北共产党的领导。

毛泽东回到长沙，主持湖南的工作，两人为了党务也常有来往。1922年春遭通缉，逃跑居住包那里10天。

1927年，革命低潮时期，他回到上海。上海是白色恐怖，苦闷、灰心、失望跃上心头，加上在党内有张国焘的处处责难，他决定退出中国共产党。

1931年，包惠僧任蒋介石陆海空军总司令部参谋。1936年转任国民党政府内政部参事至1944年。官阶为中将，但没有实权。1944年夏，国民政府缩编时，包惠僧看透黑暗，加上终不得志，便自动申请遣散。获批准，带着家属逃到澳门避难，坐吃山空，整日为全家生活操心，惶惶不可终日。

1949年10月给周恩来发一份电报，周安排他做内务部参事、国务院参事，重要工作写回忆录。但一直有自卑心理，甚至不敢提笔写作，直到1957年才用"栖梧老人"的笔名第一次发表回忆文章。

六、英年病逝，感撼后人——王尽美

王尽美(1898—1925)，山东莒县北杏村人，今属诸城，山东共产主义小组代表。

后任中共山东省委书记，1925年8月在青岛病逝，年仅27岁。

在中共第一次全国代表大会的13位代表中，有些人的一生是革命的、光辉的、伟大的一生。像毛泽东、董必武，后来成为中共领袖、历史巨人；何叔衡血洒疆场，壮烈牺牲；邓恩铭、陈潭秋惨遭杀害，英勇就义；王尽美积劳成疾，英年早逝。

有的人因与陈独秀、张国焘矛盾较深，加之个性独特而宣布退党，如李汉俊、李达。但他们脱党而不放弃信仰。李汉俊虽不在党组织中活动，却利用自己的"合法"职位，掩护了一批尚未暴露的共产党员和进步人士，最后以"共党首要分子"之罪名被桂系军阀杀害。李达自省脱党是一生"最大的错误"，在1949年12月由毛泽东作为历史见证人、刘少奇做介绍人又重新入党。

然而，也有几个如同鲁迅先生所说，"因为终极目的的不同，在行进时，也时时有人退伍，有人落荒，有人颓唐，有人叛变"。陈公博、周佛海、张国焘、包惠僧、刘仁静便是如此。其中陈公博、周佛海、张国焘背弃信仰，叛变投敌；包惠僧、刘仁静历经曲折，迷途知返。

"一个人做点好事并不难，难的是一辈子做好事，不做坏事，一贯的有益于广大群众，一贯的有益于青年，一贯的有益于革命，艰苦奋斗几十年如一日，这才是最难最难的呵！"(毛泽东：《吴玉章同志六十寿辰祝词》)

"一大"13名代表最终在人生道路上的不同归宿，难道不值得后人深思吗？

【参考文献】

1.逢先知，金冲及.毛泽东传：1949—1976(上、下册)[M].北京：中共中央文献研究室，中央文献出版社，2003.

2.《董必武传》撰写组.董必武传：1886—1975(上、下册)[M].北京：中央文献出版社，2006.

3.王炯华等.李达评传[M].北京：人民出版社，2004.

4.田子渝.李汉俊[M].北京：中国工人出版社，2018.

5.李龙如.何叔衡[M].长春：吉林出版集团，吉林文史出版社，2011.

6.闫勋才.邓恩铭[M].长春：吉林出版集团，吉林文史出版社，2011.

7.中国中共党史人物研究会.中共党史人物传(第1卷)[M].北京：中国人民大学出版社，2017.

8. 姚金果，苏若群. 张国焘传[M]. 北京：天地出版社出版，2018.

9. 郑惠，张静如. 中共一大代表丛书(毛泽东等 13 位一大代表人物传记)(全 13 册)[M]. 石家庄：河北人民出版社，1997.

星星之火可燎原*

——中国革命新道路的开辟

---

* 毛泽东 1930 年给林彪的信中，用了"星星之火，可以燎原"，典出《尚书·盘庚上》。本讲取
其意为题。

教学目的与要求	1. 通过线上学习，使学生认清国民革命失败后国民党政权的本质，懂得推翻国民党反动统治的斗争是必要的、正义的、进步的。"农村包围城市，武装夺取政权"这一独创性的理论，是中国共产党集体智慧的结晶，毛泽东为这一理论的诞生做出了重大贡献。 2. 通过小组合作学习和课堂展示，使学生加深对中国革命新道路艰辛探索的认识，并以《我与长征》为主题进行合作成果的展示。 3. 通过课堂专题讲授，引导学生掌握中国工农红军长征胜利的伟大历史意义，并树立正确的历史观，反对长征研究中的历史虚无主义观点。
教学重点与难点	1. 教学重点：中国共产党探索中国革命新道路的艰苦历程。 2. 教学难点：中国革命新道路的独特性与历史性。
教学方式	1. 在线自主学习 2. 小组合作学习 3. 课堂专题讲授
课时安排	4 学时

在线教学导引

网上教学内容	网上学习任务清单
5.1 中国革命新道路的艰辛探索 5.2 中国革命新道路的开辟及其实践 5.3 中国革命在探索中曲折前进	1. 完成第 5 专题 3 个知识点视频的学习 2. 完成第 5 专题单元测验题 3. 参与第 5 专题讨论

实践教学设计

实践教学主题	实践教学方式
我与长征	小组合作学习+课堂展示

面授课堂教学设计

教学环节	教学内容	教学方法
★环节一： 网上学习检测	第五专题自主学习检测题	参与式
★环节二： 小组合作学习成果汇报	小组展示：长征的故事	研讨式
★环节三： 面授专题五	驳长征研究中的历史虚无主义问题	讲授式

模块一　在线教学

【第五专题 MOOC 知识点视频内容】

☞ 【知识点 5.1】
中国革命新道路的艰辛探索

中国革命新道路的
艰辛探索

一、国民革命失败后国民党的反动统治

历史车轮碾过公元 1926 年来到 1927 年时，中国的政治形势就像酝酿已久的休眠火山，原本还风平浪静，此刻却是真正到了要喷浆而出即将爆发的时刻。蒋介石这个自诩为孙中山先生的忠实追随者与三民主义的笃实信奉者，此刻已按捺不住对权力几近疯狂的极度渴望，端起屠刀向他所认为的潜在对手——中国共产党痛下杀手了。历史告诉我们，科学民主地使用权力可以实现河清海晏，但权力野心的魔鬼也能导致国家的灾难。

(一)国民党政权的建立和统一

1927 年 4 月 18 日，手沾共产党人鲜血的蒋介石宣告了南京国民政府的成立，其所实行的是代表地主阶级、买办阶层的大资产阶级利益的一党专政和军事独裁统治，后又经宁汉合流与东北易帜，国民党政权从形式上实现了对全国的政治统一，此时的蒋介石正沉浸于所有军阀表面对其俯首称臣的巨大虚荣之中。

(二)国民党政权的军事独裁统治

蒋介石为巩固初生的南京政权，从四个方面对全国实行了严酷的军事独裁统治。

首先，建立庞大的军队以镇压人民的反抗。据 1929 年 3 月的官方材料统计，"全国军额达二百万"，而实际兵员数远不止此。国民党还大力加强地方反动武装，各县民团统称保安队。

其次，建立庞大的全国性的特务组织以消灭异己力量。如：隶属于国民党中央组织部的调查统计局(简称"中统")和隶属于国民党军事委员会的调查统计局(简称"军统")，其主要任务就是反对共产党，破坏革命运动，绑架或暗杀革命者和异己分子。

再次，大力推行保甲制度以控制人民，禁止革命活动。规定十户为甲，十甲为保，分设甲长、保长，保甲内各户要互相监视、互相告发，征税、摊派等也通过保甲来进行。自 1934 年 11 月起，保甲制度在全国普遍推行。

最后，厉行文化专制主义以控制舆论，剥夺人民的言论自由。大批进步书刊被查禁，许多进步作家被监视、拘捕乃至枪杀。

二、国民革命失败后中国共产党的艰难处境

(一) 革命处于低潮

在蒋介石的军事独裁统治下，反革命力量大大超过了有组织的革命力量，白色恐怖笼罩着全国城乡。中国仍是半殖民地半封建社会，中国革命的任务仍是反帝反封建，但此时的中国革命已转入低潮，中国共产党遇到了前所未有的困难。

首先，革命势力遭到了极大摧残。据不完全统计，从 1927 年 3 月到 1928 年上半年，被杀共产党员和革命群众达 31 万人，其中中共党员为 2.6 万人，全党人数由 1927 年 5 月五大时的 57900 名锐减到 1 万人。共产党及其领导的革命运动遭到了严厉的镇压，共产党被宣布为非法，加入共产党成了严重的犯罪，共产党的组织不断遭到破坏，党的活动被迫转入地下，许多共产党员和党的领导干部被戮杀。

其次，工农斗争走向了低落。工人斗争由政治斗争为主转变为以经济斗争为主，而且取得胜利的很少；农民斗争此起彼伏，分散而不集中。正如毛泽东在《井冈山的斗争》一文中所指出的："我们一年来转战各地，深感全国革命潮流的低落"，"红军每到一地，群众冷冷清清"。

最后，阶级关系发生了变化。民族资产阶级追随蒋介石离开了革命，只有工人阶级、农民阶级和小资产阶级在中国共产党的领导下继续坚持革命斗争。

革命的低潮和阶级关系的变化，使中国共产党在城市主要发动工人运动非

常困难，也不可能促使革命向高潮发展。

(二) 中国共产党面临的严峻考验和艰难选择

面对国民党反动派镇压的白色恐怖和革命处境异常艰难的严峻考验，中国共产党人必须回答以下两个问题：敢不敢革命？怎样坚持革命？

还是在大革命失败的前夕，毛泽东就对革命的前途有着自己的思考。他为此写下《菩萨蛮·黄鹤楼》："茫茫九派流中国，沉沉一线穿南北。烟雨莽苍苍，龟蛇锁大江。黄鹤知何去，剩有游人处。把酒酹滔滔，心潮逐浪高！"毛泽东对这首词在1958年曾作批注："一九二七年，大革命失败前夕，心情苍凉，一时不知如何是好。这时是春季。夏季，八月七号，党的紧急会议，决定武装反抗，从此找到了出路。"

中国共产党人对于敢不敢坚持革命的回答是："中国共产党和中国人民并没有被吓倒，被征服，被杀绝。他们从地上爬起来，揩干净身上的血迹，掩埋好同伴的尸首，他们又继续战斗了。"而怎样坚持革命的问题，就是中国革命应该走什么道路的问题。围绕这一问题，中国共产党人开始了长时期的艰辛的探索。

(三) 武装反抗国民党反动统治的斗争及其失败

轰轰烈烈的大革命尽管失败了，但失败并没有泯灭共产党人的革命斗志。为了坚持中国革命必须进行武装斗争以反抗国民党的反动统治。但是，武装斗争的主攻方向究竟是应该指向城市还是指向农村呢？当时占主导思想的是城市中心论，这在当时全党内是一个普遍的共识。

8月7号，中共中央在汉口秘密召开紧急会议（即八七会议），彻底清算了大革命后期陈独秀的右倾机会主义错误，确定了土地革命和武装反抗国民党反动统治的总方针，并选出了以瞿秋白为书记的中央临时政治局。毛泽东在会上着重阐述了党必须依靠农民和掌握枪杆子的思想，强调党"以后要非常注意军事，须知政权是由枪杆子中取得的"。八七会议开始了从大革命失败到土地革命战争兴起的转折。

在城市中心论的影响之下，中国共产党发动和领导了三大起义。

1927年8月1日，以周恩来为书记的前敌委员会及贺龙、叶挺、朱德、刘伯承等人领导了南昌起义，打响了武装反抗国民党反动派的第一枪。起义的目标是南下广州，建立革命根据地。这是中国共产党独立领导革命战争、创建人民军队和武装夺取政权的开端。

1927年9月9日，毛泽东领导了湘赣边秋收起义，战略目标是进攻长沙。

在进攻长沙失利后南下转移至湘赣边界。

1927 年 12 月 11 日，张太雷、叶挺、叶剑英等人领导了广州起义，成立了广州苏维埃，对国民党的屠杀政策发动了英勇的反击。

尽管这些以占领中心城市为目标的起义因为缺乏根基很快就失败了，但其中由毛泽东领导的秋收起义却在失败后改变了以攻打大中城市为目标的革命战略，转而开始在敌人统治力量比较薄弱的农村区域建立革命政权。这一战略转变有何重大历史意义呢？我想我们通过进一步了解有关秋收起义的史实可以更好地来理解这一战略转变的意义所在。

【秋收起义】

毛泽东在《西江月·秋收起义》中兴奋地写道："军叫工农革命，旗号镰刀斧头。修铜一带不停留，便向平浏直进。地主重重压迫，农民个个同仇。秋收时节暮云沉，霹雳一声暴动。"

中共中央于 1927 年 8 月 3 日发布《关于湘鄂粤赣四省农民秋收暴动大纲》。八七会议又决定把发动秋收起义作为党在当时的最主要任务，并派毛泽东作为中央特派员回湖南领导秋收起义。

8 月中下旬，湖南省委多次召开会议讨论秋收起义，决定毛泽东任中共湖南省委前敌委员会书记，领导秋收起义。9 月上旬，毛泽东先后到达安源和铜鼓，讨论制定湘赣边界秋收起义部队的行动部署，即：首先，在各县农民起义的配合下，第 1 团攻取平江，第 2 团攻取萍乡、醴陵，第 3 团攻取浏阳；尔后，各团齐向长沙推进，在各县农民武装起义和长沙工人武装起义的配合下夺取长沙。中共湖南省委前委将位于修水、铜鼓、安源等地的武装，统一编成工农革命军第 1 军第 1 师。全师共 5000 余人，由卢德铭任总指挥，余洒度任师长，下辖 3 个团。1927 年 9 月 9 日，工农革命军第 1 师按照预定计划，举行湘赣边界秋收起义。在各路起义武装进攻受挫的情况下，毛泽东当机立断，于 17 日命令各团向浏阳城东南之文家市集中。

19 日，工农革命军第 1 师第 3 团全部、第 1 团余部和第 2 团的零散人员陆续到达文家市。当晚，毛泽东主持召开前委会议，决定放弃原定进攻长沙的计划，部队迅速脱离容易遭受国民党军围攻的平江、浏阳地区，沿罗霄山脉南移，寻求立足点。29 日部队进到永新县的三湾村，在这里进行了著名的三湾改编。10 月 3 日抵达宁冈县的古城。毛泽东在这里会见了当地共产党组织的负责人，同袁文才、王佐两支农军建立了联系。27 日进至罗霄山脉中段井冈山的茨坪。从此，这支起义武装在中国共产党和毛泽东的领导下，开始了创建井冈山革命根据地的伟大斗争。

【思考】秋收起义的战略目的是什么？毛泽东为什么要改变这一战略目的？秋收起义对中国革命道路的历史性转折有什么重要的意义？

现在有许多人错误地认为"秋收起义"是"农村包围城市"这一新的革命道路的开始，但是，我们通过这个案例可以看到，"秋收起义"最初也是"城市中心论"的结果，在"进攻城市"的战略目的无法实现的情况下，才在关注农村问题与中国实际问题的毛泽东的领导下进行战略转移，在井冈山建立了第一块"革命根据地"。因此，应该从如下四个方面来理解这一案例：

第一，在"八七会议"上，毛泽东首先提出了"枪杆子里出政权"的著名论断，这为日后中国共产党进行武装革命提供了理论指导与思想支持。

第二，"八七会议"中党中央在南昌起义成功的基础上，决定在各地发动"秋收起义"，其直接的战略目标并不是农村而是各大城市，这一战略目标导致了巨大的损失，可见此时的共产党还处于幼年期，对中国革命的问题缺乏深入研究与现实经验。

第三，毛泽东在起义过程中根据现实情况，改变战略目标，由敌人高度集中的城市转向相对薄弱的农村，在井冈山建立起了"革命根据地"，这为中国共产党日后的"农村包围城市"这一新的革命路线开辟了道路，也体现了"理论联系实际"以及"没有调查就没有发言权"的思想特征。

第四，"农村包围城市"这一革命路线的确立，既是中国共产党人集体讨论的结果，但也是毛泽东个人思想的体现，他建立"革命根据地"的做法并不是一时心血来潮的结果，而是在长时间关注、研究农村问题，并一直努力将马克思主义理论与中国革命实践相结合的结果。在此期间，围绕着中国革命应当采取什么路径才能最终得以实现，也产生了很多的争论和斗争。但在几次挫折之后，严肃的、负责任的中国共产党敢于正视自己的错误，从中汲取经验，最终选择了毛泽东的正确思想，自此以后，"星星之火，可以燎原"的伟大格局就得以实现。这个案例很好地体现了中国革命过程中，如果不充分考虑中国的实际情况做出决定，都会遭到失败，而一旦从实际出发，围绕着中国特色部署战略与战术，就会取得新的成功。

【知识点 5.2】
中国革命新道路的开辟及其实践

一、对中国革命道路的理论探讨

(一)中国共产党人对革命新道路的探讨

中共六大有条件地肯定了农村根据地和红军是决定革命新高潮的更大的发展基础和重要力量。中共六届二中全会进一步指出,中国革命要胜利,必须要有红军,必须要有广大的苏维埃区域的帮助。

1929 年 9 月,中共中央给红四军前委的指示信更指出:"先有农村红军,后有城市政权,这是中国革命的特征,这是中国经济基础的产物。"

1930 年 5 月,中共中央机关刊物《红旗》发表署名信件,明确指出共产党应当以大部分力量甚至全副力量去发展乡村工作;认为革命势力占据了广大农村之后,即可以联合起来包围城市、封锁城市,用广大的农村革命势力以向城市进攻,这样,革命必然可以取得胜利。

(二)毛泽东探索革命新道路的贡献

毛泽东在秋收起义失利后果断将起义队伍带上井冈山,开辟了井冈山革命根据地,从而首先将革命的进攻方向转向了农村;此后,毛泽东率领工农武装在井冈山坚持武装斗争,巩固了井冈山革命根据地。

实际上,毛泽东这一革命举动在当时是冒着极大政治风险的,甚至受到党内严重处分。这究竟是怎么回事呢?我们通过以下有关"被开除党籍的'山大王'"的故事可以找到答案。

● **【教学案例】被开除党籍的"山大王"**①

秋收起义失败后，毛泽东率领余部途经三湾时，根据中共江西省委的介绍，派人同宁冈县党组织和驻在井冈山北麓宁冈茨坪的袁文才部取得了联系。10月3日，毛泽东在宁冈县古城召开了前委扩大会议（古城会议）。会议根据八七会议的精神，总结了湘赣边界秋收起义以来的经验教训，着重研究了在罗霄山脉中段建立落脚点和开展游击战争问题，认为在井冈山落脚是理想的场所。对原在井冈山的袁文才、王佐这两支地方武装要从政治上军事上对他们进行团结和改造，并尽快先在茅坪设立后方留守处和部队医院。

10月13日，毛泽东率领工农革命军主力抵达鄜县水口村，从得到的报纸上看到南昌起义军在广东失败的消息，更坚定了在罗霄山脉中段建立革命根据地的主张。毛泽东率领队伍向井冈山转移。这时王佐派人接应他们上山，部队在10月27日到了茨坪，此后又回到北麓的茅坪，开始创建以宁冈为大本营的井冈山根据地。

1928年3月初，中共湘南特委派周鲁到井冈山，传达上年中央临时政治局扩大会议决议，批评毛泽东"行动太右"，并将中央开除毛泽东临时政治局候补委员的决定误传为开除党籍，只让他担任工农革命军第一师师长。毛泽东后来回忆说："中央开除了我的党籍，这就不能过党的生活了，只能当师长，开支部会我也不能去，后头又说是谣传，是开除出政治局，不是开除党籍。啊呀！我才松了一口气！"

1928年3月中旬，毛泽东率第一师到鄜县中村时，看到中央文件，澄清了"开除党籍"的误传。4月24日前后，毛泽东第一师与朱德、陈毅率领的湘南起义部队在宁冈砻市会师。

【思考】

1. 秋收起义后，中国革命道路发生了怎样的历史性转折？为什么会发生这种转折？

2. 结合文家市前敌委员会会议上的争论和中央对毛泽东的"处分"，分析"城市中心论"对中国革命的影响。

---

① 中共中央文献研究室. 毛泽东年谱(1893—1949)(上册)[M]. 北京：人民出版社、中央文献出版社，1993；
苏扬. 中国出了个毛泽东——中外名人的评说[M]. 北京：解放军出版社，1991；
石仲泉，陈登才. 毛泽东的故事[M]. 北京：中共党史出版社，1998.

本案例的目的是引导大家去思考，认识中国共产党人对中国革命新道路的探索过程。我们可以从三个层面来理解此案例。第一，大革命挫败后，中国共产党人面对大革命的失败，积极地思索着中国革命的出路。虽然中共中央做出了以武装的革命反对武装的反革命的决定，但在武装斗争的初期，走一条什么样的武装革命道路的问题并没有解决。南昌起义、秋收起义都是在城市中心论指导下进行的。当进攻大城市受挫后，革命道路问题更加凸现出来。因此，创立一条新的革命道路是中国革命发展的需要，是中国共产党发展的需要。第二，毛泽东作为中国共产党人的杰出代表之所以能够创立农村包围城市、武装夺取政权的革命新道路不是一时心血来潮，更不是头脑中"灵感"的产物。毛泽东在大革命时期在分析中国革命特点，特别是分析中国农民阶级特点的基础上就提出"上山"的思想；在秋收起义的过程中，他在分析中国革命特点和敌我双方态势的基础上，果断改变进攻长沙的计划，向湘南转移；在经过文家市会师和三湾改编后，他在实践中一步步确立了在罗霄山脉建立根据地的思想。这都说明，中国革命新道路的开辟是马克思主义普遍原理与中国革命具体实践相结合的成果，是毛泽东为代表的中国共产党人总结中国革命实践经验的结果。第三，在毛泽东改变进攻长沙计划，率军向湘南转移，最后创立井冈山根据地和红四军的过程中，革命队伍内部有争论、有斗争，毛泽东甚至为此受到了错误的处分。同时，毛泽东也得到了革命队伍中一些同志的支持。这说明，毛泽东思想是在与党内错误思想进行斗争的过程中逐步形成的，同时毛泽东思想也是全党智慧的结晶。

(三) 毛泽东对革命新道路探索的理论成果

1928 年至 1930 年，毛泽东发表《中国的红色政权为什么能够存在》《井冈山的斗争》《星星之火，可以燎原》等文章，阐述了土地革命、武装斗争与根据地建设三者的关系和工农武装割据思想，标志着革命新道路理论形成。

【思考】以毛泽东为代表的中国共产党人是如何探索和开辟中国革命新道路的？

第一，大革命失败后中国共产党开展武装反抗国民党统治的斗争。

第二，以毛泽东为代表的中国共产党人开辟农村革命根据地，走农村包围城市的革命道路。

第三，毛泽东不仅在实践中首先把革命进攻的方向指向了农村，而且从理论上阐明了武装斗争的极端重要性和农村应当成为党的工作中心的思想。

第四，农村包围城市，武装夺取政权理论，是对 1927 年革命失败后中国共产党领导的红军和根据地斗争经验的科学概括。

第五，随着革命新道路的开辟，中国革命开始走向复兴。

二、革命新道路的伟大实践

(一)反"围剿"作战

从 1930 年 10 月至 1932 年底，在毛泽东、朱德等的指挥下，红军贯彻积极防御的方针，连续粉碎了国民党军队对革命根据地的四次"围剿"，取得了反"围剿"的胜利。

下面我们一起来看表 5-1，是关于红军五次反"围剿"战况的。我们从这张表格可以看到，第一次、第二次、第三次反"围剿"的红军总指挥是朱德和毛泽东，但是到了第四次反"围剿"的时候红军的总指挥变成了朱德和周恩来，毛泽东回后方主持工作。尽管如此，第四次反"围剿"仍然取得了胜利，其原因就是朱德和周恩来坚持了毛泽东正确的战略战术。而第五次反"围剿"的时候，红军方面的总指挥换成了博古和李德，在他们错误战略战术的指挥之下，红军第五次反"围剿"彻底失败，开始进行战略转移，也就是后来我们所说的长征。

表 5-1　红军五次反"围剿"战况

次数	时间	双方指挥		双方兵力		战果
		国民党军	红军	国民党军	红军	
第一次	1930.12—1931.1	鲁涤平	朱　德 毛泽东	10 万	4 万	歼敌 1.5 万
第二次	1931.4—5	何应钦	朱　德 毛泽东	20 万	3 万	歼敌 3 万
第三次	1931.6—9	蒋介石 何应钦	朱　德 毛泽东	30 万	约 3 万	歼敌 3 万
第四次	1933.2—3	蒋介石 陈　诚	朱　德 周恩来	40 万~ 50 万	约 7 万	歼敌 3 个师， 俘 1 万
第五次	1933.9—1934.10	蒋介石	博　古 李　德	100 万	8 万	失败 开始长征

(二)开展土地革命

1928 年 12 月，毛泽东主持制定了《井冈山土地法》，规定没收一切土地归苏维埃政府所有，禁止土地买卖。1929 年 4 月，毛泽东主持制定了《兴国土地法》，将"没收一切土地"改为"没收一切公共土地及地主阶级的土地"。1932 年

2 月，又明确规定农民已经分得的土地归农民个人私有。

在土地革命的实践中逐步形成了党的土地革命路线：依靠贫雇农，联合中农，限制富农，保护中小工商业者，消灭地主阶级，变封建半封建的土地所有制为农民的土地所有制。

(三) 根据地建设

1931 年 11 月，中华苏维埃第一次全国代表大会在瑞金召开，选举产生了中华苏维埃共和国中央执行委员会，成立了中华苏维埃共和国临时中央政府，毛泽东当选为主席。

中华苏维埃共和国实行工农兵代表大会制度，由公民直接选举工农兵代表召开乡工农兵代表大会，选举乡苏维埃政府；在此基础上逐级召开区、县和全国工农兵代表大会，选举产生各级苏维埃政府。

在苏维埃政府的领导下，根据地军民积极进行经济建设，着重发展农业生产，同时发展手工业生产和商业贸易。

苏维埃政府注重发展文化教育事业，广大工农群众获得了享受文化教育的平等权利。

三、中国革命新道路开辟的意义

(一) 理论意义：丰富了马克思主义关于社会革命的理论宝库

在中国共产党开辟新的革命道路之前，世界其他国家的共产主义运动的重心都是大城市，而世界上第一个社会主义国家苏联革命的成功也是以大城市为中心取得的，因此"城市中心论"成为主要的马克思主义社会革命理论。在中国，以毛泽东为代表的中国共产党在充分考虑中国革命实际情况的基础上，将马克思主义理论与中国革命实践相结合，从而开辟了"农村包围城市"的革命新道路。这无疑是对马克思主义关于社会革命理论宝库的丰富与补充，也是中国革命走向成功的理论保证。

(二) 实践意义：使中国革命沿着正确的道路不断走向胜利

第五次反"围剿"失败之后，红军被迫开始实施战略转移。长征初期，中共中央领导人博古和军事顾问李德犯了逃跑主义的错误，导致强渡湘江之后红军人数锐减。一些曾经支持过"左"倾错误的领导人张闻天、王稼祥等人，从中认识到了错误，转而支持毛泽东的正确主张，开始改向贵州挺进，并于 1935 年 1 月在遵义召开了扩大会议 (遵义会议)，会上成立了周恩来、毛泽东、王稼祥的三人领导小组，确立了以毛泽东为代表的马克思主义的正确路线在中共中央的领导地位，从而挽救了党、中国工农红军和中国革命。此后，在毛泽东的领导之下，取得了长征的最终胜利，中国革命最终转危为安。而从抗日战争到解放战争的胜利，实际上都是这条道路不断实践的结果。

(三)现实意义：对中国特色社会主义道路的探索具有启发和指导意义

中国革命新道路开辟的历史进程，对于中国特色社会主义道路的探索具有重要的方法论价值，即只有将马克思主义基本理论与中国的具体实践全面、正确地相结合，而不是一味地照搬马克思主义基本原理，才能真正有助于国家的独立和富强，从而推进中国的现代化进程。这一理论体现了科学理论"实事求是""与时俱进"的特征。对于我们今天求真务实、创造性地建设中国特色社会主义、探索中国的现代化道路仍有启迪意义。

【知识点5.3】
中国革命在探索中曲折前进

中国革命在探索中曲折前进

一、土地革命战争的严重挫折

中国革命的复兴和发展并不是一帆风顺的。大革命失败后，在纠正陈独秀右倾机会主义错误的同时，由于对中国情况的复杂性和中国革命的长期性缺乏认识，中国共产党党内开始滋长一种"左"的急躁情绪。从1927年7月大革命失败到1935年1月遵义会议召开之前，"左"倾错误先后三次在党中央的领导机关取得了统治地位。

(一)党内三次"左"倾错误

第一次是1927年11月至1928年4月的"左"倾盲动错误，认为革命形势在不断高涨，盲目要求红军"创造总暴动的局面"。

第二次是1930年6月至9月以李立三为代表的"左"倾冒险主义，错误地认为中国革命乃至世界革命已进入高潮，盲目要求举行全国暴动和攻打中心城市。

第三次是1931年1月至1935年1月以王明为代表的"左"倾教条主义。

这次"左"倾错误表现在革命性质和统一战线、革命道路、土地革命、军事斗争、党内斗争和组织等一系列问题上，时间最长，影响也最大。这次"左"倾错误具体如下：在革命性质和统一战线问题上，混淆民主革命与社会主义革命的界限，将反帝反封建与反资产阶级并列，将民族资产阶级视为中国革命最危险的敌人，一味排斥和打击中间势力；在革命道路问题上，继续坚持以城市为中心，将准备城市工人的总同盟罢工和武装起义作为中国共产党最主要的任务；指令根据地的红军采取"积极进攻的策略"，配合攻打中心城市。在土地革命问题上，提出坚决打击富农和"地主不分田，富农分坏田"的主张；在军事斗争问题上，实行进攻中的冒险主义、防守中的保守主义、退却中的逃跑主义；在党内斗争和组织问题上，推行宗派主义和"残酷斗争，无情打击"的方针。

【思考】20 世纪 30 年代的前期和中期，中国共产党内屡次出现严重的"左"倾错误的原因是什么？

第一，主要原因在于全党的马克思主义理论准备不足，理论素养不高，实践经验也很缺乏，对于中国的历史现状和社会状况、中国革命的特点、中国革命的规律不了解，对于马克思列宁主义的理论和中国的实践没有统一的理解，一句话，不善于把马克思列宁主义与中国革命实际全面地、正确地结合起来。

第二，共产国际对中国共产党内部事务的错误干预和瞎指挥。

第三，八七会议以后党内一直存在着浓厚的"左"倾情绪始终没有得到认真的清理。

第四，半殖民地半封建中国社会的阶级状况，决定了中国共产党的党员中农民和小资产阶级出身的占大多数，使党处在小资产阶级思想的包围之中。党内出现只注重书本知识，不注重实际的教条主义，只注重感性知识而轻视理论的经验主义，影响党的思想、路线和政策。

(二) 王明"左"倾错误在苏区的影响

1931 年，在赣南会议上，王明集团剥夺了毛泽东对中央红军的领导权；1932 年 10 月，对毛泽东的游击战略战术原则进行了批评，并决定毛泽东回后方主持临时中央政府工作；1933 年，又在中央根据地开展反对"罗明路线"和"邓、毛、谢、古"的斗争。

王明"左"倾错误对中国革命造成的最大恶果是导致红军第五次反"围剿"斗争的失败，红军被迫退出南方根据地，实行战略转移，即长征。

这次错误使红军和根据地损失了90%，国民党统治区党的力量几乎损失了100%，其教训是极其惨痛而又深刻的。

中央红军主力开始长征后，项英、陈毅等率领中央根据地留下的部分红军在南方进行艰苦的游击战争。

二、中国革命的历史性转折

（一）遵义会议

历史经验表明，革命的政党，革命的人民，总是要反复地经过正反两方面的教育，经过比较和对照，才能锻炼得成熟起来，才能赢得胜利的保证。

1935 年 1 月 15 日至 17 日，中共中央在贵州遵义召开政治局扩大会议。遵义会议集中解决了当时具有决定意义的军事问题和组织问题。经过激烈的争论，多数人同意以毛泽东为代表的正确意见，批评了博古、李德在第五次反"围剿"中的错误。会议增选毛泽东为中央政治局委员，并委托张闻天起草《中央关于反对敌人五次"围剿"的总结的决议》。会后不久，中共中央政治局常务会分工，根据毛泽东的提议，决定由张闻天代替博古负总的责任；博古任红军总政治部代理主任；成立了由周恩来、毛泽东、王稼祥组成的三人团，全权负责红军的军事行动。会议的一系列重大决策，是在中国共产党同共产国际的联系中断的情况下，独立自主做出的。

遵义会议开始确立以毛泽东为代表的马克思主义的正确路线在中共中央的领导地位，从而在极其危急的情况下挽救了中国共产党、挽救了中国工农红军、挽救了中国革命。这次会议是中共党史上极其重要的一次会议，是党的历史上一个生死攸关的转折点。

遵义会议表明：作为一个严肃的、对人民负责任的马克思主义政党，中国共产党是敢于正视自己的错误，并注意从自己所犯的错误中学习并吸取教训的。在领导中国革命全过程的某一个时期内，由于经验不足以及其他原因，党和党的领导人难免会犯这样那样的错误甚至严重的错误。但是，错误有两重性。它一方面损害党，损害人民；另一方面又很好地教育了党，教育了人民。在大革命失败以后的这个时期内，中国共产党正是通过总结成功的经验和犯错误的教训，一方面反对右倾机会主义，又一方面反对"左"倾机会主义，使自己从两条路线斗争中巩固和壮大起来，从而把党领导的革命事业坚持下来并推向前进的。

（二）红军长征的胜利

1934 年 10 月至 1936 年 10 月间，红军主力第一、二、四方面军及红 25 军从长江南北各根据地向陕甘根据地实行大规模战略转移。1936 年 10 月，红一、二、四方面军在甘肃会宁会师，红军三大主力长征胜利结束。

【第五专题 MOOC 论坛讨论话题】

中国革命新道路的开辟对于中国特色社会主义道路的探索有何重要意义？

【第五专题综合测验题】

第五专题综合测验题

模块二　实践教学

【微电影制作】

以"我与长征"为主题拍摄并制作微电影

【学习方式】

背景介绍+课堂展示

【课堂组织】

环节 1：背景介绍
环节 2：课堂展示
环节 3：老师点评

模块三　课堂教学

教学环节一

第五专题自主学习检测(二维码：5道测验题)

教学环节二

小组合作学习汇报(二维码：微电影《我的长征》)

教学环节三

专题五：驳长征研究中的历史虚无主义问题

【专题内容】

1934年10月中旬，中共中央机关和中央红军(又称红一方面军)8.6万人撤离根据地，向西突围转移，开始长征。其后，1935年3月、4月，红四方面军从川陕根据地出发长征。同年11月，红二、六军团(后组成红二方面军)从湘鄂川黔根据地出发长征。长征初期，中共中央领导人博古依靠与共产国际有关系的军事顾问、德国人李德，犯了退却中的逃跑主义错误。在强渡湘江之后，红军和中央机关人员锐减到3万多人。中央红军在占领黔北重镇遵义之后，中共中央政治局于1935年1月15日至17日在这里召开了扩大会议(史称遵义会议)。

遵义会议后，在毛泽东等的领导下，中央红军采取灵活机动的战略战术，四渡赤水河，巧渡金沙江，强渡大渡河，翻越人迹罕至、终年积雪的夹金山，摆脱了数十万国民党军队的围追堵截，赢得了战争的主动权。1935年6月中央红军抵达四川懋功地区，同5月初离开川陕根据地实行转移到达那里的红四方面军会师。之后，中共中央又同红四方面军领导人张国焘分裂中央、分裂红军的严重错误进行了坚决的斗争。为了贯彻北上方针，红军经过茫茫草地，历经艰险。随后中共中央决定将北上红军改称陕甘支队，先行北上，于 10 月 19 日到达陕北吴起镇；11 月初，在甘泉地区同在陕甘根据地的红十五军团会合。至此，中央红军的二万五千里长征胜利结束。1936 年 10 月，红二、四方面军先后同红一方面军在甘肃会宁、静宁将台堡会师。至此，三大主力红军的长征胜利结束。

中国工农红军的长征是一部伟大的革命英雄主义的史诗，是中国革命转危为安的关键。然而，随着历史虚无主义思潮的泛滥，在长征研究中也出现了质疑甚至否定的声音，以至于混淆视听，颠倒是非，必须予以批判。

一、质疑"二万五千里长征"的真实性

2003 年，两个英国年轻人——李爱德和马普安在重走长征路后声称："长征其实不到官方长期宣传的三分之二，大约只有 3700 英里（约 6000 公里，即 12000 里）。"此番言论一出，立即引起舆论风暴，产生了极坏的社会影响。实际上，李爱德和马普安两人的行程与当年的长征路有着显著的区别，这一宣传也并非两人的初衷。在《两个人的长征》中，他们写道，"我走完了长征，对红军的敬仰之情不仅没有因为实际距离的缩水而减少，反而增强了。""长征是一首壮丽的史诗，英勇、牺牲和忍耐贯穿它的主旋律"。这是两人的真实感受，也是他们真正想传递出去的。

根据相关报道，李爱德和马普安两位年轻人是带着 GPS 设备重走长征路的，沿着国道、省道等大路、直路，并且，二人也并没有严格按照长征的路线行走。那么，"二万五千里"是怎么算出来的呢？1936 年 8 月，红一方面军政治部在广泛征集材料的基础上，将一部分长征回忆录编辑整理成《二万五千里》（也称《长征记》）一书，据书中附录《红军第一军团长征中经过地点及里程一览表》的相关记载，自 1934 年 10 月 16 日从江西于都出发到 1935 年 10 月 19 日到达陕北吴起镇，红一军团总计行程是 18095 里。10 月 19 日这一天，时任直属队党总支书记的萧锋在日记里写道，毛泽东对他讲，"根据红一军团团部汇总，最多的走了二万五千里"。此后，在中共中央的正式文件中，"二万五千里"长征的提法开始被使用。红一军团在长征中很少打仗，可推知担负作战任务的部队所走的历程还要更长。通常所说的"二万五千里"，并非指所有的红军战士都走了二万五千里，而是指最多的走了二万五千里。

埃德加·斯诺在《西行漫记》中曾写道："红军说到它时，一般都叫'二万五千里长征'，从福建的最远的地方开始，一直到遥远的陕西西北部道路的尽头为止，其间迂回曲折，进进退退，因此有好些部分的长征战士所走过的路程肯

定有那么长，甚至比这更长。"可见，在计算红军长征的行程时，应考虑如下重要因素：其一，长征是战略转移，红军要摆脱敌人的围追堵截，频繁地迂回穿插，有时急行军，有时掩护休整，有时大踏步进退，来回折返。为了避开敌人，红军走的大多是小路、山路，甚至是人迹罕至之处。其二，在行军中，红军还要筹款，为群众做宣传和动员工作。我们常说，长征是宣言书，长征是宣传队，长征是播种机，原因就在于此。萧锋在 1934 年 11 月 11 日的日记中写道："师政谭主任布置在白石渡镇休整几天，要求扩红三百名。我担负扩红和筹款工作，到各连去了解情况，走了六十五里。"为了扩红，萧锋多走了 65 里。其三，由于缺少地图，红军在长征中走错路、冤枉路的事时有发生。陈伯钧在 1934 年 12 月 8 日写道："第 38 团'行军方向搞错，以致迷失路途'。"将李爱德和马普安所走的路线与主力红军相比，很容易就发现其中有相当大的出入，二人起码少走了三分之一的路程。

二、认为蒋介石为红军长征"放水"

蒋纬国在口述自传中提出："当时与其说是没有包围成功而被中共突围，不如说是我们放水。"他还评论："以当时的情况来说，这是一个非常成功的政治战略，我们随着共军进入云贵川，使中国达成真正的统一。"这种说法将红军长征的胜利归因于蒋介石的"放水"。在海外引起了一些共鸣。一位女记者说："毫无疑问，蒋介石有意放走了红军主力、中共中央与毛泽东"，"蒋介石此时的战略计划是把四川建成将来对日本作战的大后方"。

事实上，蒋介石多次下令剿灭共产党，设置多道封锁线围追堵截，在他的日记中常见"不可错过剿匪成功之大好机会""务歼灭窜匪于湘水以东""阻其入黔"等记录，以此自勉。未达此目的时，在日记中又频频出现懊恼、责备等情绪。在这一时期，蒋介石担心中央红军与红二、六军团或红四方面军会合，企图予以全歼，不让其进入贵州。如蒋经国所说为红军"放水"，在湘江战役、四渡赤水、渡过金沙江等中，红军怎会四处受阻呢？

历史虚无主义不仅否认红军长征的光荣历史，还把触角伸向了中华民族的历史，乃至于中国社会的各个领域。攻击马克思主义，攻击中国共产党的领导，借助互联网等新型传播手段，将其影响扩展到社会的各个阶层，是我们必须高度警惕和坚决反对的。树立正确的历史观，在青年学生中传播正能量，用事实说话，拒斥历史虚无主义，是基本的立场。

长征之所以被称为人类历史上的一次恢宏壮举，之所以能取得胜利，被后世永久纪念，是因为中国共产党及其领导的人民军队，是一支不可战胜的力量。中国共产党人和红军将士用生命和热血铸就了伟大的长征精神，这就是：

把全国人民和中华民族的根本利益看得高于一切，坚定革命的理想和信念，坚信正义事业必然胜利的精神；就是为了救国救民，不怕任何艰难险阻，不惜付出一切牺牲的精神；就是坚持独立自主、实事求是，一切从实际出发的精神；就是顾全大局、严守纪律、紧密团结的精神；就是紧紧依靠人民群众，同人民群众生死相依、患难与共、艰苦奋斗的精神。简言之，即进取精神、牺牲精神、团结精神、实事求是精神、艰苦奋斗精神等等。长征精神为中国革命不断从胜利走向胜利提供了强大精神动力。

【参考文献】

1. 卢毅. 尊重历史，还原真相——驳长征研究中的历史虚无主义观点[J]. 理论导报，2016(9).

2. 埃德加·斯诺. 西行漫记[M]. 董乐山，译. 2005.

3. 丁家琪. 红军长征史研究中的历史虚无主义必须批判. 祖国网，2019-11.

4. 李爱德，马普安. 两个人的长征[M]. 武汉：长江文艺出版社，2005.

5. 王建强，蔡琳琳，李悦. "二万五千里"是怎样算出来的. 新华网，2016-8-2.

亿兆一心战必胜[*]

——中华民族抗日战争的伟大胜利

---

* 1937 年清明节国共两党共同祭祀黄帝陵时，由毛泽东起草、由林伯渠代表毛泽东朗诵的祭文中有一句："亿兆一心，战则必胜"，取其意成本题。

教学目的 与要求	1. 通过线上学习，了解有关中华民族全民族抗战的过程以及中国抗日战争的胜利是抗日民族统一战线的胜利等基本史实。 2. 通过小组合作学习和课堂讨论，使学生学会全面分析抗日战争的两个战场和两条抗战路线，在肯定国民党战场作用的同时，指出其片面抗战路线的局限性。 3. 通过课堂专题讲授，引导学生明确中国共产党的中流砥柱作用是中国人民抗日战争胜利的关键的观点，帮助学生树立正确历史观。
教学重点 与难点	1. 教学重点：抗日民族统一战线的形成和发展；中国共产党在抗日战争的中流砥柱作用。 2. 教学难点：国民党正面战场的历史评价。
教学方式	1. 在线自主学习 2. 小组合作学习 3. 课堂专题讲授
课时安排	2 学时

在线教学导引

网上教学内容	网上学习任务清单
6.1 抗日民族统一战线的建立 6.2 国民党正面战场的抗战 6.3 中国共产党成为抗日战争的中流砥柱 6.4 抗日战争的胜利及其原因和意义	1. 完成第 6 专题 4 个知识点视频的学习 2. 完成第 6 专题单元测验题 3. 参与第 6 专题讨论

实践教学设计

实践教学主题	实践教学方式
如何评价抗日战争的两个战场和两条抗战路线	小组合作学习+课堂讨论

面授课堂教学设计

教学环节	教学内容	教学方法
★环节一： 网上学习检测	第六专题自主学习检测题	参与式
★环节二： 小组合作学习成果汇报	课堂讨论：如何评价抗日战争的两个战场和两条抗战路线？	研讨式
★环节三： 面授专题一	中国共产党的中流砥柱作用是中国人民抗日战争胜利的关键	讲授式

模块一　在线教学

【知识点 6.1】
抗日民族统一战线的建立

抗日民族统一战线的建立

本专题围绕的一个核心问题是中华民族抗日战争是如何取得伟大胜利的。为更深入地分析这个问题，大家先来了解一个抗战史上的政治盛事，我们把它命名为"国共两党同祭黄帝陵"。

●【教学案例】国共两党同祭黄帝陵

众所周知，黄帝又名轩辕氏，他是中华民族的人文始祖。陕西黄陵县有一座黄帝陵，相传为轩辕黄帝陵寝，被誉为"天下第一陵"。历朝历代，在清明时祭祀黄帝陵成为当政者的一件大事，也是炎黄子孙的盛事之一。历代黄帝陵的祭祀活动，其意义在于昭示皇权正统、天命所归，借以证明统治的合法性。到了近代，祭祀黄帝陵又具有凝聚人心、增强民族团结的重要意义。抗战时期，黄帝陵因地理位置介乎西安与延安之间（那时县名就叫中部县），在国共合作的特殊背景下，就成为一个重要的政治舞台。

1937 年 4 月 5 日，是中华民族传统的清明节。国共两党在经历十年内战后，首次聚在一起，同派代表共祭黄陵，以表达停止内战、团结御侮的决心。上午 10 时，国民党中央执行委员会特派委员张继、国民政府主席林森特派代表陕西省政府主席孙蔚如、中共代表毛泽东、朱德特派代表林伯渠，各自携带祭文，同步登上桥山，开始虔诚致祭，逐个宣读祭文。

国民党在《中央祭文》中写道：

丑虏蚩尤，梗化作乱；爰诛不庭，华夷永判。

仰维功业，广庇万方；佑启后昆，恢廓发扬。

追承绩猷，群情罔懈；保我族类，先灵攸赖。

怀思春露，祀典告成；陈斯俎豆，来格来歆！

古雅奥晦的祭文中隐含着对形势的忧思。

林伯渠宣读毛泽东亲自起草的祭文。祭文曰：

东等不才，剑屦俱奋；万里崎岖，为国效命。

频年苦斗，备历险夷；匈奴未灭，何以家为？

各党各界，团结坚固；不论军民，不分贫富。

民族阵线，救国良方；四万万众，坚决抵抗。

民主共和，改革内政；亿兆一心，战则必胜。

还我河山，卫我国权，此物此志，永矢勿谖。

经武整军，昭告列祖，实鉴临之，皇天后土。

在此祭文中，同样表达了对民族危机的深深忧虑。与国民党中央祭文不同的是，毛泽东的祭文突出了要建立抗日民族统一战线的意愿，同时也表达了对国民党进行政治改革的期待。

【思考】国共两党代表为什么选择在此时同祭黄帝陵？毛泽东所书祭文的主题是什么？

清明节是中华民族传统的祭祀祖先的节日。在这一天祭祀黄帝陵是历朝历代统治者的惯例。所不同的是，1937年4月5日的清明节，是在中国大地上厮杀了十年的两大政治阵营的代表在一起共同祭祀中华民族的人文始祖。由于日本对中国的侵略，导致中华民族危机日益加重，西安事变的和平解决，成为时局转换的枢纽，内战局面结束了，国内和平基本实现。这才有国共两党同祭黄帝陵的条件。在祭祀时，国民党的祭文与毛泽东拟定的祭文，都表达了对民族危机日益加深的忧虑，这正是两党能够捐弃前嫌、重新合作的基础。而毛泽东撰写的祭文中更强烈地表达了建立抗日民族统一战线的愿望。这一案例用非常生动的史实，说明了以第二次国共合作为基础的抗日民族统一战线建立的历史契机。

一、抗日民族统一战线的初步形成

(一) 日本大举侵华和国民党的妥协政策

1931年，日本发起九·一八事变，在不到半年时间内，占领了中国东北全境。国联调查团调查九·一八事变，最后不了了之。

(二)中国共产党举起武装抗日的旗帜

九·一八事变后,中共发表宣言,号召全国人民武装抗日。中共领导东北抗日武装开展了艰苦的抗日斗争。1932年,中华苏维埃共和国临时中央政府宣布对日作战。

国民党军队中部分爱国官兵进行了局部抗战,如冯玉祥领导的察哈尔民众抗日同盟军。中国共产党开始了同这部分国民党官兵的抗日合作。

(三)中共抗日民族统一战线新政策的形成

1935年12月9日,北平学生举行抗日示威游行,遭到国民党军警镇压。12月16日,北平学生和市民1万多人在天桥召开市民大会。会后举行了更大规模的示威游行,史称"一二·九运动"。

1935年8月1日,中共驻共产国际代表团发表《为抗日救国告全国同胞书》,号召停止内战,一致抗日;12月中共在陕北瓦窑堡召开政治局扩大会议,提出了在抗日的条件下与民族资产阶级重建统一战线的新政策。

瓦窑堡会议后,中共广泛团结各界爱国民主人士;对东北军和十七路军开展统一战线工作,使其停止与红军的敌对行为。1936年5月,中共中央发布《停战议和一致抗日》通电,宣布放弃"抗日反蒋"口号,9月,发出党内指示:"我们的总方针是逼蒋抗日"。

(四)抗日民族统一战线的初步形成

抗日民族统一战线初步形成的契机在于西安事变的爆发及其和平解决。那么究竟西安事变是怎么一回事呢?我们先一起来简要回顾一下历史经过。

1936年12月12日,在全国抗日救亡高潮的激励下,爱国将领张学良和杨虎城为实现停止内战,共同抗日,毅然实行"兵谏",扣留了蒋介石。这就是震惊中外的"西安事变"。中共派周恩来到西安,参加张学良、杨虎城与南京方面的谈判,最终促成了"西安事变"的和平解决,"西安事变"的和平解决成为时局扭转的枢纽。

1937年2月,中国共产党致电国民党五届三中全会,提出"五项要求"和"四项保证"。国民党五届三中全会表示同意国共两党进行谈判,还在会议文件中首次写上"抗日"字样。

二、抗日民族统一战线的正式形成

(一) 日本全面侵华

日本发动华北事变后，加紧全面侵华战争的步骤。1937 年 7 月 7 日，日军向驻守卢沟桥的中国守军发动进攻。卢沟桥事变成为日本全面侵华战争的开端。

(二) 八路军和新四军的组建

"七七事变"发生第二天，中共通电全国，号召全国同胞团结抗战。1937 年 8 月，国共两党达成协议，将红军主力改编成国民革命军第八路军；接着又将南方红军和游击队改编成国民革命军新编第四军。

下面我们来具体了解一下八路军和新四军的战斗序列。

八路军总指挥：朱德；副总指挥：彭德怀；参谋长：叶剑英；副参谋长：左权；总政治部主任：任弼时；总政治部副主任：邓小平。下辖 115 师、120 师和 129 师，其中，115 师师长：林彪，副师长：聂荣臻；120 师师长：贺龙，副师长：萧克；129 师师长：刘伯承，副师长：徐向前。

新四军军长：叶挺；副军长：项英；参谋长：张云逸；副参谋长：周子昆；政治部主任：袁国平；政治部副主任：邓子恢；下辖四个支队，第一支队司令员：陈毅；第二支队司令员：张鼎丞；副司令员：粟裕；副司令员：傅秋涛；第三支队司令员：张云逸；副司令员：谭震林；第四支队司令员：高敬亭。

(三) 陕甘宁边区的成立

1937 年 9 月，陕甘宁根据地改称陕甘宁边区，林伯渠任边区政府主席，辖 23 个县，人口 150 万。边区仍是中共中央所在地。

(四) 抗日民族统一战线的正式形成

1937 年 9 月 22 日，国民党中央通讯社发表《中国共产党为公布国共合作宣言》。23 日，蒋介石发表实际承认共产党合法地位的谈话。以国共两党第二次合作为基础的抗日民族统一战线正式形成。

【知识点6.2】
国民党正面战场的抗战

长沙天心阁这座古城楼亲眼见证了长沙抗战的烽火硝烟。尽管这座阁楼被古人一直视为呈吉祥之兆的风水宝地，但是在国民党片面抗战路线和消极防御方针的影响下，1938年的深秋这里迎来的不是胜利，而是一场令国人痛心疾首的大火。

本次课我们将探讨五个问题：一是国民党在战略防御阶段正面战场的抵抗；二是国民党在战略防御阶段的片面抗战和消极防御；三是国民党在战略相持阶段内外政策的重大变化；四是国民党在战略相持阶段所组织的重大战役；五是中国战区设立后的中国正面战场。

一、国民党在战略防御阶段正面战场的抵抗

从1937年7月卢沟桥事变到1938年10月广州、武汉失守，国民党正面战场组织了淞沪、忻口、徐州、武汉等一系列战役。1938年3月，李宗仁等部组织领导的台儿庄战役，取得大捷，歼灭日军1万余人。

在抗战中国民党的爱国将士，表现了空前的民族义愤和抗战热情。在北平南苑的战斗中，国民党第29军副军长佟麟阁、第132师师长赵登禹先后阵亡。在淞沪会战中，国民党第88师524团团附谢晋元率孤军据守四行仓库，被上海市民誉为"八百壮士"。

二、国民党在战略防御阶段的片面抗战和消极防御

尽管广大国民党爱国官兵进行了英勇抵抗，但是国民党的片面抗战路线和消极防御战略方针，却使正面战场的大部分战役以退却和失败而告结束，从而在短时间内丧失了大片国土。

长沙大火也叫文夕大火，它是长沙城历史上人为损坏性质最严重的一次火灾，这也让长沙与斯大林格勒、广岛、长崎一并成为二战当中损坏最严重的四座城市。长沙大火发生在1938年11月12日的深夜，这一天在电报代码当中为"文"字，因此长沙大火也被称为"文夕大火"。日本人并没有攻入长沙城，长沙是被执行蒋介石"焦土抗战"政策的湖南军政当局放火烧成了一片焦土。

1938 年 10 月武汉失守后，日军沿粤汉继续南犯，进逼湘北，湖南也由此从一个抗战的大后方变为了抗日前线。面对严峻形势，蒋介石在长沙召集了军政人员会议，讨论战局问题。出于不想让长沙为敌所用以及对确保长沙信心的缺乏，蒋介石指示张治中等人，若长沙不保，即实行焦土政策，火烧长沙。

尽管张治中曾提出过异议，但在接到蒋介石的焚城命令后，他立即指定省会警备司令部司令酆悌负责筹备，省保安处予以协助，警备第二团团长徐昆担任放火总指挥。根据焚城计划，将警备第二团分为 100 个小组，以 3 人为一组，以天心阁举火为号，全城同时行动。

11 月 12 日，日寇的先头部队已经抵达汨罗江北。此时谣言不胫而走，或说日寇已经抵达距离长沙仅 10 多里的新河，或说敌艇已抵省河不远等等。入夜，处于"风声鹤唳、草木皆兵"的长沙南门外伤兵医院失火。此后天心阁和其他一些地方也相继起火。正守备此处的放火队员纷纷将手中点燃的火把投向油桶或者是居民的房屋。美丽的古城长沙顿成一片火海。

这场恐怖无情的大火燃烧了两天两夜，造成了空前浩劫。大火直接造成经济损失达到 10 多亿元，相当于抗战胜利后的 1.7 万亿元；直接死于火灾的约 3000 余人。长沙自春秋战国以来的文化积累遭到摧残，地面文物惨遭毁灭。长沙作为为数不多两千多年城址不变的古城，文化传承就此中断。

长沙这场中国历史上罕见，世界历史上少有的惨绝人寰的大火，虽然已经成为历史的陈迹，但是它留给人们的教训却是深刻的。日本侵略者制造的南京大屠杀惨绝人寰、震惊世界，但是又有多少人能够料想到这么多无辜的同胞屈死在一群渎职殃民的官僚所制造的一场大火之中！

【思考】蒋介石的"焦土抗战"政策的本质是什么？为什么说长沙文夕大火是国民党政府执行片面抗战路线和消极防御战略的恶果？

蒋介石的"焦土抗战"政策的本质就是消极防御战略。之所以说长沙文夕大火是国民党政府执行片面抗战路线和消极防御战略的恶果，正如《抗日战争研究》主编荣维木所分析指出的："国民党确定了焦土抗战的方针，事先做好焚城准备，焚城随着中日战局的发展，也就是时间早晚的事情。这是大火的必然性。""但长沙大火是在混乱中发生的，带有一定的偶然性因素，这种情况，说明了在片面抗战路线指导下，战争的组织者是多么容易产生失误。"

三、国民党在战略相持阶段内外政策的重大变化

1939 年 1 月，国民党五届五中全会决定成立"防共委员会"，并确定了"防共、限共、溶共、反共"的总方针。蒋介石将"抗战到底"解释为"恢复到卢沟桥

事变以前的状态"。这标志着国民党的抗战路线从片面抗战转向了消极抗战。

四、国民党在战略相持阶段组织的重大战役

1939年以后，国民党在正面战场组织了一些较大规模的战役，比如两次长沙会战、桂南会战、枣宜会战等等。国民政府大体上保住了西南、西北等大后方地区。1939年12月，在桂南会战中，以第五军为主力的国民党军队曾经攻克昆仑关，消灭日军4000余人。1940年5月，在枣宜会战中，国民党第三十三集团军总司令张自忠将军壮烈殉国。但是，国民党对于抗战的态度逐渐趋向于消极，采取了保守的收缩战略，以便保存实力；同时腾出更多的兵力用来限制和打击共产党及其领导下的八路军和新四军，制造了多起反共"摩擦"事件。

五、中国战区设立后的正面战场

1941年太平洋战争爆发以后，盟军设立以蒋介石为最高统帅的中国战区。正面战场进行了第三次长沙会战、滇缅之战、豫湘桂战役等等。特别是1942年春天所发起的第三次长沙会战，给日军以有力打击，消灭日军共计5万余人。

尽管中国战区设立后取得了第三次长沙会战等重大胜利以及拥有世界反法西斯战争胜利发展、敌后战场开始局部反攻等有利条件，然而国民党军队的战斗力却日益下降。1944年4月至1945年1月，日本发动打通中国大陆交通线的一号作战。在这次豫湘桂战役中，国民党遭遇大溃败。损失了50多万兵力，丢失拥有146座城市、6000万人口、20多万平方公里的国土。

豫湘桂大溃败使越来越多的人丧失了对国民党的信任，国民党统治集团在经济、政治、军事等各方面陷入了日益深重的危机。

【知识点 6.3】
中国共产党成为抗日战争的中流砥柱

中国共产党在抗日战争中坚持全面抗战路线，坚持敌后游击战争，维护抗日民族统一战线团结，加强根据地建设和自身建设，从而成为抗日战争的中流砥柱。

一、坚持全面抗战路线和持久战方针

(一)全面的全民族抗战的路线

抗日救国十大纲领规定:实行全国军事与全国人民总动员;改革政治机构,给人民以充分的抗日民主权利,并适当改善工农大众的生活;坚持统一战线中无产阶级的领导权,在敌人后方放手发动独立自主的山地游击战争,在国民党统治区放手发动抗日的群众运动。

(二)采取持久战的战略方针

毛泽东的《论持久战》系统阐明了持久抗战的总方针。他指出,抗日战争最后胜利属于中国。抗日战争的发展进程将分为战略防御、战略相持、战略反攻三个阶段。

二、开辟敌后战场,开展游击战争

(一)抗战初期敌后战场的主要战役

抗战初期,八路军配合国民党正面战场作战,取得了平型关战斗、雁门关战斗、夜袭阳明堡机场等重大胜利,有力地配合了国民党军队在正面战场的作战。

(二)抗日根据地的创建

1937年11月太原失陷后,八路军在敌后实施战略展开,发动独立自主的敌后游击战争。新四军挺进长江南北。中国共产党领导的抗日武装在华北、华中、华南创建了16个抗日根据地,并开展诸如反扫荡作战及百团大战等敌后游击战争,逐渐形成了在战略上配合正面战场的敌后战场。

三、坚持抗战、团结、进步的方针

(一)坚持统一战线中的独立自主原则

中国共产党强调,必须在统一战线中坚持独立自主原则,既统一,又独立。一是必须保持党在思想上、政治上和组织上的独立性;二是必须坚持党对人民军队的绝对领导;三是必须对国民党采取又团结又斗争、以斗争求团结的方针。

(二)坚持抗战、团结、进步，反对妥协、分裂、倒退

1939年7月，中国共产党明确提出了"坚持抗战到底，反对中途妥协""巩固国内团结，反对内部分裂""力求全国进步，反对向后倒退"三大口号，坚决揭露打击汪精卫集团的叛国投敌活动，继续争取同蒋介石集团合作抗日。

(三)打退顽固派的反共高潮

从1939年冬到1943年春，国民党顽固派发动或策划了三次反共高潮。中国共产党对此进行了针锋相对的斗争，要军事上坚决进行自卫反击，在政治上对其进行揭露和声讨，争取国内外舆论同情和支持。

(四)巩固抗日民族统一战线的策略总方针

中国共产党总结了反摩擦斗争的经验，制定了"发展进步势力，争取中间势力，孤立顽固势力"的策略总方针。并提出了同顽固派做斗争时，应坚持有理、有利、有节的策略原则。

四、抗日民主根据地的建设

(一)政权建设：建立三三制的民主政府

抗日民主政府在工作人员分配上实行"三三制"原则，即共产党员、非党左派进步分子和不左不右的中间派各占1/3。抗日民主政权普遍采取民主集中制，各级政权机构领导人都经过人民选举产生。

(二)经济建设：减租减息，发展生产

根据地停止实行没收地主土地的政策，普遍实行减租减息政策。毛泽东提出了"发展生产，保障供给"的经济工作和财政工作的总方针，发出了"自己动手，丰衣足食"的号召。根据地军民开展了大生产运动，并厉行精兵简政。

(三)文化建设：发展教育，重视科学研究

抗日根据地创办了中国人民抗日军事政治大学、鲁迅艺术学院等一批干部学校和专门学校。还创办了延安自然科学院，这是中共历史上第一个自然科学教学与研究的专门机构。

五、中国共产党的自身建设

(一)马克思主义中国化命题的提出

在六届六中全会上,毛泽东明确提出了"马克思主义的中国化"这个命题。他向全党提出了普遍深入学习马克思列宁主义的理论,学习我们的历史遗产,并给以批判的总结,和调查研究当前运动的特点及其规律性的任务。

(二)新民主主义理论的系统阐明

在 20 世纪 30 年代后期和 40 年代前期,毛泽东撰写了《〈共产党人〉发刊词》《中国革命和中国共产党》《新民主主义论》等重要理论著作,创立了新民主主义理论。

(三)整风运动和实事求是思想路线在全党的确立

在 20 世纪 40 年代前期,中国共产党以延安为中心,在全党范围内开展了反对主观主义以整顿学风、反对宗派主义以整顿党风、反对党八股以整顿文风为主要内容的整风运动。

克服主观主义,必须以科学的态度对待马克思主义,必须发扬理论联系实际的马克思主义学风,一切从实际出发,实事求是。经过毛泽东的解释,实事求是成为党的辩证唯物主义的思想路线的通俗而又生动的表述。

中共六届七中全会通过的《关于若干历史问题的决议》统一了全党对中国民主革命基本问题的认识。在随后召开的中共七大上,将中国共产党人把马克思列宁主义基本原理同中国具体实际相结合所创造的理论成果,正式命名为毛泽东思想,并将毛泽东思想规定为党的一切工作的指针。

【思考】为什么说中国共产党是中国人民抗日战争的中流砥柱?

第一,中国共产党积极倡导、促成、维护抗日统一战线,最大限度动员全国军民共同抗战,成为凝聚全民族抗战力量的杰出组织者和鼓舞者。

第二,以毛泽东为首的中国共产党人,把马克思列宁主义基本原理同中国具体实践相结合创立和发展了毛泽东思想。制定、实施了一套完整的抗战策略和方针,提出了全面抗战的路线、持久抗战和游击战争的战略战术,对抗战胜利发挥了重要作用。

第三,中国共产党通过游击战开辟敌后战场,建立抗日根据地,牵制和消灭了日军大量有生力量,减轻了正面战场的压力,也为抗日战争的战略反攻准备了条件。

第四，中国共产党人以自己最富于献身的爱国主义、不怕流血牺牲的模范行动，支撑起全民族救亡图存的希望，成为夺取抗战胜利的民族先锋。

抗日战争的胜利及其原因和意义

【知识点6.4】
抗日战争的胜利及其原因和意义

一、抗日战争的胜利

1945年4月25日，联合国大会召开。5月8日，德国法西斯无条件投降。至此，欧洲战争结束，盟军作战重心迅即东移，全力对付日本法西斯。

1945年7月26日，美、英、中三国共同发表《波茨坦公告》，敦促日本无条件投降，否则将予以日本"最后之打击"。

1945年8月6日、9日，美军分别在日本的广岛、长崎投下原子弹。苏联红军也根据《雅尔塔密约》，在8月8日对日宣战，发动八月风暴行动，出兵中国东北。8月9日，中共中央主席毛泽东发表《对日寇的最后一战》声明，号召中国人民一切抗日力量立即举行全国规模的大反攻，与盟国一起对日本进行最后的决战。8月10日、11日，中国共产党延安总部向八路军、新四军、华南游击队连续发布7道反攻命令，并限令敌伪向中共武装缴械投降。

1945年8月14日，中国与苏联签订《中苏友好同盟条约》；15日，日本照会中、苏、美、英四国，表示接受《波茨坦公告》。正午，日本裕仁天皇通过广播发表《终战诏书》，宣布无条件投降。

1945年9月2日，日本外相重光葵在美国军舰密苏里号上正式签署投降书。9月9日，在南京陆军总部举行的中国战区受降仪式上，日本驻中国侵略军总司令冈村宁次代表日本大本营在投降书上签字，并交出他的随身佩刀，以表示侵华日军正式向中国缴械投降，这也标志着中国抗日战争暨世界反法西斯战争取得最后胜利。9月3日被定为中国人民抗日战争胜利纪念日。

1945年10月25日，中国战区台湾地区日军投降仪式在台北举行，中国正式收复被日本殖民统治达50年之久的宝岛台湾，洗雪了中华民族的奇耻大辱。

二、中国人民抗日战争在世界反法西斯战争中的地位

(一)世界反法西斯战争的东方主战场

中国抗日战争是世界反法西斯战争的重要组成部分和东方主战场。在这场长达14年的抗战中，中国军民以坚忍的意志和巨大的牺牲，把日本陆军主力和部分海空军力量牢牢地牵制在东方战场之上，粉碎了日本法西斯占领中国进而称霸全球的图谋，破灭了德意日轴心国集团瓜分世界的迷梦，为夺取世界反法西斯战争和第二次世界大战的胜利做出了不可磨灭的巨大贡献。

(二)世界反法西斯力量对中国的援助

中国人民抗日战争的胜利，是同世界所有爱好和平与正义的国家和人民、国际组织及各种反法西斯力量的同情和支持分不开的。

苏联是最早为中国抗日战争提供援助的国家。1937年8月，中国同苏联签订互不侵犯条约。苏联政府向中国提供大量的物资援助，并派遣空军志愿队来华作战。到1939年2月，来华参加过对日作战的苏联空军志愿队人员达2 000余人，牺牲在中国的有200多人。抗日战争后期，苏联红军开赴中国东北，同中国军民并肩作战，加速了彻底打败日本侵略者的进程。许多苏军官兵在中国东北战场上英勇献身。

日本发动对中国的侵略战争后，美国对日本一度奉行绥靖政策。中国抗日战争进入相持阶段后，美国采取两面政策，一方面向中国提供援助，另一方面又向日本大量出口战略物资。太平洋战争爆发前后，美国采取了支持中国、联合中国共同抗击日本的政策。美国陆军航空队退役军官陈纳德还曾组建美国志愿队（即"飞虎队"）来华参加对日作战。

英国及法国等国也向中国提供了经济援助或者军事合作。朝鲜、越南、加拿大、新西兰、波兰、丹麦以及德国、奥地利、罗马尼亚、保加利亚、日本等国的反法西斯战士直接参加了中国人民的抗日战争。1939年11月，加拿大共产党员诺尔曼·白求恩大夫在抢救八路军伤员时被感染，为中国人民解放事业献出了生命。

三、抗日战争胜利的原因和意义

(一)抗日战争胜利的原因

中国人民抗日战争胜利的主要原因有以下四点：

第一，以爱国主义为核心的伟大民族精神是中国人民团结奋进的精神动力。抗日战争大大丰富和升华了以爱国主义为核心的中华民族精神，这是抗日战争得以坚持和胜利的重要的思想保证。

第二，中国共产党在全民族抗战中发挥了中流砥柱作用。以毛泽东为主要代表的中国共产党人，把马克思列宁主义基本原理同中国具体实际相结合，创立和发展了毛泽东思想，对抗日战争发挥了重要的指导作用。中国共产党积极倡导、促成、维护抗日民族统一战线，最大限度地动员全国军民共同抗战，成为凝聚全民族力量的杰出组织者和鼓舞者。中国共产党人以自己最富于献身精神的爱国主义、不怕流血牺牲的模范行动，支撑起全民族抗日救亡的希望，成为夺取抗战胜利的民族先锋。

第三，中国人民巨大的民族觉醒、空前的民族团结和英勇的民族抗争，是中国人民抗日战争胜利的决定性因素。抗日战争唤起了全民族的危机意识、使命意识。在抗日战争中，军队和老百姓相结合，武装斗争和非武装斗争相结合，前方斗争和后方斗争相结合，公开斗争与隐蔽斗争相结合，特别是敌后军民广泛开展伏击战、破袭战、地雷战、地道战、麻雀战，创造了人类战争史上的奇观，使日本侵略者陷入了人民战争的汪洋大海之中。国民党的爱国官兵也为反对日本的侵略做出了贡献。

第四，中国人民抗日战争的胜利，同世界所有爱好和平和正义的国家和人民、国际组织以及各种反法西斯力量的同情和支持也是分不开的。

(二)抗日战争胜利的意义

中国人民抗日战争，是近代以来中华民族反抗外敌入侵第一次取得完全胜利的民族解放战争，是20世纪中国和人类历史上的重大事件。

第一，中国人民抗日战争的胜利，彻底打败了日本侵略者，捍卫了中国的国家主权和领土完整，使中华民族避免了遭受殖民奴役的厄运。抗日战争的胜利，结束了日本在台湾50年的殖民统治，使台湾回到祖国的怀抱。

第二，中国人民抗日战争的胜利，促进了中华民族的觉醒，使中国人民在精神上、组织上的进步达到了前所未有的高度。中国人民通过抗日战争的实践认识到，中国共产党是领导中国各族人民争取民族独立和人民解放的坚强核心。正是在抗日战争胜利的基础上，中国共产党领导人民取得了整个新民主主义革命的胜利。

第三，中国人民抗日战争的胜利，促进了中华民族的大团结，弘扬了中华民族的伟大精神。这就是：坚决维护国家和民族利益、誓死不当亡国奴的民族自尊品格；万众一心、共赴国难的民族团结意识；不畏强暴、敢于同敌人血战到底的民族英雄气概；百折不挠、勇于依靠自己的力量战胜侵略者的民族自强信念；开拓创新、善于在危难中开辟发展新道路的民族创造精神。

第四，中国人民抗日战争的胜利，对世界各国夺取反法西斯战争的胜利、维护世界和平的伟大事业产生了巨大影响。中国人民为最终战胜世界法西斯势力做出的历史性贡献，在全世界人民面前树立了一个以弱胜强的范例。中国参与发起成立联合国并成为联合国安理会常任理事国，显著提高了中国的国际地位和国际影响。

【第六专题 MOOC 论坛讨论话题】

抗日战争的胜利能给我们什么启示呢？

【第六专题综合测验题】

第六专题综合测验题

模块二 实践教学

【讨论话题】

如何评价抗日战争的两个战场和两条抗战路线？

【学习方式】

小组讨论+课堂辩论

【课堂组织】

环节 1：分组讨论
环节 2：观点交锋（每组选派一名代表陈述观点）
环节 3：老师点评

模块三　课堂教学

教学环节一

第六专题自主学习检测（二维码：5 道测验题）

5道测验题

教学环节二

小组合作学习汇报（二维码：往届学生优秀作品）

往届学生优秀作品

教学环节三

专题六：中国共产党的中流砥柱作用是中国人民抗日战争胜利的关键

【专题内容】

2015 年 7 月 30 日，习近平总书记在主持中共中央政治局就中国人民抗日战争的回顾和思考进行第二十五次集体学习时强调：深入开展中国人民抗日战争研究，必须坚持正确历史观、加强规划和力量整合、加强史料收集和整理、加强舆论宣传工作，让历史说话，用史实发言，着力研究和深入阐释中国人民抗日战争的伟大意义、中国人民抗日战争在世界反法西斯战争中的重要地位、中国共产党的中流砥柱作用是中国人民抗日战争胜利的关键等重大问题。要坚持用唯物史观来认识和记述历史，把历史结论建立在翔实准确的史料支撑和深入细致的研究分析的基础之上。要坚持正确方向、把握正确导向，准确把握中国人民抗日战争的历史进程、主流、本质，正确评价重大事件、重要党派、重要人物。

毛泽东在《揭破远东慕尼黑的阴谋》一文中强调："共产党领导的武力和民众已成了抗日战争中的中流砥柱。"此外，毛泽东在《论联合政府》报告中也指出："三次革命的经验，尤其是抗日战争的经验，给了我们和中国人民这样一种信心：没有中国共产党的努力，没有中国共产党人做中国人民的中流砥柱，中国的独立和解放是不可能的，中国的工业化和农业近代化也是不可能的。"

一、关于中国共产党中流砥柱作用的基本分析

习近平总书记在纪念中国人民抗日战争暨世界反法西斯战争胜利 69 周年座谈会上讲话强调指出："中国共产党的中流砥柱作用是中国人民抗日战争胜利的关键。近代以后，中国人民历次反侵略战争失败的一个重要原因，是政治统治集团的腐朽无能和民族内部软弱涣散。在内忧外患中诞生和成长起来的中国共产党，自成立之日起就把实现中华民族伟大复兴作为自己的历史使命，捍卫民族独立最坚定，维护民族利益最坚决，反抗外来侵略最勇敢。中国共产党坚持全面抗战路线，制定正确战略策略，开辟广大敌后战场，成为坚持抗战的中坚力量。无论条件多么艰苦、形势多么险恶、战争多么残酷，中国共产党始终坚持抗战、反对投降，坚持团结、反对分裂，坚持进步、反对倒退，同各爱国党派团体和广大人民一起，共同维护团结抗战大局。中国共产党人以自己的政治主张、坚定意志、模范行动，支撑起全民族救亡图存的希望，引领着夺取战争胜利的正确方向，成为夺取战争胜利的民族先锋。"

中共中央党史研究室在《中国共产党是全民族抗战的中流砥柱》一文中指出："一、最早抗战：中国共产党最早高举全民族抗战旗帜，最早组织东北抗日游击战争，以局部抗战揭开世界反法西斯战争的序幕。二、组织抗战：中国共产党积极倡导、诚心维护抗日民族统一战线，凝聚了中华民族的抗日力量。三、领导抗战：中国共产党提出全面抗战路线、持久战战略总方针、游击战争的战略战术，为全民族抗战指引了胜利方向。四、艰苦抗战：中国共产党领导抗日军民在敌后战场与日本侵略者浴血奋战，为抗战胜利做出巨大贡献。五、胜利抗战：中国共产党领导抗日军民对抗日战争胜利发挥了决定性的作用，写下了壮丽的历史篇章。"

沙健孙在《中国共产党：抗日战争的中流砥柱》一文中指出："处在这个历史上进步的时代，中国共产党成了抗日战争的中流砥柱，抗日战争才得以坚持并取得最后胜利。这是抗日战争成为中国人民反侵略斗争史上崭新篇章的决定性条件。一、率先举起抗日民族解放战争的旗帜；二、制定全面的全民族抗战路线即人民战争路线；三、提出持久战的战略方针，开展独立自主的敌后游击战争；四、组织和推动国民党统治区的抗日民主运动；五、坚持、巩固和发展抗日民族统一战线。"

二、关于国共两党及两个战场在抗日战争中的地位和作用

(一)对抗日战争胜利的基本判断

一方面,中国人民抗日战争胜利是全民族抗战的胜利,是全体中华儿女的荣光。以爱国主义为核心的伟大民族精神是中国人民抗日战争胜利的决定因素,全民族抗战是中国人民抗日战争胜利的重要法宝。要说谁打赢了这场旷日持久的战争,真正的答案只有一个,就是中华民族打赢了抗日战争,最终赢得了胜利。习近平总书记在颁发"中国人民抗日战争胜利 70 周年"纪念章仪式上的讲话中强调指出:"无论是正面战场还是敌后战场,无论是直接参战还是后方支援,所有投身中国人民抗日战争中的人们,都是抗战英雄,都是民族英雄。"

另一方面,也必须指出,中国共产党的中流砥柱作用是中国人民抗日战争胜利的关键。抗日战争为什么能胜利,那是因为时代不同了,那时的中国已经具有了崭新的以往所没有的进步因素。毛泽东在《论持久战》一文中指出:"中国共产党及其领导下的军队,就是这种进步因素的代表。"

形成全民族抗战的局面,把亿万人民凝聚在抗日的旗帜下,需要有"主心骨",中国共产党及其领导的抗日武装就是这样的"主心骨"。在抗日战争中起主导作用的,恰恰是中国共产党。

(二)对两个战场地位和作用的基本分析

习近平在纪念中国人民抗日战争暨世界反法西斯战争胜利 69 周年座谈会上的讲话中强调指出:"中国共产党领导开辟的敌后战场和国民党指挥的正面战场协力合作,形成了共同抗击日本侵略者的战略局面。"

两个战场如同鸟之两翼、车之两轮,缺一不可。整个抗日战争,是靠两个战场支持的。两个战场的战略配合,是中国人民抗日战争的显著特点。这个特点,在世界反法西斯战争的东方战场和西方战场,都是唯一的,在亚洲和欧洲,没有哪一个国家有这种情形。

在抗日战争的不同阶段,两个战场的地位作用及其关系是不同的。

在战略防御阶段,正面战场担负着抗击日军战略进攻的主要任务;共产党领导的八路军、新四军主要是配合正面战场的作战,敌后战场处在开辟和发展阶段;两个战场的配合和国共两党的关系都比较好。

在战略相持阶段,国民党及其正面战场的情况比较复杂,需要做具体分析;共产党领导的抗日游击战争提升到战略地位,成为主要的抗日作战形式,

敌后战场成为中国人民抗日战争的主战场。

进入局部战略反攻阶段时，正面战场却发生了国民党军队在豫湘桂战役中大溃退的严重事件；而在敌后战场，共产党领导的八路军、新四军等人民抗日武装迅速壮大，逐渐改变敌强我弱的态势，局部反攻不断发展，解放了大片国土。两个战场的不同发展状况，根源于两条不同的抗战路线。

(三)谁领导了抗日战争

张海鹏先生认为："抗日战争的领导是通过国民党、共产党两个领导中心来分别实施的。国民党政府可以领导正面战场，可以领导敌人未占领的大后方地区，却领导不了敌后抗日根据地，领导不了敌后战场。反过来，共产党的抗日民族统一战线、全面抗战、持久战理论等政治、军事主张，领导了全国抗战，但抗战的客观形势离不了国民党的配合。"张先生还认为："共产党不仅推动了国民党抗日，还监督着国民党抗日，批评国民党在抗日大局上的动摇。共产党的这种监督作用，是在抗日民族统一战线的旗帜下进行的，这也是一种领导作用。没有这种领导作用，抗战往前进行是极为困难的。"

(四)抗日战争改变了国共两党的力量对比

对抗日战争中国共两党及其关系，应该采用动态的分析方法，即着眼于国共两党力量对比的变化，并努力揭示造成这种变化的深刻原因。

全民族抗日战争的爆发，给予了国共两党同样的历史机遇。同时，我们又必须看到，当国共两党面临同样的历史机遇时，他们并不在同一条起跑线上。

国民党如果紧紧抓住这个历史机遇，在抗日的同时实行各项民主改革，就有可能改变自己在全国人民心目中的形象，成为众望所归的执政党。但是，国民党逐渐地失去人心，最终丧失了历史提供的机遇。

以毛泽东为代表的中国共产党人从一开始就紧紧抓住这个历史机遇，始终高举抗日民族统一战线旗帜，坚持抗战、坚持民主、坚持团结，团结国内外一切抗日力量，一如既往地为争取全民族抗日战争的最后胜利努力奋斗。中国共产党在这八年中实现了"蜕变"，化蛹为蝶，在全国社会政治生活中所占的分量，比抗日战争开始时已经大大增加了。

造成国共两党在抗日战争时期力量彼此消长的根本原因，在于国共两党代表着不同阶级的利益，各自制定了不同的抗战路线、纲领。

两条抗战路线的根本区别在于如何动员、组织和领导人民群众抗战，这是国共两党指导抗战、实施抗战的分水岭，也是双方在抗战期间力量消长兴衰的根本原因。

全民族抗日战争开始后，国民党虽然内外政策有所调整，有些进步的表现，但是，它的阶级性质没有改变。它的"防共、限共、溶共、反共"方针没有变；它的不相信人民群众、惧怕人民群众的本性没有变。大地主大资产阶级的利益最终驱使国民党背弃抗战初期的一些承诺，回归到专制主义的老路上。抗日战争后期国民党统治区出现的腐败和倒退，已经埋下了国民党最终失败的祸根。

著名党史专家金冲及在《抗战期间国共合作中的联合与斗争（一）》一文中指出："蒋介石对共产党的疑惧实在太深了，又抱着'自大主义'的心态，把国共合作看成对共产党的收编，总想伺机消除这个'心腹之患'。他在 1937 年 11 月 4 日说：'军事失利，反动派逐渐猖狂，共党尤为跋扈。呜呼，外患未消，内忧日增矣。'"

三、关于共产党及其领导的抗日游击战争

（一）抗日游击战争的战略地位

敌后游击战的重点是"面"而不是"点"，是持续而不是阶段，是整体而不是个别，是战略而不是战役。实质上，共产党领导的敌后战场，从事实上来看是战争中规模最大、持续最久的战略大会战，战略上包围和反包围，使日寇陷于汪洋大海、灭顶之灾的战略大会战。

共产党开辟敌后战场、领导游击战争，使游击战"从战术范围跑了出来向战略敲门"，在人类战争史上"演出空前伟大的一幕"。

抗战老战士秦忠回忆："刘伯承给我们讲课的时候就说：'八路军是骨头，游击队是筋，老百姓是肉，三者结合才能组成拳头。'"这是对抗日游击战争人民性最形象的比喻。

1937 年 9 月，由贺龙主持的第 120 师军政委员会紧急会议，决定由宋时轮率领第 358 旅 716 团 2 营为骨干，组成独立支队，北出长城，到雁门关以北敌占区打游击，迟滞日军向神池、宁武的进攻，想办法拖住日军的后腿。会议的第二天，宋时轮就率领一支 900 余人的支队，从晋西北向雁北地区进发。从 1937 年底到 1938 年年中，宋支队在同蒲线以西、京绥线以东，同日军进行大小战斗百余次，击毁日军汽车 390 余辆，歼灭日军 2000 余人，缴获各种武器 1000 余支（挺）；支队自身得到扩建，由最初的 5 个连扩建为 3 个营、1 个骑兵大队、8 个挺进队，总兵力达 2000 余人，成功地在极短的时间内创造了晋西北持久抗战的根据地，在补充了自身的同时，多次粉碎了敌人的进攻。事实证明：八路军、新四军只有"抗"方能"大"，光"坐"岂能变"大"？

（二）国民党与游击战

武汉沦陷后，蒋介石同意与共产党合作在南岳开办游击干部训练班。之后，国民政府军委会举办了 3 期南岳游击干部训练班。

国民党于 1939 年开始过敌后游击战，但两三年内就基本偃旗息鼓。而共产党的游击战则越战越强。

国民党派往敌后的部队，到抗战结束的 1945 年，几乎没有留下任何真正有实力的武装。

其根本原因就在于国民党军不懂得动员人民，不想、不敢发动群众、组织群众，更不用说武装群众了，游击战失去了广大人民群众的支持和参与，必将一事无成。

由此可见，游击战是有天然的人民性。有了人民群众的坚定支持，游击战不但在战术上可以取胜，而且在战略上也可以取胜。

（三）日本人眼中的共产党领导的抗日游击战

1943 年 6 月，日本华北派遣军总部公布："从今年 1 月到 5 月与共产军交战次数为 5 524 次之多，其兵力达 567 424 人之众。"

同样是华北派遣军总部在当年的综合战果报道中指出："敌大半为中共军。与蒋军相反，在本年交战 1.5 万次中，和中共的作战占七成五。在交战的 200 万敌军中，半数以上也都是中共军。在我方所收容的 19.9 万具敌遗体中，中共军也占半数。但与此相比较，在我所收容的 7.5 万俘虏中，中共军所占的比例则只占一成五。这一方面暴露了重庆军的劣弱性，同时也说明了中共军交战意识的昂扬……因此，华北皇军今后的任务是更增加其重要性了。只有对于伪华北致命伤的中共军的灭绝性作战，才是华北皇军今后的重要使命。"

1945 年 3 月 18 日，日本东京《同盟世界周刊》感叹道："根据我们的见解，真正的抗日势力，始终一贯的是中国共产党。"连侵华日军总头目、中国派遣军总司令冈村宁次在回忆录中对八路军的评价便是"作战勇敢，内部团结，只是武器装备太差"。

（四）当年中外记者眼中的中共领导的抗日根据地和游击战

1.《密勒氏评论报》

中国全民族抗战爆发后，该报刊登了不少关于八路军在前线抗击日军的报道与图片。该报对中共领导的八路军、新四军开展的游击战术十分关注，在

1938 年 7 月 9 日的"战争第一年的评述"中指出：八路军(以前的红军)的力量在成倍增长，游击战非常活跃。八路军"是中国最有战斗力的军队之一"。

2. 1944 年 6 月，中外记者西北参观团访问延安

这是抗战时期外国记者对边区根据地仅有的一次集中、大规模的采访活动。成员有美联社、合众社、路透社、塔斯社等外国新闻社的六名驻华记者，《大公报》《中央日报》《扫荡报》《新民晚报》等国统区新闻单位的 10 多名中国记者及国民党官员、翻译等共 20 余人。

访问归来后，美联社记者冈瑟·斯坦因立即在美国《基督教科学箴言报》上撰文说："在封锁线后面我发现了这样一个热烈的新社会，简直使我目瞪口呆，五年以来，在重庆对共产党除恶意的诽谤而外毫无所闻的我，对着在延安所发现的事物，吃惊的擦拭着自己的眼睛。"1945 年回国后，他又出版《红色中国的挑战》一书，并在书中列出专章"中共作战努力目击记"，从不同方面引证了大量的材料，证明中共部队在英勇作战。他还澄清："从我所见到的一切证据来看，我的结论是：延安所说的中共领导的战绩，比我在重庆和西安所听到的国民党的战绩可靠得多。"

美国合众社记者哈里森·福尔曼回国后在《北行漫记》一书中写道："当人们想起共产军以云泥之差的劣势对抗敌人时，共产军的成就几乎令人难以置信。我在延安听他们讲的时候，我也不相信，但是后来我到了沦陷区，与在敌后活动的八路军共处了两个多月，我亲眼看见了他们攻取并破坏敌人据点与碉堡，因此，我得到了一个确信，就是：共产党的发言是绝没有虚张声势的地方的。"

继中外记者团之后，美国《纽约时报》驻中国特派员艾金山也进入边区访问。他后来也指出："随共军进入战地的外国记者都认为中共军队的确竭力抗击日寇。有许多在沦陷区跳伞降落的美国航空队多由中共游击队营救出险，对中共尤为感激与赞扬。"

(五)美军观察组档案中的中共敌后抗日战场

1944 年 7 月，经重庆国民政府军事委员会和延安中共中央同意，首批美军观察组成员被派往延安，主要任务是准确收集有关中共抗日能力和决心的情报，看看有没有可能利用中共武装力量，减少美国在太平洋战争中的人力物力损失。美国曾先后派遣 100 多位军事专家进入延安和晋察冀、晋西北、冀中等敌后抗日根据地，深入调研中国共产党及其领导的武装力量动员人民群众投入抗日战争的情况，并向美国发回 4 万多件机密观察档案。

这批机密档案在美国已解密，上海交通大学世界反法西斯研究中心主任、抗日名将吕正操上将的女儿吕彤邻教授带领中美学术团队，收集整理这批珍贵档案，终于得以还原一段尘封的历史。在几乎所有参与观察调研的美国军事专家眼中，中国共产党是抗日战争中当之无愧的中流砥柱。

［档案资料一］1945 年 2 月，时任美国驻华使馆二秘的雷蒙德·卢登给美国军事情报助理参谋长写了 3 份实地考察报告。他在报告中说："经过在晋绥与陕甘宁边区 4 个月的旅行考察，我坚信中共充分证实了他们所说的受到了人民拥护与支持的事实。""每个八路军领导人，无一例外，都是坚韧不拔的，久经考验的志士，而且都能为老百姓提供一个充满活力的领导方案。无疑在今天的中国来讲，他们是最现实，最脚踏实地，最坚强勇敢的群体。"他最后总结道："在中国现代史中，第一个完全由中国人自己领导的行政机构，在广阔的行政区得到了老百姓的真正支持和积极参与，正在发展壮大。""我们亲眼观察的大量事实证明，显而易见，华北民众对中共的支持是这样广泛深入，已经不可能再把这个现象看成是他们为了骗外国来访者而演戏了。"

［档案资料二］美国海军陆战队队长、罗斯福总统的亲信卡尔逊前往根据地深入观察了解之后，对中共的态度发生巨大转变。他在《关于中国西北部军事活动的报告》中说，在中国共产党的领导下，中国广大民众具有一种崭新而且不寻常的民族主义精神；八路军的领导人发展了非常有效的游击战模式；日本步兵很大程度上依赖现代武器的帮助，日军在应对传统军事战役时效率较高，但面对没有固定章法可循的游击战术却无所适从。

［档案资料三］美军驻延安观察组第三任组长威尔伯·彼得金在政治上属于右翼。在根据地考察期间，他从不掩饰个人的反共立场。通过对敌后根据地的考察，彼得金告诉晋察冀军区政委程子华等人："我虽然不同意你们的主义。但你们所做的每一件事，我都非常同意，并且予以赞赏。"尽管意识形态不同，彼得金回到美国后多次举行演讲，向美国社会介绍中共不为人知的"地道战""地雷战"所取得的军事成就。

1944 年 7 月 28 日，谢伟思在到延安后的第一份报告中写道，在共产党那里，"有一种生机勃勃的气象和力量，一种和敌人交战的愿望，这在国民党的中国是难以见到的"，"共产党在中国之地位，比现存任何团体都高"，共产党将在中国生存下去，中国的命运不是蒋介石的命运，未来的中国属于中国共产党。

同年 9 月 30 日，包瑞德在他的军事报告中说，共产党的军队"是一支年轻的、经受战斗锻炼、受过良好训练、伙食和服装都不错的志愿军，这支队伍本质极好，情报工作水平很高，士气旺盛"。他建议立即决定向中共军队提供援助。

同年 11 月 7 日，戴维斯在他写的一份报告中指出：在长城和扬子江之间，中共已经强大得可以指望在敌后至少能控制华北。共产党的政府和军队，是中国近代史上第一个受到广大人民积极支持的政府和军队。他们之所以能得到这种支持，是因为这个政府和军队是真正属于人民的。

(六) 西方学者评价共产党及敌后战场

美国作家布莱恩·克罗泽在《蒋介石传》中写道："在 1938 年底之后五年半的时间里，日本人没有怎么去碰中央军，也没有发动新的重大的进攻。而蒋介石这一边则十分满足于坐等观望事态的发展。他的那些训练和装备得最好的精锐部队，都在西北逼近延安的战线上对付共产党的军队。沦陷区的人民期待着共产党游击队，而不是逃命的国民党来抗击侵略者，保家卫国。"

美国作家斯图尔特·雷诺兹·施拉姆在《毛泽东》中写道："毛泽东的抗日主张显而易见是真诚的，共产党对侵略者发动的游击战又卓有成效，因而沿海城市大批学生和其他知识分子日益被吸引到延安来，延安成了全国最有生气的政治中心之一。"

所有这些史料和评论充分证明：中国共产党的中流砥柱作用是中国人民抗日战争胜利的关键。

【参考文献】

1. 毛泽东. 毛泽东选集(第四卷)[M]. 北京：人民出版社，1991.
2. 习近平. 在纪念中国人民抗日战争暨世界反法西斯战争胜利 69 周年座谈会上的讲话[N]. 人民日报，2014-9-4.
3. 中共中央党史研究室. 中国共产党是全民族抗战的中流砥柱[N]. 人民日报，2014-9-3.
4. 沙健孙. 中国共产党：抗日战争的中流砥柱[N]. 光明日报，2015-8-24.
5. 毛泽东. 毛泽东选集(第二卷)[M]. 北京：人民出版社，1991.
6. 金冲及. 抗战期间国共合作中的联合与斗争(一)[J]. 中共党史研究，2015(7).
7. [美] 布莱恩.克罗泽. 蒋介石传[M]. 北京：国际文化出版公司，2010.
8. [美]斯图尔特·雷诺兹·施拉姆. 毛泽东[M]. 北京：红旗出版社，1987.

人间正道是沧桑

——历史和人民选择了中国共产党

教学目的 与要求	1. 通过线上学习，使学生了解抗战胜利后的国际国内局势，从争取和平到全面内战的爆发的转变，南京国民政府的垮台，中国共产党的胜利与新中国的诞生。 2. 通过小组合作学习和课堂讨论，使学生理解国民党失败共产党胜利的原因。 3. 通过课堂专题讲授，引导学生理解历史和人民选择中国共产党的原因。
教学重点 与难点	1. 教学重点：共产党迅速战胜国民党的原因。 2. 教学难点：中国人民为什么选择了中国共产党。
教学方式	1. 在线自主学习 2. 小组合作学习 3. 课堂专题讲授
课时安排	6 学时

在线教学导引

网上教学内容	网上学习任务清单
7.1 抗战胜利后的国际国内局势 7.2 从争取和平到全面内战的爆发的转变 7.3 南京国民政府的垮台（上） 7.4 南京国民政府的垮台（下） 7.5 中国共产党的胜利与新中国的诞生	1. 完成第 7 专题 4 个知识点视频的学习 2. 完成第 7 专题单元测验题 3. 参与第 7 专题讨论

实践教学设计

实践教学主题	实践教学方式
1. 抗战结束后，蒋介石为什么敢于发动全面内战？ 2. 为什么说第三条道路的资产阶级共和国方案在中国行不通？	小组合作学习+课堂讨论

面授课堂教学设计

教学环节	教学内容	教学方法
★环节一： 网上学习检测	第七专题自主学习检测题	参与式
★环节二： 小组合作学习成果汇报	课堂讨论： 1. 抗战结束后，蒋介石为什么敢于发动全面内战？ 2. 为什么说第三条道路的资产阶级共和国方案在中国行不通？ 3. 抗战胜利后国共两党的攻守之势何以迅速改变？	研讨式
★环节三： 面授专题一	历史和人民为什么选择了中国共产党？	讲授式

模块一　在线教学

【第七专题 MOOC 知识点视频内容】

☞【知识点 7.1】
抗战胜利后的国际国内局势

抗战胜利后的
国际国内局势

抗日战争胜利后，中国何去何从成为当时各党派与广大人民必须共同面对的重大问题。以蒋介石为首的中国国民党妄图坚持一党独裁的统治，继续走半殖民地半封建社会的老路。以毛泽东为首的中国共产党则坚决主张走新民主主义革命的道路。以中国民主同盟为代表的民主党派则鼓吹"第三条道路"，即和平的改良的资本主义道路。最后，历史和人民选择了中国共产党及其建国方案。原因何在，下面我们就来进行具体分析，我们首先来看抗战胜利后的国际国内局势。

一、抗战胜利后的国内局势

抗战胜利后，中国广大人民热切希望实现和平、民主与统一，为建设新中国而奋斗。1945 年 8 月 15 日，中国民主同盟在日本宣布无条件投降后立即发表了《在抗战胜利声中的紧急呼吁》："我们坚决的要求民主……我们要求一个完整的国家，凡一切可以制造分裂或引起内战的姿态和措施，也是我们要坚决的排除的。"中国第三党、中国青年党、中国经济事业协进会、中国妇女联谊会、中华全国文艺界抗敌协会等党派和组织也纷纷发表对时局的宣言，在舆论上都全力要求消弭内战，实现国家的和平、民主与统一。可以说，这是抗战胜利后全国人民共同的期盼。对此，毛泽东曾敏锐地看到："反对中国内战，主张和平、民主的，不只是我们解放区的人民，还有大后方的广大人民和全世界的广大人民。"①

二、抗战胜利后的国际形势

二战结束后，世界逐渐进入美国和苏联主导的雅尔塔体系之内，对当时中国政治局势的走向产生了巨大的影响。它们从自身的利益出发，都不希望中国再起内战，至少要维持一种表面上的和平。

美国当局声称"不支持中国中央政府进行内战"，但它在中国所追求的目标则是非常明确的，从长远来看是推动建立一个统一的亲美政府，短期看是"避免共产党完全控制中国"。因此，它一方面通过给予政治、经济、军备等方面的援助，"（帮助国民党）把他们的权力在中国最大可能的地区里面建立起来"，甚至以盟军总司令部的名义命令中国境内的日军必须向"蒋委员长投降"，又派遣军舰、飞机帮助国民党军队抢占沦陷区；另一方面，也要求国民党政府实行某种程度的改革，包括搞一些形式上的民主，以争取中间派的同情和支持，希望用政治手段使共产党交出军队，实现中国在国民党领导下的"统一"，并先后派赫尔利、马歇尔以总统特使的身份来华调停国共两党的关系。

苏联也从维护自身安全与扩大国家利益的角度出发，不仅要求中国政府承认外蒙古的独立，而且将中国东北视为其传统的势力范围，欲图在太平洋西岸获得不冻港。它的利益在 1945 年 8 月 14 日与国民党政府签订的《中苏友好同盟条约》以及有关协定与附属议定书中得到了充分的体现。因此，斯大林对国民党政府明确表示："如果有必要援助中国的话，那么这种援助将提供给蒋介石政府"，并认为国民党政府力求合并军队和建立国家统一的政权，是"完全合法的愿望，因为国家应有一支军队和一个政府"。② 同时，致电中共中央要求其与国民党政府举行谈判，签订维持国内和平的协议，并说如果打内战，中华民族有毁灭的危险。

战后，美苏两国对华政策的战略意图可谓昭然若揭，但客观上为中国实现和平前途创造了一个有利的外部环境。

---

① 毛泽东. 毛泽东选集(第四卷)[M]. 北京：人民出版社，1991：1158。
② 俄联邦总统档案馆，全宗 45，目录 1，案卷 322，第 31—32、38 页；张盛发. 从消极冷漠到积极支持——论 1945—1949 年斯大林对中国革命的立场和态度[J]. 世界历史，1999(6).

【知识点 7.2】
从争取和平到全面内战的爆发的转变

一、重庆谈判与政治协商会议

正是在这样国际国内的局势下，重庆谈判得以展开。1945 年 8 月 14 日、20 日、23 日，蒋介石为了迎合民意，争取和平建国的话语权，接连三次电邀毛泽东赴重庆共商"国际国内各种重要问题"。为了应对蒋介石的"假和平"攻势，并争取国家的和平前途，中共中央经多方谋划后，决定毛泽东于 8 月 28 日偕周恩来、王若飞赴重庆与国民党当局进行谈判。10 月 10 日，双方签署了《政府与中共代表会谈纪要》，即"双十协定"，确定和平建国的基本方针，并达成了"长期合作，坚决避免内战"的共识，但是军队国家化与解放区政权归属两项最为实质性的问题并没有得到解决。

为了满足广大人民的和平期许，兑现重庆谈判的民主承诺，国共两党经多次交涉后，于 1946 年 1 月 10 日下达停战令。当日，政治协商会议在重庆开幕，出席会议的有国民党、共产党、民主同盟、青年党和无党派人士的代表 38 人。以周恩来为首的中共代表团与民主同盟等民主党派和无党派人士密切合作，同国民党当局认真协商，推动政协会议达成五项协议。其一，改组国民党一党政府，成立政府委员会为最高国务机关，委员的一半由国民党以外的人士充任。其二，改组后的政府为结束国民党的"训政"到实施宪政过渡时期的政府，负有召集国民大会以制定宪法的任务。其三，立法院为相当于议会的最高国家立法机关，由选民直接选举产生。其四，行政院为最高行政机关，并对立法院负责。其五，立法院对行政院全体不信任时，行政院或辞职或提请总统解散立法院。

上述协议不是新民主主义性质的，但有利于冲破国民党一党独裁的统治和实行民主政治，有利于和平建国，因而在相当程度上是有利于人民的。政协会议的召开激起了亿万善良国人对于实现和平、民主、统一的热烈期望。协议较多地吸收了中间人士的意见，这令他们倍感振奋。在此后一段时期内，是否忠实履行政协协议，成了人们衡量政治是非的重要尺度。

二、中国共产党和平与自卫的两手准备

抗战胜利前夕，在中共七大上毛泽东曾说过，对蒋介石"直到今天，我们还是

请他洗脸,不割他的头"。后来,毛泽东根据时局的变化进一步指出,抗战结束,和平建设阶段开始,中央正考虑同国民党进行谈判,避免内战,实现和平建国。但是,一度由于国民党政府借助美国的力量阻止抗日根据地人民军队的受降权,且国民党军不断进攻解放区,以致中共采取针锋相对的坚决斗争的行动。

1945 年 8 月 23 日,中共中央对国内国际局势进行了全面分析之后,再次"确定了中共战后力争实现和平建国的总方针",隔日又提出了"和平、民主、团结、统一"的口号。重庆谈判期间,为了达成和平协议,中共做了多方让步。中国共产党也决心严格履行政协协议。政协闭幕第二天,中共中央发出党内指示信:"从此中国即走上了和平民主建设的新阶段","中国革命的主要斗争形式,目前已由武装斗争转变为非武装的群众的与议会的斗争,国内问题由政治方式来解决。党的全部工作,必须适应这一新形势";全党要"准备为坚决实现(政协的)这些决议而奋斗"。中共中央在政协会议后甚至还确定了中共参加国家宪章审议委员会、国民政府委员会和行政院的官员名单。[1]

在积极争取和平的同时,中国共产党也深知英美和中国大资产阶级还有许多阴谋,中国民主化的道路必将是曲折和漫长的,因此时刻保持着高度的警惕,始终注意"阵地的取得和保持",做好进行自卫战的准备,将练兵与减租、生产同列为解放区三件中心工作。

全国内战爆发前夕,1946 年 6 月 19 日,中共中央在党内指示中还说:"蒋介石准备大打,恐难挽回;大打后,估计六个月内外时间如果我军胜利,必可议和;如胜负相当,亦可议和;如蒋军大胜,则不能议和。因此,我军必须战胜蒋军进攻,争取和平前途。"中国共产党只是在解放区军民的生存受到威胁时才被迫采取自卫行动,其目的仍然是为了争取国内和平。

三、国民党政府挑起全面内战

抗战胜利之初,国民党政府也看到了广大人民对和平的热切期盼,不敢悍然发动内战,试图通过重庆谈判以政治手段为主,军事手段为辅,来诱使共产党放弃军队指挥权与解放区的领导权,但最终却图穷匕首见。

大地主、大资产阶级的阶级属性决定了它决不能容忍,也经受不住任何民主改革。后来担任美国国务卿的艾奇逊在其回忆录中也承认,国民党存在着维护特殊利益的集团,它"愈来愈流露这样的一种信念:追求统一和平民主的中国,他们将丧失一切"。重庆谈判期间,蒋介石就秘密印发《剿匪手谕》,准备对解放区采取军事行动。1946 年 3 月政协会议刚结束,在国民党六届二中全会

---

[1] 田玄. 战后中共"和平、民主、团结"总方针的确定及其转变[J]. 近代史研究,2000(4).

上，蒋介石便下令对政协协议"就其荦荦大端，妥筹补救"，并以扩大内战的行动，使其成为一纸空文。时任广州行辕主任的张发奎说："蒋先生自相矛盾。他一面同中共谈判，一面秘密下令高级军官剿共。换言之，他谈判与剿共同时并举，那就是为什么马歇尔对他发怒且责备他不诚实。"①

1946年6月底，蒋介石认为各项准备已经就绪后，对中原解放区发起了大规模的军事进攻，挑起了全国性的内战。当时，国民党政府有着巨大的优势。国民党军队总兵力达430万人，占有3.39亿以上的人口、730万平方公里的地区，控制着几乎所有的大城市和绝大部分铁路交通线；它不仅接受了100余万日军和数十万伪军的装备，而且美国还为它训练和装备了50万军队。正因如此，蒋介石声称这场战争"一定能速战速决"。国民党军参谋总长陈诚甚至扬言："也许三个月，至多五个月，便能整个解决中共领导的军队。"

然而，国民党政府非但没能消灭中国共产党及其领导的人民军队，反而使自己陷入了空前的政治、经济与军事危机，最终走向了彻底的崩溃。为什么局势会如此演变呢？下面会继续分析。

【知识点 7.3】
南京国民政府的垮台（上）：政治孤立

南京国民政府的垮台（上）

抗战胜利后，国民党的所作所为令人大失所望，政治上走上了自绝于人民的道路。

一、官员贪污腐败，丧失人心

战后国土重光，许多人称为"天亮了"，把国民党政府视为"正统"，并寄以巨大希望。中国在国际上位列"四大国"之一，更使人们感到兴奋。可是，政府的接收大员却贪婪地搜刮金子、车子、房子、女子、票子，爱东洋，捧西洋，要现洋，被戏称为"五子登科""三洋开泰"。人们将国民党的接收称为"劫收"。在货币兑换中，国民党政府更是以1∶200的比价对收复区民众进行劫掠。种种恶行招致怨声载道，当时有民谚说："想中央，盼中央，中央来了更遭殃"，

---

① 张发奎. 蒋介石与我[M]. 香港：文化艺术出版社，2008：427，428.

"天上来、地下来；老百姓活不来"。负责经济接收工作的国民党政府要员邵毓麟曾当面向蒋介石进言："像这样下去，我们虽已收复了国土，但我们将丧失了民心"，其结果将使政府"基础动摇，在一片胜利声中已埋下了一颗失败的定时炸弹"。蒋介石的亲信陈诚在回忆录中也不得不承认："可怜八年浴血抗战的结果，最后却带来了一场'胜利灾难'。这些话听起来当然使人扫兴，然而却不能不承认这是眼睁睁的事实。"①

二、强开"国民大会"，陷入政治孤立

蒋介石对中原解放区发动全面进攻，公然撕毁了政协协议，强行召开一手包办的"国民大会"，以为可借此笼络人心，却不料陷入了空前的政治孤立之中。1946年11月15日，"国民大会"在南京召开，其代表人数国民党占85%，遭到共产党和民盟等党派团体的坚决反对，被斥之为"伪国民大会"。民盟声明此次国民大会是"违背了政治协商决议的程序与精神而召集的一种制宪会议"，"这次公布的宪法，不但不能促进中国的宪政，且为中国的真宪政真民主的前途上增加了一个障碍。"②

1947年3月15日，国民党召开六届三中全会，决定改组国民政府，"还政于民"，为行宪做准备。4月17日，根据蒋介石的提名，国民党中常会和国防最高委员会联席会议选任国民政府委员和五院院长。国民政府委员共29席，其中国民党17席，青年党4席，民社党4席，社会贤达4席。国民政府主席蒋介石、副主席孙科兼任立法院长、行政院长张群、司法院长居正、检察院院长于右任、考试院长戴传贤。这个所谓的"多党政府"一成立就遭到了国民党左派人士和民主党派的强烈反对。1948年3月29日开幕的"行宪"国民大会，则设法取消了宪法对总统权力的限制。国民党蒋介石集团顽固坚持一党独裁，拒绝民主改革的真实面目完全暴露在全国人民的面前，在政治上已经彻底地走到了人民的对立面。

三、迫害民主人士，与主要民主党派分道扬镳

抗战胜利后，一些民主党派的领导人鼓吹"中间路线"，即走和平改良的资本主义道路。战后和平、民主的大势也似乎为中间路线提供了机会，让民主党派成为一股不可忽视的政治力量。周恩来在当时说过："民盟由于抗战特别由

---

① 陈诚.陈诚先生回忆录——抗日战争(上)[M].台北："国史馆"，2004：224.
② 中国民主同盟中央文史资料委员会.中国民主同盟历史文献[M].北京：文史资料出版社，1983：258，277.

于政协机缘，客观上一时造成了他在全国第三党地位，使他中间许多领导人物代表着中产阶级的想法，企图在国共对立的纲领之外，寻找出第三条道路。"

尽管民盟等一向主张"以民主的方式争取民主，以合法的行动争取合法地位"，但国民党当局仍然对民主党派、民主人士充满敌意，不断以暴力对他们实行迫害。李公朴、闻一多在昆明遭暗杀，继之是民盟西北主委杜斌丞在西安被杀害。民盟地方组织的许多成员遭逮捕、绑架、屠杀，所办的多家报社也被捣毁或袭击。1947 年 5 月，国民党公布伪造的《中共地下斗争路线纲领》，公然污蔑民主同盟、民主促进会、三民主义统治联合会等"受中共之命，而准备甘为中共之新的暴乱工具"。10 月，国民党当局宣布民盟为"非法团体"，明令对该组织及其成员的一切活动"严加取缔"。同年 11 月 6 日，民盟总部被迫在上海发表公告："通告盟员自即日起一律停止政治活动，本盟总部同人即日起总辞职，总部亦即日解散"。蒋介石不允许民盟这样的组织存在，这就"使在蒋介石统治下进行任何和平运动、合法运动、改良运动的最后幻想归于破灭"。"第三条道路"的失败使以民盟为代表的民主人士的大多数看清了现实，与国民党政府分道扬镳。

1948 年 1 月，沈钧儒等在香港召开民盟一届三中全会，宣布不接受解散民盟的任何决定，并恢复民盟总部。会议明确宣告，"决不能够在是非曲直之间有中立的态度"，指出独立的中间路线不符合中国的现实环境，是"行不通"的，必须站在人民的、民主的、革命的立场，为彻底推翻国民党统治集团，消灭封建土地所有制，驱逐美帝国主义出中国，实现人民的民主而奋斗。与此同时，1948 年 1 月，中国国民党革命委员会成立大会宣布："本会当前之革命任务为推翻蒋介石卖国独裁政权，实现中国之独立、自由、民主与和平。"这些都表明国民党政权因其反人民、反民主的行动而陷入了政治孤立的境地。

四、"第二条战线"的形成瓦解了国民党统治的基础

国民党政府的亲美内战政策违逆了人民的意志，引发了广泛的不满。1945 年底，昆明学生发动了"反对内战，争取自由"为主要口号的"一二·一"运动。1946 年 12 月 30 日，为抗议驻华美军强暴北京大学先修班的一位女生，北平学生举行游行示威，掀起了抗议驻华美军暴行的运动，参加罢课、游行的学生总数达 50 万人。1947 年 5 月 20 日，南京、北平等地爆发了反饥饿、反内战运动，随后迅速扩大到上海、杭州、武汉、广州等 60 多个大中城市。同年 10 月，爱国学生一次又一次地掀起反抗斗争的浪潮，并将口号改为"反迫害"。

学生运动的高涨，促进了整个人民民主运动高潮的到来。1946 年 6 月 23 日，上海人民团体联合会派出请愿团去南京向国民党当局呼吁和平。请愿团到达南京下关时，遭到当局指使的暴徒围殴，团长马叙伦和代表雷洁琼等多人受

伤。1947 年间，全国 20 多个大中城市，先后有 120 万工人举行罢工。5 月到 6 月，城市居民的"抢米"风潮席卷包括江苏、浙江、安徽、四川等省的 40 多个大小城镇。

在农村，由于国民党政府抓丁拉夫，横征暴敛，农民不断掀起反抗抓丁、征粮、征税的浪潮。1947 年 1 月，民变地区达 300 多个县。一些地区的农村，在中共地下组织的领导下恢复和发展了人民武装，进行武装斗争，建立游击根据地，将人民革命运动发展到一个新阶段。这些都表明国民党政府已经处在全民的包围之中，国统区的政治基础已经彻底瓦解。

南京国民政府的垮台(下)

【知识点 7.4】
南京国民政府的垮台(下)：
经济、军事和外交失败

一、经济崩溃

日军长达十四年的侵略战争对中国经济造成了巨大的破坏。抗战胜利后，各行各业百废待兴，全国人民迫切需要休养生息，但是国民党政府坚持内战的政策，进一步恶化了经济形势，致使国统区出现严重的经济危机。

经济危机集中表现在财政金融的破产、通货膨胀的恶化、物价的暴涨，以及工农业凋敝等方面。由于国民党疯狂内战，军费激增，财政入不敷出。1946 年，国民党政府财政赤字是 4.6978 万亿元，其中军费开支占 86%；1947 年财政赤字是 29.3295 万亿元，是上年的 6 倍多；1948 年前 7 个月赤字是上年全年的 14 倍多。为了弥补赤字，国民党政府被迫大量举借外债，增加各种苛捐杂税，滥发钞票，实施通货膨胀政策等，结果物价飞涨。

以抗战前 1937 年的物价指数为标准，日本投降时物价上涨 1800 倍；到 1947 年 7 月，物价上涨 6 万倍；到同年底，又上涨到 14.5 万倍；到 1948 年 8 月上涨 725.5862 万倍。1937 年可买两头牛的 100 元法币，到 1947 年只能买 1/3 盒火柴。为了挽救严峻的财政金融危机，1948 年 8 月 19 日蒋介石宣布推行"币值改革"，发行金圆券取代法币，规定金圆券与法币兑换比例是 1∶300 万，物价冻结在当日的水平。金圆券原定发行 20 亿元，到 1949 年 5 月实际发行 67.9458 万亿元。结果金圆券形同废纸，通货膨胀更加恶化，金融秩序完全崩溃。

由于国民党的内战政策，民营工商业纷纷减产、倒闭，凋敝不堪。1945年8月至1946年5月，重庆1800家工厂中，有344家停业。到1946年底，四川中小工业联合会原有会员1200家，关门者已达50%。1945年初，天津工厂倒闭70%~80%。1949年，全国轻工业产量比1936年大约减少了30%，重工业产量减少了大约70%。[①]

广大的农村也因横征暴敛经济急剧衰退。1946年7月，国民党政府恢复田赋征实政策，其数额远远超过抗战时期。此外，农民负担的各种摊派和苛捐杂税多如牛毛，使农民生产积极性严重受挫，农民生活极度贫困。1947年，农作物总产量比1936年减少了33%~44%，农业经济陷入极大的危机之中。同年，各地饥民达一亿以上。

这样，国民党当局就将全国各阶层人民置于饥饿和死亡的界线上，因而就迫使全国各阶层人民团结起来，同蒋介石反动政府做你死我活的斗争，除此以外，再无出路。

二、军事失败

1946年6月蒋介石集团悍然发动全面内战，妄图"速战速决"，三个月内解决中共的军队。但是，1947年2月国民党政府却不得不放弃对解放区的全面进攻，改为对陕北、山东两解放区的重点进攻。后来，这一战略计划也落空了。

1947年6月底开始，人民解放军转入战略反攻阶段。根据中共中央的决策和部署，刘伯承、邓小平率领晋冀鲁豫野战军主力，千里跃进大别山；陈毅、粟裕指挥的华东野战军主力，挺进苏鲁豫皖地区；陈赓、谢富治指挥的晋冀鲁豫野战军一部，挺进豫西。三路大军像三把尖刀一样插进了国民党统治的心脏地区。国民党军的战略主动地位丧失殆尽，被迫转为全面防御。

1948年秋，国民党的军队由430万人下降为365万人，其中可用于第一线的兵力仅174万人，而且士气低落，战斗力不强，又遭到各阶层人民的强烈反对，处境十分孤立。国民党政府不得不实行"重点防御"。1948年9月12日至1949年1月31日，辽沈、淮海、平津三大战役相继发生，国民党军可谓兵败如山倒，被歼灭的有生力量达154万余人，加上1948年7月至1949年1月期间在济南战役和其他战役中的损失，国民党军队共丧失兵力230余万人。国民党赖以维持其反动统治的主要军事力量基本上被摧毁。1949年4月21日，国民党苦心经营了三个半月的长江防线不到两天就被人民解放军打垮。4月23日，人民解放军占领南京，宣告国民党在中国大陆延续22年之久的统治覆灭。

---

① 杨静. 国民党经济崩溃与国民党政权的灭亡[J]. 历史教学, 1998(12).

三、外交被动

外交被动，丧权辱国，也是国民党政权垮台的又一重要原因。国民党在发动全面内战后，进一步投靠美国，大肆出卖国家主权，以换取美国的经济和军事援助。1946年11月4日，国民党政府和美国政府签订了《中美友好通商航海条约》，美国全面攫取了中国政治、经济、军事和思想文化方面的特权。这一条约远远超过了中国历史上的任何不平等条约，被称为"新二十一条"。当时国民党政府驻美大使顾维钧公开说，这个条约就是"全中国领土均向美国开放"。此后，美蒋又陆续签订了10多个不平等条约，如《中美航空运输协定》《青岛海军基地秘密协定》《中美海军协定》《中美关于经济援助之协定》等，进一步扩大了美国的在华利益。

一系列卖国条约和协定的签订，使民党统治区的殖民地化进一步加深。美国的商品充斥中国的市场，压制中国民族工商业的发展；美国的资本渗透到中国的生产、运输等部门，控制了中国的经济命脉；美国的军队横行于中国大地，随意欺压和侮辱中国人民；美国的顾问遍及国民党政府各部门，成了国民党政府的"太上皇"。国民党统治区实际上成了美国独占的殖民地。如此卖国外交政策引起了广大人民强烈的不满，加重了人民对国民党政府的不信任。

以上几方面因素交织在一起，相互作用，将国民党政权在中国大陆的统治推向崩溃。归根结底是代表大地主、大资产阶级利益的蒋介石集团为了维持一党独裁的统治，一意孤行实施内战政策，企图消灭中国共产党领导的人民军队和解放区政权。这违背了广大人民的和平意愿，与主要民主党派也离心离德，加剧了经济状况的恶化，造成了军事的失败与外交的被动，并最终使它葬身于人民战争的汪洋大海之中。

【知识点7.5】
中国共产党的胜利与新中国的诞生

中国共产党历经十四年抗战，得到了人民群众广泛的支持，创建了大量的敌后根据地。抗战胜利后，人民军队发展到120余万人，解放区的人口达1.36亿人，面积约230万平方公里，但相对国民党政府的军队人数与控制的国土面

积而言则明显处于劣势，且人民军队的装备基本上是缴自日军的步兵武器，与国民党军队的美式装备不可同日而语。但是，为什么在短短的四年间，中国共产党却战胜了强大的国民党政府呢？

一、积极争取人民的支持与同情

抗战胜利之初，蒋介石借助美苏之势邀请毛泽东赴重庆谈判，企图以和平的名义让中国共产党缴械投降，放弃人民军队与解放区政权。毛泽东偕周恩来、王若飞亲赴重庆，以退为进，做出了巨大让步，充分展现民主诚意，但坚决维护抗战胜利的果实，又与民主党派密切联络，积极推动政协会议的召开，并坚定维护政协协议。

中国共产党争取和平民主的努力，尽管最终未能阻止全面内战的爆发，但让各界群众增强了对它的了解，懂得了什么人应当为这场战争承担责任。这在政治上是一个重大的胜利。1946年6月19日，中共代表团结束与国民党历时十年的谈判返回延安。代表团成员李维汉在当天的日记中写道："国共谈判破裂了，但我党满载人心归去。"①同时，经过努力，中国人民毕竟争取了将近一年的和平的暂息时间，为扩大和巩固解放区，进行自卫战争，提供了有利的条件。

二、广泛发动贫苦农民参军参战

抗战胜利后，面对国民党抢占大中城市与主要交通线的强大攻势，中国共产党果断做出"让开大路，占领两厢"的战略决策，组织精干力量深入农村基层，广泛动员贫苦农民开展土地革命。毛泽东指出："土地制度的彻底改革，是现阶段中国革命的一项基本任务。如果我们能够普遍地彻底地解决土地问题，我们就获得了足以战胜一切敌人的最基本的条件。"

在全面内战爆发的前夕，1946年5月4日，中共中央发出《关于清算、减租及土地问题的指示》（史称《五四指示》），决定将党在抗日战争时期实行的减租减息政策改变为实现"耕者有其田"的政策。在此之后，通过开展清算斗争等，到1947年下半年，解放区已有2/3的地区基本上解决了农民的土地问题。

在人民解放军转入战略进攻之后，为了维护广大贫苦农民的利益，进一步激发他们支援解放战争的积极性，1947年7月至9月，中国共产党在河北平山县召开全国土地会议，制定和通过了《中国土地法大纲》，明确规定"乡村中一切地主的土地及公地，由乡村农会接收"，分配给无地或少地的农民。这个大纲指引着亿万受尽压迫和剥削的贫苦农民，将自己的力量汇入民主革命的洪流之中。

---

① 李维汉. 回忆与研究（下）[M]. 北京：中共党史出版社，2013：652.

经过土地改革运动，到 1948 年秋一亿人口的解放区消灭了封建生产关系。广大农民分得土地，并在政治上翻身做主，其政治觉悟与组织程度空前提高。在"保田参军"的口号下，大批青年农民踊跃参军。各地农民不仅将粮食、被服等送上前线，而且成立了运输队、担架队、破路队等随军组织，担负战争勤务。他们还广泛建立和发展民兵组织，配合解放军作战。当时，解放区流传着一首歌谣："最后一瓢米送去做军粮，最后一块布拿去缝军装，最后一个娃送去上战场，最后一床被盖在担架上。"

就是这样，人民解放战争获得了源源不断的人力、物力的支援。从表 7-1 中，我们就可以知道辽沈、淮海、平津三大战役中所获得人民群众的支援有多大。

表 7-1　三大战役中人民群众的支援

战役名称	民工（人）	担架（副）	车船（辆条）	牲畜（头）	粮食（斤）
辽沈战役	1830000	137000	129000	30000	0.7 亿
淮海战役	5430000	206000	888500	6300	5.7 亿
平津战役	1540000	20000	400000	1000000	3.1 亿
合计	8800000	363000	1417500	1036300	9.5 亿

（资料来源：沙健孙主编《中国共产党通史》（第五卷），长沙：湖南教育出版社，2001 年；马宇平等编《中国：昨天与今天》，北京：解放军出版社，1989 年。）

淮海战役中，陈毅元帅看到车流滚滚的支前队伍，动情地写下了这样的诗篇："几十万，民工走不通，骏马高车送粮食。随军旋转逐西东，前线争立功。担架队，几夜不曾睡。稳步轻行问伤病：同志带花最高贵，疼痛可减退？"在战斗结束后又说："淮海战役的胜利是人民群众用小车推出来的。"粟裕将军也说过："华东战场特别是淮海战役的胜利，离不开山东人民的小推车。"人民群众的大力支援是人心向背的最好体现，是解放战争得以迅速胜利的根本原因。

三、密切联络民盟等民主党派

在新民主主义革命的历史过程中，我国逐渐形成了八大民主党派，即中国国民党革命委员会（简称"民革"）、中国民主同盟（简称"民盟"）、中国民主建国会（简称"民建"）、中国民主促进会（简称"民进"）、中国农工民主党（亦称"第三党"）、中国致公党、九三学社、台湾民主自治同盟（简称"台盟"）。各民主党派形成时的社会基础，主要是民族资产阶级、城市小资产阶级以及同这些阶级相联系的知识分子和其他爱国分子。在中国的政治生活中，各民主党派和无党派民主人士是一支重要的力量。

抗战胜利后，民主党派在中国的政治舞台上比较活跃。它们的政纲不尽相同，但都主张爱国，反对卖国；主张民主，反对独裁。在这些方面，与中国共产党的新民主主义革命纲领基本上是一致的。战后国共谈判和政协会议召开时，中国共产党与作为"第三方面"力量的民主党派精诚合作，一同反对国民党的内战、独裁政策。中国共产党在坚持自己基本原则的前提下，及时向各民主党派通报信息，认真听取它们的意见，并就一些重大问题同它们进行协商。中共领导人毛泽东、周恩来等还跟民主党派的领导人和无党派民主人士的代表建立了良好的个人关系，直接对他们做了许多工作。

在民主党派的合作下，中国共产党挫败了国民党政府在重庆谈判中的"假和平"攻势，在政协会议上通过了限制国民党一党独裁的协议。在抵制国民党召开一手包办的"国民大会"，颁布伪"宪法"和组建虚假的"多党政府"时，中国共产党也得到了民盟等主要民主党派的坚定支持，让国民党陷入了政治孤立的尴尬局面之中。

1948 年 4 月 30 日，中共中央在纪念五一国际劳动节的口号中提出："各民主党派、各人民团体、各社会贤达迅速召开政治协商会议，讨论并实现召集人民代表大会，成立民主联合政府。"这个号召得到各民主党派和社会各界的热烈响应。从当年 8 月起，各民主党派负责人、无党派民主人士接受中共中央邀请，分别从香港、上海、北平及海外，陆续进入东北、华北解放区，后又汇集北平。

1949 年 1 月 22 日，李济深、沈钧儒等民主党派的领导人和著名的无党派民主人士 55 人联合发表《对时局的意见》，一致认定中共提出的关于召开政治协商会议、成立联合政府的主张"符合于全国人民大众的要求"，恳切表示"愿在中共领导下，献其绵薄，共策进行，以期中国人民民主革命之迅速成功，独立、自由、和平、幸福的新中国之早日实现"。这个政治声明表明，中国各民主党派和无党派民主人士自愿地接受了中国共产党的领导，决心走人民革命的道路，拥护建立人民民主的新中国。

四、始终注重党自身的建设

"打铁还需自身硬。"中国共产党之所以能够领导中国人民取得新民主主义革命的胜利，关键还在于党始终注重自身的建设，始终保持着革命的先进性。

抗战期间，中国共产党开展了全党范围的整风运动，对党内的主观主义、宗派主义和党八股进行了坚决的斗争，使全党得到了普遍的教育，思想觉悟与组织程度都大大提升，为迎接抗日战争胜利的到来做好了充分的准备。

在解放战争取得全面胜利的前夕，1949 年 3 月召开的中共七届二中全会上，毛泽东又告诫全党，夺取全国胜利，这只是万里长征走完了第一步，中国的革命是伟大的，但革命以后的路更长，工作更伟大，更艰苦。据此，他提出了"两个务必"的思想，即"务必使同志们继续地保持谦虚、谨慎、不骄、不躁的作风，务必使同志们继续地保持艰苦奋斗的作风"。

在胜利面前，毛泽东始终保持着清醒的头脑。他告诫全党，必须警惕糖衣炮弹的攻击，不要在这种攻击面前打败仗。在中共中央离开西柏坡，前往北平时，毛泽东还风趣地说是"进京赶考"，并坚决地表示"我们决不当李自成，我们都希望考个好成绩"。中国共产党正是因为有这样一份自省，始终注重党自身的思想建设，才能做到败不馁、胜不骄，带领全国人民将新民主主义革命事业推向胜利的彼岸。

【第七专题 MOOC 论坛讨论话题】

抗战胜利后国共两党的攻守之势何以迅速改变？

【第七专题综合测验题】

第七专题综合测验题

模块二　实践教学

【讨论话题一】

抗战结束后，蒋介石为什么敢于发动全面内战？

【讨论话题二】

为什么说第三条道路的资产阶级共和国方案在中国行不通？

【学习方式】

小组讨论+课堂辩论

【课堂组织】

环节 1：分组讨论
环节 2：观点交锋（每组选派一名代表陈述观点）
环节 3：老师点评

模块三　课堂教学

教学环节一

第七专题自主学习检测(二维码：5道测验题)

5道测验题

教学环节二

小组合作学习汇报(二维码：往届学生优秀作品)

往届学生优秀作品

教学环节三

专题七：历史和人民为什么选择了中国共产党?

【专题内容】

　　中国共产党执政地位的形成是历史发展的必然，是人民选择的结果。1840年鸦片战争之后，中国逐步沦为半殖民地半封建社会，从此，中国先进分子和人民群众为寻找国家出路进行了艰辛探索和顽强奋斗，但历史证明，农民阶级、地主阶级和资产阶级没有能力领导中国人民完成反帝反封建的民族民主革命任务。1921年中国共产党成立后，中国革命呈现出了新的局面。之后国共两党进行较量，最终，共产党确立起统治地位，国民党战败迁往台湾。中国共产党之所以能够取代国民党在中国确立起统治地位，主要有以下原因。

一、中国共产党有统一的指导思想，有以毛泽东为核心的强大的领导力量

　　中国共产党之所以能够最终打败国民党取得执政地位，最根本的原因在于，中国共产党是用马克思主义武装起来的无产阶级革命政党，始终代表中华民族和最广大中国人民的利益，中国共产党有统一的指导思想，有以毛泽东为核心的强大的领导力量。对比之下，国民党蒋介石集团是大地主大资产阶级利益的代表，缺乏顺应时代潮流的统一的指导思想，缺乏强有力的领导力量。

中国共产党以马克思主义为指导，从中国的实际出发，始终坚持共产党自身的建设，要求党员用工人阶级思想克服资产阶级、小资产阶级思想，培育和发扬理论与实际相结合、密切联系群众和自我批评的作风，在党内斗争中实行"惩前毖后，治病救人"的方针，创造了在全党通过批评与自我批评进行马克思主义思想教育的整风形式等。中国共产党通过不断进行思想建设和作风建设，成为一个强大的政党和领导力量，成为全国各族人民拥戴的领导核心。而国民党在1927年大革命失败后变成了一个由代表地主阶级、买办性大资产阶级利益的反动集团所控制的政党，内部派系林立，不断明争暗斗，甚至兵戎相见。

二、中国共产党赢得人心，建立起广泛的统一战线

由于中国共产党能够制定符合中国国情的路线方针政策，并为广大中国人民和中华民族的利益不懈努力奋斗，因而赢得了广大中国人民的衷心拥护。而国民党从一党私利出发，发动内战，甚至不惜出卖民族利益，最终遭到广大中国人民的抛弃。

第一，政治上，中国共产党顺应时代潮流，抗战胜利后努力争取和平民主，争取建立新中国；国民党蒋介石集团则无视抗战胜利后广大中国人民渴望和平民主，坚持实行独裁内战的方针，并发动了全面内战。

第二，经济上，中国共产党在解放区实行土地制度改革，赢得了广大民众的衷心拥护；国民党统治区则出现了严重的经济危机。

第三，外交上，中国共产党始终把反对帝国主义、争取民族独立作为自己的奋斗目标之一；而国民党蒋介石集团不是站在民族利益的高度，而是从一党私利出发，为了消灭共产党、建立国民党一党独裁政府，不惜大量出卖国家主权以取得美国的援助。

第四，国民党坚持独裁内战，连手无寸铁的民主党派人士也不放过，对他们进行屠杀，并取缔中国民主同盟；中国共产党则加强与民主党派团结合作，结成广泛的统一战线，并在国统区发动各阶层人民进行反内战运动和爱国民主运动，形成反蒋第二条战线。

第五，国民党政府机构极其腐败的行为和战后对收复区错误的财政金融政策也使国民党丧失了民心。

三、中国共产党建立了一支新型人民军队，实行了正确的战略指导

1927年大革命失败后中国共产党深入农村，发动和武装农民，在农村建立革命的根据地，开辟出了农村包围城市、武装夺取政权的革命新道路，并在革命过程中建立起一支由共产党绝对领导、纪律严明、密切联系人民群众的新型人民军队；共产党实行了正确的战略指导，抓住时机及时发动战略进攻，人民

解放军士气高涨。而国民党蒋介石集团则不能对战争进行正确分析，不能制定正确的战略部署，国民党战略指导失误，指挥不统一，国民党军队士气低落。

抗日战争胜利后，国民党军广大中下层军官和士兵大多思乡心切，普遍厌恶打仗。他们都盼望着复员回家，毫无继续为国民党卖命打内战的心意，有人借故请假脱离军营，有人甚至不顾杀头的危险当了逃兵。1946年初，新6军由上海乘军舰开赴东北。出发前，士兵逃亡突然增多，平均每个连队有六七名之多。国民党军的"王牌军"尚且如此，其他部队的情况就不难想象了。在蒋介石发动全面内战之后，全面进攻战略使国民党军屡战屡败，士气遭到严重打击，"一年作战，敌军士气已衰，厌战情绪高涨，民心尤为厌战，蒋政权在人民中已陷孤立。"①而人民解放军则万众一心，纪律严明，斗志旺盛，这跟土地制度改革密切相关，也是与以毛泽东为代表的中国共产党人不断鼓舞士气分不开的。他们正确分析战争，提出"帝国主义和一切反动派都是纸老虎"的著名论断，并提出"打倒蒋介石，解放全中国"的口号。

由于中国共产党是马克思列宁主义武装起来的无产阶级革命政党，确立了毛泽东思想的指导地位，有一个以毛泽东为核心的强有力领导集体，采取了种种顺应历史潮流、维护中国人民利益和中华民族利益的措施，赢得了广大中国人民的衷心拥护，采取了正确的战略战术，并不断鼓舞士气，因而，中国共产党能够战胜居统治地位的国民党，最终在中国确立执政地位，担当起中华民族崛起的领导重任。1840年以来近80年的旧民主主义革命时期中，中国人民反抗外国侵略和本国封建压迫的英勇斗争之所以失败，是由于没有一个如同中国共产党那样的先进的革命政党的坚强领导；在1919年以来30年的新民主主义革命时期中，由于有了马克思列宁主义的指导和中国共产党的领导，中国人民的革命虽然也经历过曲折，但终于取得了伟大的历史性胜利。中国共产党执政地位的确立，是历史的选择，是中国人民的选择。

【参考文献】

1.毛泽东. 论人民民主专政[M]. 北京：人民出版社，1949.

2.《中国人民政治协商会议共同纲领》(1949年9月29日通过)

3.《中国土地法大纲》(1947年9月13日通过，1947年10月10日中共中央公布实行)

4.傅建文. 大倒戈：百万国民党军起义纪实(修订版)[M]. 北京：中央编译出版社，2007.

5.纪亚光. 国共内战的缘起：抗战胜利之初美苏与国共和战关系研究[M]. 哈尔滨：黑龙江人民出版社，2008.

---

① 毛泽东. 毛泽东文集(第四卷)[M]. 北京：人民出版社，1996.

而今迈步从头越

——中国人民选择了社会主义道路

教学目的 与要求	1. 通过线上学习，了解新中国成立后的国情，以及过渡时期总路线的内容以及社会主义工业化与社会主义改造之间的辩证关系，认识中国人民选择社会主义道路的历史必然性，从而坚定走社会主义道路的信心和决心。 2. 通过小组合作学习和课堂讨论，使学生体会到建国初期我国面临的严峻形势，深刻地认识党在新中国成立初期整治过程中面临的困难，以及在人民群众的支持下表现出的超凡能力。 3. 通过课堂专题讲授，引导学生从党中央对刘青山、张子善贪腐案件的处理，认识到中国共产党保持党性、维护纯洁的决心。
教学重点 与难点	1. 教学重点：第一，中国由新民主主义向社会主义过渡的历史必然性；第二，中国社会主义改造胜利完成，建立社会主义制度的伟大历史意义。 2. 教学难点：利用国家资本主义以及和平赎买的方式对资本主义工商业进行社会主义改造的必要性、可行性和具体的做法。
教学方式	1. 在线自主学习 2. 小组合作学习 3. 课堂专题讲授
课时安排	6学时

在线教学导引

网上教学内容	网上学习任务清单
8.1 新中国成立初年的挑战与中国共产党的应对 8.2 从新民主主义向社会主义过渡的可能性 8.3 从新民主主义向社会主义过渡的必要性 8.4 有中国特点的向社会主义过渡的道路 8.5 社会主义改造胜利完成的伟大历史意义	1. 完成第8专题5个知识点视频的学习 2. 完成第8专题单元测验题 3. 参与第8专题讨论

实践教学设计

实践教学主题	实践教学方式
如何看待建国初期共产党对经济的治理？	小组合作学习+课堂讨论

面授课堂教学设计

教学环节	教学内容	教学方法
★环节一： 网上学习检测	第一专题自主学习检测题	参与式
★环节二： 小组合作学习成果汇报	课堂讨论：怎样看待建国初期共产党对经济的治理的？	研讨式
★环节三： 面授专题一	共和国第一贪腐案	讲授式

模块一　在线教学

【第八专题 MOOC 知识点视频内容】

　　抗战胜利后中国共产党领导中国人民又历经四年艰苦卓绝的斗争，推翻了国民党的一党独裁统治，取得了新民主主义革命的伟大胜利，同时也开启了社会主义革命的历史征程，并在短短七年后也就是 1956 年底带领中国人民走上了社会主义道路。新中国成立后，为什么党和国家要实现由新民主主义向社会主义过渡，以及为什么能够顺利实现向社会主义过渡呢？回答这两个问题，我们需要分析当时我国面临的国内外环境、所肩负的历史任务，以及在社会主义改造过程中的具体情况。

【知识点 8.1】
新中国成立初年的挑战与中国共产党的应对

新中国成立初年的挑战与
中国共产党的应对

一、新中国成立初年的主要挑战

　　1949 年 10 月 1 日，毛泽东在天安门城楼上庄严地宣告："中华人民共和国中央人民政府正式成立了"。新中国的诞生标志着中国人民当家作主的时代已经到来，具有五千多年文明历史的中华民族从此进入了一个新的历史纪元。近代以来中国人民的第一大历史任务，即求得民族独立和人民解放基本完成了。然而，成立之初的新中国又面临着诸多新的严峻的考验，主要有：

　　第一，能不能保卫人民革命胜利的成果，巩固新生的人民政权。当时，解放全中国的任务还没有完成；国民党从大陆撤退时留下了 100 余万军队、200多万政治土匪及 60 多万特务分子。在广大城乡，反动会道门和传统黑恶势力还危害着人民的生命财产安全。在广大的解放区还没有进行土地改革。

第二，能不能战胜严重的经济困难，迅速恢复和发展国民经济。当时中国的经济不仅远远落后于欧美发达国家，就是与亚洲许多国家相比也有一定的差距。1949年，人均国民收入只有27美元，相当于亚洲国家平均值的2/3。新中国从国民党手中接收过来的是一副烂摊子。许多工厂倒闭，大批工人失业，通货膨胀，物价飞涨，人民生活遇到极大的困难。同历史上的最高水平相比，1949年，工业总产值减少一半，粮食产量减少约1/4。

第三，能不能巩固民族独立，维护国家主权和安全。新中国的诞生，打破了帝国主义在东方划定的势力范围，这是以美国为首的西方资本主义阵营不愿意看到的。它们企图通过强硬的对华政策，即政治上孤立、经济上封锁、军事上威胁的政策，从根本上搞垮新中国。

第四，能不能经受住执政的考验，继续保持谦虚、谨慎、不骄、不躁的作风和艰苦奋斗的作风。新中国成立前夕，毛泽东在中共七届二中全会上就指出："敌人的武力是不能征服我们的，这点已经得到证明了。资产阶级的捧场则可能征服我们队伍中意志薄弱者。""我们必须预防这种情况。"

二、中国共产党应对的系列举措

当时国内外的形势确实是严峻的。敌对势力总是盼望着共产党失败，他们说："共产党马上得天下，不能马上治天下。"有些民主人士也担心共产党缺乏经验，治理不好国家。为了巩固新生的人民政权，中国共产党着重从以下四个方面开展工作：

第一，完成民主革命的遗留任务。军事上追剿残敌，基本实现祖国大陆的统一；政治上，普遍召开各级各届代表会议或人民代表会议，人民开始行使当家作主的民主权利；经济上，继续实行土改，先后使3亿多无地或少地的农民无偿地获得了土地和大量的生产资料；法制上，制定了《中华人民共和国婚姻法》，废除封建婚姻制度，使广大妇女获得婚姻自由的权利；社会治理上，开展大规模的镇压反革命运动，基本上肃清了国民党遗留在大陆的反动势力，同时清剿了200余万土匪势力。这些荡涤了旧社会的污泥浊水，开始树立起健康文明的社会新风尚，人民的精神面貌焕然一新。

第二，领导国民经济恢复工作。没收官僚资本，确立起社会主义性质的国营经济的领导地位。开展稳定物价的斗争和统一全国财政经济的工作。1950年3月，物价基本稳定下来，治愈了旧中国无法医治的顽疾。初步建立起集中统一的国家财政管理体制。到1952年底，国民经济得到全面恢复和发展。当年工农业总产值超过1936年(国民党统治时期最高水平)的20%，工农业主要产品的年产量均超过国民党统治时期最高水平。同 1949 年相比，全国职工工资平均提高 70%，农民收入增长 30% 以上。

第三，巩固民族独立，维护国家主权和安全。新中国废除了帝国主义国家依据不平等条约在中国享有的一切特权；收回了外国列强在中国的兵营，驻扎在中国领土上的一切外国军队被迫撤走；收回了海关治权。这些从根本上改变了旧中国"跪倒在地上办外交"的局面。并同苏联订立了《中苏友好同盟互助条约》，在收回旧政权丧失的国家权益的基础上，建立了平等互助的新型中苏同盟关系。面对朝鲜战争的爆发，中国政府毅然做出了抗美援朝的决策。1950 年10 月，志愿军赴朝作战，经过艰苦的军事战争与谈判斗争，终于在 1953 年 7 月迫使美国代表在停战协定上签字。抗美援朝的胜利，雄辩地证明：西方侵略者几百年来只要在东方一个海岸上架起几尊大炮就可霸占一个国家的时代一去不复返了。这为新中国的经济建设和社会改革赢得了一个相对稳定的和平环境。

第四，加强中国共产党的自身建设。为了应对执政的考验、接管城市的考验和生活环境变化的考验，中国共产党在进城前就对干部和人民解放军普遍进行了城市政策和入城纪律教育。1950 年和 1951 年，中国共产党在全党范围内开展整风、整党运动，批判居功自傲的错误思想，进行共产党员标准的八项条件等教育。1951 年底至 1952 年，开展了反贪污、反浪费、反官僚主义的"三反"运动，处决了犯有严重贪污罪行的前任中共天津地委书记的刘青山与时任中共天津地委书记张子善，使全党震动，全国人民振奋，起到了极大的教育作用。

上述工作取得了显著的成绩，正如毛泽东所宣告的："中国人民将会看见，中国的命运一经操在人民自己的手里，中国就将如太阳升起在东方那样，以自己的辉煌的光焰普照大地，迅速地荡涤反动政府留下来的污泥浊水，治好战争的创伤，建立起一个崭新的强盛的名副其实的人民共和国"。

这些举措与成就有力地回击了一些不怀好意的人所说的"共产党军事 100分，政治 80 分，经济是 0 分"的言论，充分证明了中国共产党和人民政府是能够经受住执政考验的，使其进一步赢得了广大劳动人民的信任。一些曾经对新中国、新政权、新道路抱有怀疑、观望态度的人也开始相信，跟着中国共产党走，是一条通向中华民族伟大复兴的康庄大道。新中国得到了全面的巩固，为中国共产党领导中国人民从新民主主义向社会主义过渡提供了强大的政治保障。

【知识点8.2】
从新民主主义向社会主义过渡的可能性

新中国成立初年，中国共产党在完成民主革命遗留问题，巩固新生人民政权的同时，也开始了社会主义革命的进程，为我国向社会主义过渡做了充分的准备，主要有两个方面：

第一，确立了社会主义性质的国营经济的领导地位。解放战争时期，随着对大中城市的接管，没收官僚资本的工作即已开始。新中国成立后，这项工作在全国范围展开。没收官僚资本归人民的国家所有，是《共同纲领》规定的一项历史任务。由于官僚资本在新中国成立前的中国居于垄断地位，它通过"四行两局"控制了全国金融业，还占有全国工矿业和交通运输业固定资产的80%，就使得这一举措在具有新民主主义革命性质的同时，又具有了社会主义革命的性质。所以，新中国的国营经济在一开始就被认为是社会主义经济，与其他经济成分相比较明显地表现出它的优越性，成为支持国家财政、稳定经济局势的主要力量。

正因为这样，国民经济的恢复和发展，首先就意味着国营经济的发展。到1952年，国营工业产值在全国现代工业总产值中的比重，已由1949年的34.7%增加到56%，国营批发商业的营业额在全国批发商业营业总额中的比重，由1949年的23%增加到60%。从1953年开始执行的第一个五年计划的建设任务，尤其是兴建新的大型工业企业的任务，基本上都是由国营经济来承担的。社会主义国营经济的建立、壮大及领导地位的确立，使国家掌握了国民经济命脉，为大规模进行经济建设创造了物质前提，也规定了我国经济发展的社会主义方向，为社会主义制度在中国的确立奠定了雄厚的经济基础。

第二，在调整资本主义工商业和土改的过程中，党和政府已开始对部分农业、手工业、资本主义工商业进行初步的社会主义改造，为后续大规模的改造积累了丰富的经验。建国初期，在合理调整工商业的过程中，为了解决私营工商业的原料、资金和生产销路等方面的困难，帮助他们恢复生产、渡过难关，政府对私营工商业实行了加工订货、经销代销、统购包销、公私合营等一系列国家资本主义形式。这种做法不但是对资本主义工商业的利用和限制，而且也必然加深它们同社会主义国营经济之间的联系，引起它们在生产关系上发生程度不同的变化，从而也就开始了对它们的初步的社会主义改造。尽管最初我党并没有认识到这一点，但毕竟积累了利用、限制和改造私营工商业的许多经验。

在农村，国民经济恢复时期，简单协作的互助组已经较为普遍地建立起来，土地入股的初级社也已经开始发展，基本生产资料集体所有的高级合作社也有了若干典型试验。这些互助合作的形式，不仅是帮助贫苦农民克服困难、增加生产，共同富裕的有效方法，同时也是引导农业向社会主义发展的适当形式。手工业的生产这时也在向互助合作方向发展，有的组织起了手工业供销社，有的还在合作社的基础上发展成生产合作联社。这些实际上是对农业手工业社会主义改造的最初步骤，为迎接大规模的社会主义改造做好了准备。

基于上述情况，毛泽东和党中央审时度势"提出过渡时期的问题，也是适时的"。可见，1952 年有利的国内条件和对农业、手工业、资本主义工商业社会主义改造的经验，为我国向社会主义过渡提供了现实的可能性。那么，当时的党和政府有必要采取向社会主义过渡这一行动吗？

👉 【知识点 8.3】
从新民主主义向社会主义过渡的必要性

一、五十年代初工业化任务和发展道路选择的客观要求

中国百年近代历史用血的事实告诉我们一个基本的道理：要想不因落后而挨打，就必须使国家实现工业化。1945 年中共七大上，毛泽东就提出："在新民主主义的政治条件获得之后，中国人民及其政府必须采取切实的步骤，在若干年内逐步地建立重工业和轻工业，使中国由农业国变为工业国。"[1]1949 年党的七届二中全会上，毛泽东又提出革命胜利后党的总任务就是："迅速恢复和发展生产，对付国外的帝国主义，使中国稳步地由农业国转变为工业国，把中国建设成一个伟大的社会主义国家。"[2]1950 年爆发的朝鲜战争，让中国共产党

---

① 毛泽东. 毛泽东选集(第 3 卷)[M]. 北京：人民出版社, 1991: 982.
② 毛泽东. 毛泽东选集(第 4 卷)[M]. 北京：人民出版社, 1991: 1327.

与中国人民进一步感受到国家工业化的重要性与紧迫性。

但是，新中国成立之初我国的工业基础，特别是重工业基础，十分薄弱，工业化建设的起点非常低。1952 年，现代工业在我国工农业总产值中的比重只有 26.6%，重工业在工业总产值中的比重只有 35.5%。许多重要工业产品的人均产量，不仅远远落后于工业发达国家，甚至落后于 1950 年的印度。当时毛泽东曾尖锐地指出："现在我们能造什么？能造桌子椅子，能造茶碗茶壶，能种粮食，还能磨成面粉，还能造纸，但是，一辆汽车、一架飞机、一辆坦克、一辆拖拉机都不能造。"①

随着国民经济恢复任务的完成，中国共产党把国家的工业化问题摆上了议事日程。但工业化的路怎么走？在当时，世界上工业化成功的道路只有两条：一条是西方资本主义工业化道路。它是欧洲产业革命后人类走出的第一条工业化道路，但是是以血腥的资本原始积累为起点，从发展轻工业开始的。一般要 50 年到 100 年的时间才能实现工业化。显然，中国人民不可能再等待如此长的时间，而且它与中国共产党所追求的社会主义前途也是相悖的。另一条就是苏联的社会主义工业化道路。它是通过工农业产品价格剪刀差实现高积累，以优先发展重工业为起点的。而苏联从 1921 年开始到 1932 年仅用十多年时间就实现了工业化，并在第二次世界大战中得到了明证。这在当时是一个成功的范例，也为东欧一些社会主义国家所仿效。

相比之下，苏联工业化的道路既符合当时中国的国情，也符合中国共产党人的理想追求。毛泽东在《论人民民主专政》一文中就表达了这种愿望："苏联共产党就是我们的最好的先生，我们必须向他们学习。"1950 年 2 月，毛泽东在访问苏联时又明确表示："苏联经济文化及其他各项重要的建设经验，将成为新中国建设的榜样。"正因如此，1953 年中共中央在过渡时期总路线中明确规定"实现国家的社会主义工业化"，正式将国家的工业化与社会主义的前途紧密地联系在了一起。

二、解决国家经济建设中诸多问题的现实需要

历史要求中国必须走工业化发展道路，同时工业化的方向也已明确。然而，诸多现实问题表明，不迅速确立社会主义制度，中国的工业化将无从谈起。以下两方面最为突出：

第一，在城市私人资本主义经济的弊端越来越明显。具体表现为：一是力量弱小，没有能力担负起实现中国工业化的重任。中国民族资本不仅实力不

---

① 毛泽东.毛泽东文集(第 6 卷)[M].北京：人民出版社，1999：329.

强，且主要是商业资本。少量的工业资本又主要是轻纺业，很少重工业。无论在资金、规模、技术，还是在劳动生产率、产品质量等方面，都无法与国营经济相比。二是畸形发展，不利于国计民生的消极作用加剧。当时，由于社会经济极为落后，国家需要有利于国计民生的资本主义经济，但它又存在着诸多消极因素。随着私营资本主义的进一步发展，它与国家的经济政策、社会主义国营经济、工人阶级，以及全国人民根本利益之间的矛盾越来越尖锐。

1952年上半年，党和政府对私营工商企业发动了一场大规模的反对行贿、反对偷税漏税、反对盗窃国家资财、反对偷工减料、反对盗窃国家经济情报的"五反"运动。这一举措虽然打击了不法资本家的违法行为，但没能从根本上彻底解决问题。私营资本主义经济不可能成为社会主义工业化的物质基础已昭然若揭。正因如此，对它们进行社会主义改造也就势在必行。1952年6月，毛泽东就明确指出："在打倒地主阶级和官僚资产阶级以后，中国内部的主要矛盾即是工人阶级与民族资产阶级的矛盾，故不应再将民族资产阶级称为中间阶级。"

第二，在农村小农经济的落后性也日见显现。具体表现为：一是阻碍农业生产力的进一步发展。个体农户十分贫穷，且是分散经营，无法进行扩大再生产，无法兴办大型水利建设和发展多种经营，更无法采用先进生产技术和实现机械化。二是拖工业化的后腿。在小农经济状况下，农业劳动生产率极低，不能满足工业化对粮食和工业原料的需求。同时，处于贫困状况下的农民购买力低，不能为工业发展提供广阔的商品市场和积累资本。三是容易产生两极分化。小农经济经不起天灾人祸，土改后已有部分农民将土地典当出卖，放任这种趋势发展下去，农村势必重新出现受剥削受压迫的情况。因此，中国的工业化是不可能在小农经济的基础之上实现的。

1952年初，经济建设中的这些问题迫切需要我们不失时机地对私营资本主义经济、个体农业、个体手工业进行是改造，以确立社会主义生产关系，建立社会主义制度，为大规模工业化建设的到来打好基础。

三、20世纪50年代初外部环境发展的必然要求

二战后，国际局势形成了美苏为首的两大阵营。由于意识形态的尖锐对立，以美国为首的绝大多数资本主义国家对共产党领导的新中国采取了敌视、封锁和孤立的政策。事实上，新中国成立前夕的中国共产党曾考虑过，如果美国断绝同国民党政权的联系可以与其建立外交关系。但是，美国总统杜鲁门却坚持"不能同一个共产党政权打任何交道"，不能"表现出对共产党人的任何手软"的原则，以致"中国不仅不可能从资本主义大国得到什么援助，而且连普通

的贸易和交往都很困难"。

　　然而，中国的工业化需要国际经济与技术的援助。当时，只有以苏联为首的社会主义国家愿意支援新中国，除了走社会主义道路外别无选择。对此，毛泽东在新中国成立前夕就敏锐地看到："中国人不是倒向帝国主义一边，就是倒向社会主义一边，绝无例外。骑墙是不行的，第三条道路是没有的。"为了积极争取苏联的经济援助，新中国采取了"一边倒"的外交政策，并与之缔结了《中苏友好同盟互助条约》。此后，苏联的援助在中国的第一个五年计划中确实占有十分重要的地位。"一五"期间，苏联派到我国的技术专家达 3000 人，我国派往苏联的留学人员达到 7000 多人，还有实习生 5000 多人。新中国成立后，斯大林对中国共产党领导的新民主主义社会的政治走向也极为关注，南斯拉夫与苏联关系的破裂而被社会主义阵营所孤立也警示着中国共产党。这些因素对毛泽东为首的中国共产党提出过渡时期总路线，决意加速向社会主义社会过渡起了不可忽视的推动作用。

　　此外，20 世纪 50 年代初西方资本主义国家并不景气，而苏联却在经济建设和科技发展各方面都取得了巨大成就，显示出社会主义制度的优越性，无疑给中国人民做了最好的示范。"苏联的今天，就是中国的明天"，这句口号在当时激励着广大的中国人民热切地向着社会主义社会迈进。

　　由以上可知，新中国从新民主主义社会向社会主义社会过渡是由国内外因素共同促成的，是历史的必然，是瓜熟蒂落、水到渠成之事。

【知识点 8.4】
有中国特点的向社会主义过渡的道路

有中国特点的向社会主义
过渡的道路

　　1953 年 6 月 15 日，在中央政治局会上讨论并基本同意了中央统战部部长李维汉给中央的《关于利用限制改造资本主义工商业的若干问题》的报告。毛泽东在会上提出："党的任务是在 10 年至 15 年或者更多一些时间内，基本上完成国家工业化和对农业、手工业、资本主义工商业的社会主义的改造。这条路线是照耀我们各项工作的灯塔。不要脱离这条总路线，脱离了就要发生"左"倾或右倾的错误。"毛泽东的这个讲话，当即被政治局接受。至此，党的过渡时期总路线开始成形。这条总路线，反映了中国人民要求走社会主义道路，要求通过有计划的经济建设，迅速发展国民经济，尽快变农业国为工业国，摆脱贫困，消灭剥削制度的理想和意志，反映了中国社会发展的历史必然性和中国社会主义道路选择的历史主动性和实践创造性，是毛泽东思想创立中国社会主义制度的划时代纲领和历史性宣言。具体来看，中国向社会主义过渡走的是一条体现了鲜明中国特点的道路，表现有三个方面：

一、社会主义工业化与社会主义改造同时并举

党在过渡时期的总路线确立了社会主义工业化与社会主义改造同时并举的方针，即以重工业为重点进行工业化建设的思路，正如毛泽东所说的："我们现在不但正进行关于社会制度方面的由私有制到公有制的革命，而且正在进行技术方面的由手工业生产到大规模现代化机器生产的革命，而这两种革命是结合在一起的。"

我国社会主义改造是从 1953 年开始的，我国工业化道路也是从 1953 年开始的。1952 年 12 月，中共中央决定从 1953 年开始编制国民经济五年发展计划。"一五"计划的编制，历时四年，五易其稿，到 1954 年 9 月基本确定下来。1955 年 7 月召开的一届人大二次会议通过。"一五"计划规定：集中主要力量发展重工业，建立国家工业化和国防现代化的初步基础；相应地发展交通运输业、轻工业、农业和商业；相应地培养建设人才；保证在发展生产的基础上逐步提高人民的物质生活水平和文化生活的水平。计划规定，5 年内国家用于建设的总投资额为 766.4 亿元，折合黄金 7 亿两以上。这在中国历史上是空前的。没有社会主义集中力量办大事的优越性，经济落后的中国在当时进行这样巨额的投资是不可想象的。

"一五"建设期间，我国工业化建设取得了巨大的成绩。到 1956 年底，"一五"计划指标提前完成，1957 年各项指标均超额完成。1957 年是共和国历史上凯歌前进的一年，这一年差不多每一天都有一个项目开工或竣工。"一五"计划期间，我国实际施工项目达到十万个以上，其中大型项目 921 个，建成了飞机制造业、汽车制造业、机床制造业、冶金、矿山设备等的工业部门。交通运输业也得到了发展，武汉长江大桥通车，从此铁路贯通了中国南北。青藏、康藏、新藏公路建成通车，结束了西藏不通公路的历史。这些成就，提高我国工业化的能力，加强了国营经济发展的实力，为胜利过渡到社会主义创造有利条件。从这些数据，不难看出，在社会主义改造期间，我国生产力不仅没有因为生产关系的变革而受到破坏，而且得到了发展，社会主义改造成为社会主义建设的推动力量。

二、通过合作化途径来改造个体私有经济

在开展农业合作运动中，中国共产党总结了一系列的基本原则和方针。它们是：第一，在中国的条件下，可以走先合作、后机械化的道路。在土地改革基本完成后，及时将"组织起来"作为农村工作的一件大事来抓。第二，充分利用和发挥土改后农民的两种生产积极性，通过互助组、初级社、高级社这种由低到高的互助合作的组织形式，实行积极发展、稳步前进、逐步过渡的方针。第三，农业互助合作的发展，要坚持自愿和互利的原则，采取典型示范、逐步推广的方法，发展一批，巩固一批。第四，要始终把是否增产作为衡量合作社是否办好的标准。第五，要把社会改造同技术改造相结合。在实现农业合作化以后，国家应努力用先进的技术和装备发展农业经济。

在上述方针指导下，农村的互助合作运动得到了积极、稳步的推进。当时80%以上的合作社都做到了增产增收。广大农民从农村合作社中得到很多好处，从而深深地体会到只有合作社、集体化才是走向共同富裕的真正出路。这是当时合作运动能够得到广大农民支持的根本原因，也是中国农民选择社会主义的重要原因。

1955年夏季以后，农业合作化运动加速发展，出现了农业合作化高潮。到1956年底，农业合作化基本完成。加入合作社的农户占全国农户总数的96.3%，其中参加高级社的农户达到87.8%。中国农村在发展稳定的气氛中完成了从几千年的分散个体劳动向集体所有、集体经营的历史转变，这是中国历史上一次伟大的社会变革和社会进步。

在农业合作化的同时，也以基本相同的方式，完成了对手工业的社会主义改造。对个体手工业进行社会主义改造是指经过合作社的形式，把个体手工业的生产资料私有制逐步改造成社会主义集体所有制。对手工业和其他个体经济的社会主义改造，采取的步骤和形式是从供销合作小组，供销合作社，再发展到生产合作社。而且，形成了一套完整的对农业、手工业社会主义改造的基本经验：第一，从我国实际情况出发，采取先合作化后机械化的方针。趁热打铁，不失时机地把土改后农民激发出来的积极性引导到合作化运动中来，防止了两极分化。第二，遵循自愿互利、典型示范、国家帮助的原则。反对强迫命令，积极而又慎重地引导农民走上合作化道路。第三，逐步过渡。从具有社会主义萌芽的临时互助组和常年互助组发展到半社会主义性质的初级社，再发展到社会主义性质的高级社。这样就使农民比较自然地适应集体生产方式，避免了由于生产关系突然变化而引起生产力的不适应。第四，实行依靠贫农和下中农，

团结中农，对富农经济从限制到逐步消灭的政策。第五，把消灭剥削阶级同改造剥削分子结合起来。

三、对资本主义工商业采用和平赎买政策

剥夺资产阶级的生产资料归全社会所有是社会主义革命的基本任务，但剥夺的方式可以是暴力的，也可以是和平的。我国对资产阶级的两部分是分别对待的，在中华人民共和国成立之初，对于官僚资产阶级的官僚资本，采取了没收的政策。而对于民族资产阶级及他们所拥有的资本主义工商业，则采取了赎买的政策。

我国对资产阶级实行赎买政策，主要是基于民族资产阶级在新中国成立后仍然具有两面性：他们既有剥削工人取得利润的一面，又有拥护宪法、愿意接受社会主义改造的一面。正是基于这种认识，1953年2月，毛泽东提出："对民族资产阶级，可以采取赎买的办法。"1955年11月通过的《中共中央关于资本主义改造问题的决议》明确提出："为了借助国家资本主义达到社会主义的目的，我们就需要对资产阶级偿付一笔很大的物质代价。这就是对于资产阶级私有的生产资料，不是采取没收的政策，而是采取赎买的政策。这是从我们中国特殊历史条件中产生出来的政策。"

1956年1月初，北京市首先在全市范围内实现全行业公私合营。随后，上海、天津、广州、武汉等50多个大中城市相继宣布实现全行业公私合营。到1956年底全国全行业公私合营顺利实现。和平赎买政策的成功实施，是一个伟大的创举，是对马克思主义的一次深化与实践。恩格斯曾指出："我们决不认为赎买在任何条件下都是不容许的，马克思曾向我讲过他的意见假如我们能用赎买摆脱这个匪帮，那对我们是再便宜不过的事情了。"

其时，党和政府不仅把私人资本主义工商业改造成了社会主义经济，实现了所有制的变革，同时，把资本家由剥削者改造成为了自食其力的社会主义劳动者。他们中的许多人，在国家的工业化建设中做出了较大的贡献。其中，被誉为红色资本家的荣毅仁就是最为典型的代表人物。对此，邓小平说过："我国资本主义工商业社会主义改造的基本完成，是我国和世界社会主义历史上最辉煌的胜利之一。这个胜利的取得，是由于中国共产党领导全体工人阶级执行了毛泽东同志根据我国情况制定的马克思主义政策，同时，资本家阶级中的进步分子和大多数人在接受改造方面也起了有益的配合作用。"

【知识点 8.5】
社会主义改造胜利完成的伟大历史意义

1956 年三大改造的胜利完成后，我国国民经济中国营经济占 32.2%，合作社经济占 54.4%，公私合营经济占 7.3%，私营资本主义经济下降到 0.1%，个体经济则下降到 7.1%。总之，在整个国民经济中，公有制（全民所有制和集体所有制）经济占 92.9%。这表明几千年来生产资料私有制为基础的剥削制度已被消灭，以生产资料公有制为基础的社会主义经济制度已经建立，标志着社会主义制度在中国全面确立，也宣布了占世界人口 1/4 的中国进入社会主义社会。

中共中央原计划用 18 年的时间而实际上只用了 7 年，社会主义改造就基本完成了。由于进展急促，工作中也有缺点和偏差。比如，个体农业有要求过急，工作过粗，改变过快，形式也过于简单等问题；资本主义工商业的改造，也有急于求成的缺点；小商小贩、小手工业者和只有轻微剥削的小业主本来是应当引导他们走合作化道路的，却把他们与资本家一起带进了合营企业；对于一部分原工商业者的使用和处理也不很适当。同时，在对公有制实现形式的认识上和对计划经济的理解上也有局限性。尽管如此，从根本上说，对于个体农业、手工业和资本主义工商业的社会主义改造是符合客观需要的，完成这些改造是一件有伟大历史意义的事情。

在全面进行社会主义改造期间，即从 1953 年到 1956 年，全国工业总产值平均每年递增 19.6%，农业总产值每年递增 4.8%。经济发展比较快，经济效益比较好，重要经济部门之间的比例关系比较协调。市场繁荣，物价稳定，人民生活显著改善。1955 年，公私合营工业比私营工业的工人劳动生产率平均提高一倍。农业生产在这期间基本上也是逐年上升的。1956 年，农业遇到严重的自然灾害，农业总产值还是增长了 5%。而且，依靠组织起来的力量，农田水利建设事业大大地发展了。仅 1956 年一年所兴修的农田水利工程的灌溉面积即达 1.5 亿亩，当年受益的达 1 亿亩。这等于新中国成立前全国所有水利设施的灌溉面积的一半，等于新中国成立后六年中发展的灌溉面积的两倍。当年受灾农田面积达两亿数千万亩，除八千万亩因毁灭性的灾害失收外，其余都依靠集体的力量大大减轻了灾害。这就是 1956 年为什么在灾害严重的情况下，能够实现农业显著增产的根本原因。

社会主义改造的胜利，为中国全面进行社会主义建设奠定了坚实的基础，开辟了光明的前景，具有伟大的历史意义。1981 年，中共十一届六中全会通过的《关于建国以来党的若干历史问题的决议》明确指出：社会主义改造尽管存在某些缺点和偏差，"但整个来说，在一个几亿人口的大国中比较顺利地实现了如此复杂、困难和深刻的社会变革，促进了工农业和整个国民经济的发展，这的确是伟大的历史性胜利。"2002 年，中共十六大再次肯定："新中国成立后，我们党创造性地完成由新民主主义到社会主义的过渡，实现中国历史上最伟大最深刻的社会变革，开始了在社会主义道路上实现中华民族伟大复兴的历史征程。"2007 年，中共十七大强调指出："新民主主义革命的胜利，社会主义基本制度的建立，为当代中国一切发展进步奠定了根本政治前提和制度基础。"

【第八专题 MOOC 论坛讨论话题】

有人说："共产党军事 100 分，政治 80 分，经济是 0 分。"你是怎样看待新中国成立初期共产党对经济的治理的？

【第八专题综合测验题】

第八专题综合测验题

模块二　实践教学

【讨论话题】

怎样看待中华人民共和国成立初期共产党对经济的治理？

【学习方式】

小组讨论+课堂辩论

【课堂组织】

环节1：分组讨论
环节2：观点交锋(每组选派一名代表陈述观点)
环节3：老师点评

模块三　课堂教学

教学环节一

第八专题自主学习检测(二维码：5 道测验题)

5道测验题

教学环节二

小组合作学习汇报(二维码：往届学生优秀作品)

往届学生优秀作品

教学环节三

专题：共和国第一贪腐案

【专题内容】

刘青山、张子善案是中华人民共和国成立初期严肃处理的一起重大贪污典型案件。刘青山、张子善贪腐案件的发生和处理，直接推动了全国性"反贪污、反浪费、反官僚主义"斗争的兴起和深入发展，掀起了共和国历史上第一场反腐肃贪风暴。对刘青山、张子善的死刑判决，宣示着中国共产党对贪污腐败绝不容忍、毫不姑息的态度，表明了中国共产党保持党性、维护纯洁的决心。刘青山张子善案件，自此成为教育全党的典型案例。

一、开国功臣的革命经历

刘青山，1916 年生，河北安国人，雇工出身。1931 年 6 月(15 岁)加入中国共产党。后来历任冀中任河县县委书记、冀中中共八地委城工部长等职。1949 年 9 月，任天津地委书记。1951 年 8 月任石家庄市委第一副书记。

张子善，1914 年生，河北深县人，学生出身。1933 年 10 月加入中国共产党。他在国民政府的监狱中待过 3 年。张子善历任献县县委书记、冀中中共八地委组织部部长等职。被捕前任中共天津地委书记。

刘青山、张子善过去在党的培养教育下，为党为人民做过很多有益的工作，无论是在抗日战争还是在解放战争中，都曾进行过英勇的斗争，建立过功绩，受到党的信任和人民的尊重。但是在进城后短短两年多的时间里，他在资产阶级思想和生活方式的腐蚀下，贪污腐败，蜕化变质，成了人民的罪人。

二、到底贪污多少钱

1950 年至 1951 年，刘青山、张子善在担任天津地区领导期间，他们二人到底贪污了多少钱呢？

有关资料显示，1950 年到 1951 年短短一年时间里，刘青山、张子善利用职权，盗用机场建筑款、救济水灾的造船贷款、治河款、干部家属救济粮、地方粮、克扣剥削民工供应粮及骗取银行贷款等，总计达 171 亿 6272 万元（旧币）。当时的人民币是中国人民银行于 1948 年 12 月 1 日起发行的第一套人民币，它与现今人民币的比率是 10000∶1，也就是说，相当于现今人民币的 171 万余元。

有人计算过，按建国初期的币制标准和市场物价指数，刘青山、张子善贪污的款项可以购买小米 5000 万公斤；可购买香油 3000 万公斤；可购买猪肉 2000 余万公斤；可购买土布 1670 万米。再按当时干部供给制的标准，这个数字还意味着：它所购买的布匹，足可以装备 50 万人，整整 5 个兵团。

刘青山、张子善在获取非法暴利、大量贪污后，则任意浪费挥霍，过着可耻的腐化生活。刘青山吸食毒品竟至成瘾，据他们自己供述，刘青山和张子善二人节日开支及送礼即达 3 亿多元。为消灭贪污罪证，张子善亲手一次焚毁单据 378 张。

刘青山、张子善这种违法乱纪的罪恶行为，自然会遭到一切忠诚的共产党员和正直的政府工作人员的指责和反对，因此，这些人就成为刘青山贪污罪犯极端痛恨的眼中钉。刘青山、张子善为遂行其贪污挥霍的卑鄙企图，就采取了敌对分子的手段来对待党的组织和人民干部。首先，在政治上极力造成一个"唯我独尊"和"挥霍有道"的空气。刘青山说："老子们拼命打了天下，享受些又怎么样？老子们打天下，小子们来享受！"张子善说天津地委内只能有"一个头""一个领袖"。因此，他们在组织上除极力压抑民主、取消批评与自我批评、实行其家长制的统治外，凡是坚持原则，维护人民利益，对他们俩所为提出不同意见和反对他们的同志，莫不遭受其打击和排挤；凡意志薄弱和他气味相投，共同作弊的人，则大肆拉拢，造成一个公然行盗的小宗派集团。由此可见，刘青山、张子善已不仅仅是普通的贪污罪犯，而是像党的二中全会所预见的，他们俩是经不起敌人糖衣炮弹的攻击，向敌人投降了的，并很快地实际上成为反动分子在党内的代理人，肆无忌惮地从内部来腐蚀党和瓦解党。这一点，也正是曾经是一个革命者的刘青山身败名裂、背叛党和背叛人民的根本原因，正是河北省的党组织必须把刘青山贪污事件作为重大教训的意义所在，正是党必须坚决把刘青山开除出党并交政府依法制裁的理由。

三、毛泽东下决心处决功臣刘青山、张子善的经过

1951 年 11 月中旬，河北省委召开第三次党代会，刘青山、张子善的贪污罪行被揭发。根据刘、张的严重犯罪事实，河北省委建议省人民政府依法予以逮捕，华北局接到省委的请示后，经讨论并报请周恩来总理批准，决定将他们逮捕法办。

11 月 29 日，华北局向毛泽东、党中央作了关于天津地委严重贪污浪费情况的书面报告。

11 月 30 日，毛泽东在为中央起草的转发这一报告的批语中指出："华北天津地委前书记刘青山及现书记张子善均是大贪污犯，已经华北局发现，并着手处理。我们认为华北局的方针是正确的，这件事给中央、中央局、分局、省市区常委提出了警告，必须严重地注意干部被资产阶级腐蚀发生严重贪污行为这一事实，注意发现、揭露和惩处，并须当作一场大斗争来处理。"

11 月 29 日、12 月 2 日，张子善、刘青山被依法逮捕。根据党代会代表们的建议，河北省委经过研究，12 月 4 日报请华北局批准，作出了开除刘青山、张子善党籍的决议。

12 月 14 日，河北省委向华北局提出了对刘、张二人的处理意见："我们一致意见处以死刑。"12 月 20 日，华北局经研究后向中央提出了对刘、张的处理意见："为了维护国家法纪，教育党和人民，我们原则上同意将刘青山、张子善二贪污犯处以死刑（或缓期两年执行），由省人民政府请示政务院批准后执行。"当时之所以加"或缓期两年执行"，是考虑到中央决策时有回旋的余地。

毛泽东对此事极为关注，亲自过问和批准了对刘青山、张子善大贪污案的处理，下决心坚决予以严惩。他甚至认为，资产阶级糖衣炮弹的进攻"比战争还要危险和严重"。从这个认识基点出发，毛泽东立下了对党内腐化行为严惩不贷、绝不手软的坚强决心，并不为任何请求稍加宽恕的意见所动。

1952 年 2 月 10 日，公审刘青山、张子善大会在河北保定举行，21800 人参加了大会。河北省人民法院遵照中央人民政府最高人民法院的命令，组成临时法庭，对刘青山、张子善予以公审和宣判。公审大会后，河北省人民法院报请最高人民法院批准，依法判处二人死刑，立即执行，并没收其本人全部财产。

"伤痛，万分伤痛！现在已经来不及说别的了，只有接受这血的教训一条！"这是张子善的遗言。"拿我作个典型吧，处理我算了，在历史上说也有用。"这是刘青山遗言。

四、影响与意义

果断处决了刘青山、张子善，在全国引起了巨大的震动。1952年元旦过后，毛泽东同志再次发出指示，各地如有需要杀几个贪污犯，才能发动群众，也可以杀几个。1952年2月间，中央把"三反"运动同整党运动结合起来。当时对党员重新登记，审查处理，惩治了一些贪污、腐化分子，撤换了一些严重的官僚主义者。1952年10月，"三反"运动胜利结束。因犯不同程度贪污、浪费、官僚主义错误被处分的国家机关工作人员约为45%；其中，对犯有严重贪污行为的罪犯，判处有期徒刑的9942人，判处无期徒刑的67人，判处死刑的42人，判处死缓的9人。当时最大的"老虎"就是刘青山、张子善，时称"共和国第一大案"。

刘青山、张子善贪腐案件的发生和处理，直接推动了全国性"反贪污、反浪费、反官僚主义"斗争的兴起和深入发展，掀起了共和国历史上第一场反腐肃贪风暴。1952年4月21日，我国公布了《中华人民共和国惩治贪污条例》。这是新中国第一部专门惩治贪污腐败的法律条例。

【参考文献】

1. 刘青山、张子善到底贪污了多少[J]. 广西党史，2006(5).

2. 史云，李新. 轰动全国的刘青山张子善贪污案[J]. 文史月刊，2003(4).

3. 罗先明. 处决刘青山、张子善始末[J]. 春秋，1999(6).

九曲黄河向东流*

——社会主义建设道路的早期探索

---

* 王国维《读史二十首》中有"九曲黄河绕地回"之句；民谚有"九曲黄河毕竟东流去"之句。取二者之意，表达中国共产党人对社会主义建设道路的早期探索尽管有曲折，但还是朝着既定的方向在前进。

教学目的 与要求	1. 通过线上学习，学生能够了解以毛泽东为首的新中国第一代领导集体在社会主义制度基本建立之后对社会主义建设道路所进行的探索及其成就。 2. 通过小组合作学习和课堂讨论，学生能够了解新中国第一代领导人为寻找一条适合本国情况的社会主义建设道路所付出的努力及其在理论、实践两方面取得的初步成果。 3. 通过课堂专题讲授，学生能够体会新中国第一代领导集体对社会主义建设道路所进行的探索之不易，从而认识到社会主义建设是一个漫长的历史过程，是不可能一蹴而就的。
教学重点 与难点	1. 教学重点：社会主义建设道路探索中取得的理论成果与建设成就。 2. 教学难点：新中国第一代领导集体对社会主义建设道路进行的探索之艰难。
教学方式	1. 在线自主学习 2. 小组合作学习 3. 课堂专题讲授
课时安排	6 学时

在线教学导引

网上教学内容	网上学习任务清单
9.1 社会主义建设道路早期探索的历史起点 9.2 社会主义建设道路早期探索的理论成果 9.3 社会主义建设道路早期探索的巨大成就 9.4 社会主义建设道路早期探索中的曲折(上) 9.5 社会主义建设道路早期探索中的曲折(下) 9.6 社会主义建设道路早期探索留给我们的启示	1. 完成第 9 专题 6 个知识点视频的学习 2. 完成第 9 专题单元测验题

实践教学设计

实践教学主题	实践教学方式
社会主义建设道路早期探索中取得的理论成果与建设成就。	小组合作学习+课堂讨论

面授课堂教学设计

教学环节	教学内容	教学方法
★环节一： 网上学习检测	第九专题自主学习检测题	参与式
★环节二： 小组合作学习成果汇报	课堂讨论：社会主义建设道路早期探索中取得了哪些理论成果与建设成就？	研讨式
★环节三： 面授专题九	社会主义建设道路早期探索的理论与实践	讲授式

模块一　在线教学

【知识点 9.1】
社会主义建设道路早期探索的历史起点

社会主义建设道路
早期探索的历史起点

1956 年初，就在社会主义三大改造即将取得全面胜利的时候，毛泽东提出了中国共产党要实现马克思主义与中国实际"第二次结合"的伟大命题。他为何会有这一举动，应是基于如下几个方面考虑：

首先，经济、文化相对落后的基本国情，要求我国社会主义建设道路应具备自己的特点。

我国的社会主义制度虽然经三大改造后全面建立起来了，但生产力还处在一个很低的水平上。1956 年，工农业总产值为 1252 亿元，其中工业总产值 642 亿元，农业总产值 610 亿元；国民收入总额 882 亿元，其中农业 439 亿元，工业 212 亿元。不仅总量很少，而且工业的贡献率也很低。文化教育、科学技术、医疗卫生事业虽得到长足的发展，广大工农群众成了受教育的主体，但是较之苏联、东欧社会主义国家还存在着较大的差距，更别说与西方发达资本主义国家相比了。有鉴于此，如何在经济文化相对落后的状态下开展大规模的社会主义建设，就成为中国共产党必须面对的问题。只有将马克思主义同我国实际情况结合起来，才能找到一条正确的社会主义建设的道路。

其次，新民主主义革命胜利的经验启示中国共产党在社会主义建设中也必须一切从实际出发，理论联系实际。中国共产党始终以马克思主义为自己的理论基础和行动指南，同时也坚持从中国革命的实际情况出发来制定自己的路线、方针与政策，因而取得了反帝、反封建和反官僚资本的新民主主义革命的胜利。在三大改造完成后，如何建设社会主义？毛泽东的回答是："我们要学的是属于普遍真理的东西，并且学习一定要与我国实际相结合。"

其三，在社会主义改造和"一五"计划的实施中，中国共产党也积累了建设社会主义的初步经验。遵照马克思主义生产力与生产关系及经济基础与上层建筑的辩证原理，中国共产党以社会主义工业化为主体，以社会主义改造为两翼，在短短的 5 年内，既提前完成了"一五"计划的指标，又实现了对农业、手工业和资本主义工商业的社会主义改造。这些经验为实现马克思主义与我国实际情况的"第二次结合"奠定了基础。

其四，苏共二十大赫鲁晓夫的秘密报告，促使中国共产党决心走自己的建设道路。新中国成立之初，由于历史和现实的诸多原因，我国在外交上实行"一边倒"的政策，同时经济的恢复和发展大多也是在苏联专家、顾问的指导下实现的。照搬照抄苏联经验使我们少走了一些弯路，但也给某些地方和部门造成了一些不必要的损失。随着时间的推移，这种"水土不服"所带来的消极后果越来越被人们所认识。赫鲁晓夫的"秘密报告"传过来后，毛泽东认为它积极的一面是"揭了盖子"，消极的一面是"捅了漏子"。因为这个报告"揭了盖子"，所以，毛泽东在写《论十大关系》时，更加注重与苏联进行比较，要走出对苏联的盲从，明确指出："最近苏联方面暴露了他们在建设社会主义过程中的一些缺点和错误，他们走过的弯路，你还想走？过去我们就是鉴于他们的经验教训，少走了一些弯路，现在当然更要引以为戒。"1956 年 4 月 4 日，毛泽东在中央书记处讨论《论无产阶级专政的历史经验》一文时指出我们应从苏共二十大中获得教益，并认为"最重要的是要独立思考，把马列主义的基本原理同我国革命和建设的具体实际相结合"。

在这些因素的共同作用下，毛泽东为首的新中国第一代领导人开始自觉地探索符合我国情况的社会主义建设道路。这充分体现了作为领袖人物的高瞻远瞩和非凡的理论勇气。

【知识点9.2】
社会主义建设道路早期探索的理论成果

一、《论十大关系》的发表

1956年初，在中共中央对经济工作进行广泛而深入的调查研究之后，毛泽东逐步形成了《论十大关系》的报告，对我国社会主义建设中带有全局性的十个问题进行了系统的论述。它的基本方针就是："一定要努力把党内党外、国内国外的一切积极的因素，直接的、间接的积极因素，全部调动起来，把我国建设成为一个强大的社会主义国家。"

它的基本内容是论述重工业和轻工业与农业，沿海工业和内地工业，经济建设和国防建设，国家、集体和个人，中央和地方，汉族和少数民族，党和非党，革命和反革命，是和非，我国和外国等十个方面的关系。其中阐述了依靠工农群众、巩固民族团结、构建与民主党派"长期共存，互相监督"的关系、社会主义工业化道路、经济管理体制改革、"向外国学习"以及"百花齐放、百家争鸣"等一系列重要思想。这是中国共产党探索我国自己社会主义建设道路的标志，为中共八大的召开作了理论准备。后来，毛泽东回顾说："前八年照抄外国的经验。但从一九五六年提出十大关系起，开始找到自己的一条适合我国的路线。"

二、中共八大路线的制定

1956年9月，中共八大在北京召开，指出我国社会主义制度已经基本确立，国内的主要矛盾已经转变为人民对于经济文化迅速发展的需要同当前经济文化不能满足人民需要的状况之间的矛盾，全国人民的主要任务是集中力量发展生产力，实现国家工业化。在经济建设上，确立综合平衡中稳步前进的方针，并吸纳陈云提出的有关经济体制问题的"三个主体、三个补充"的思想；在政治建设上，要健全社会主义民主法制，党和政府的活动要做到"有法可依""有法必依"；在党的建设上，要提高理论水平，坚持民主集中制，反对个人崇拜，加强党群关系。中共八大路线，为我国社会主义事业的发展和党的建设指明了方向。中共八大后，中国共产党在探索中又提出了一些重要的新思想。同年12月，毛泽东提出，可以消灭资本主义，又搞资本主义，并把这称作"新经济政策"。这个意见得到了刘少奇、周恩来等领导人的赞同。

三、《关于正确处理人民内部矛盾的问题》的发表

1957年2月，毛泽东在扩大的最高国务会议第十一次（扩大）会议上作了《如何处理人民内部的矛盾》的讲话。这篇讲话稿经补充修改后，改题为《关于正确处理人民内部矛盾的问题》。它的发表主要是针对当时国内部分农民、工人、学生对社会主义制度的不适应而产生的不满言行，以及受波兰、匈牙利等东欧社会主义国家政治事件的冲击而引起的思想波动。毛泽东要求各级领导干部在处理这类问题时，必须注意区分敌我矛盾和人民内部矛盾，把正确处理人民内部矛盾作为国家政治生活的主题，并且系统地阐述了正确处理人民内部矛盾的方针，要用民主的、说服的、教育的、"团结—批评—团结"的解决方法。其目的是"团结全国各族人民进行一场新的战争——向自然界开战，发展我们的经济，发展我们的文化，使全体人民比较顺利地走过目前的过渡时期，巩固我们的新制度，建设我们的新国家"。

《关于正确处理人民内部矛盾的问题》是一篇重要的马克思主义文献。它创造性地阐述了社会主义社会矛盾学说，认为社会主义社会中存在着敌我矛盾和人民内部矛盾这样两类不同性质的矛盾；社会主义社会的基本矛盾仍然是生产关系和生产力之间的矛盾、上层建筑和经济基础之间的矛盾，它们是可以通过社会主义制度本身的自我调整和自我完善不断地得到解决的；两类不同性质的矛盾在一定的条件下可以相互转化；解决不同性质的矛盾要用不同的方法。这些论述是对科学社会主义理论的重要发展，对我国社会主义事业具有长远的指导意义。

四、形成了建设社会主义的若干重要原则

以毛泽东为代表的中国共产党人在创建新中国和探索适合我国情况的社会主义建设道路过程中，逐步形成或进一步完善了具有我国特点的社会主义根本制度。在此基础上，毛泽东等领导人创造了一系列重要的理论，包括社会主义发展阶段的理论、社会主义现代化的战略目标和步骤、社会主义经济建设的方针、社会主义民主政治建设的原则和方针、社会主义文化建设方针、国防建设和军队建设的指导思想和战略思想、在执政条件下加强共产党自身建设的思想，等等。这些重要思想为中国共产党继续进行探索并形成中国特色社会主义理论体系提供了重要的理论基础。

【知识点9.3】
社会主义建设道路早期探索的巨大成就

中国共产党领导中国人民在社会主义建设道路的早期探索中取得了举世瞩目的巨大成就，概括来看主要有三大方面：

一、独立的、比较完整的工业体系和国民经济体系的建立

在这一历史时期，我国经济获得了较快的发展。从1952年到1978年，工农业总产值平均年增长率为8.2%，其中工业年均增长11.4%。谷物和主要工业产品(如钢、煤、石油、电力、水泥等)产量在世界上的排名明显提前。

国家经济实力显著增强。按照不变的价格计算，1952年国内生产总值为679亿元人民币，1976年增加到2965亿元；人均国内生产总值从1952年的119元增加到1976年的319元。其增长的幅度与速度都是非常明显的。

从根本上解决了我国重要工业"从无到有"的问题。新中国刚建立起来，由于没有自己独立的工业体系，主要工业产品主要依赖进口。从"一五"计划开始，我国进行了大规模投资，建成了一批门类齐全的基础工业项目，涉及冶金、汽车、机械、煤炭、石油、电力、通讯、化学、国防等领域，为国民经济的进一步发展打下坚实的基础。国家基本建设投资，从"一五"计划时期起到"四五"时期，累计达4956.3亿元。主要工业品的生产能力有了飞跃的发展。

在铁路、交通运输等基础设施建设方面也得到了较快的发展。旧中国在73年间仅修筑铁路2.18万公里、公路8.07万公里。到1976年，我国的铁路达到4.63万公里，公路达到82.34万公里，初步形成了全国的路网骨架。货运总量从1949年的1.6097亿吨增加到1976年的20.1757亿吨。从20世纪70年代开始，我国具备自主设计制造万吨远洋级轮船的能力。

从国防和国家安全的考虑出发，这一时期开展了大规模的"三线"建设。从1964年"三五"时期开始到1980年"五五"时期结束，共投资2052亿元。这不仅极大地增强了国防力量，而且对改善工业布局和城市布局起了重要的促进作用。

独立的、比较完整的工业体系和国民经济体系的建立，让我国真正赢得了经济上的独立，为以后的发展奠定了牢固的物质技术基础。

二、人民生活水平的提高与文化、医疗、科技事业的发展

这一时期，人民的基本生活需要有了保障。粮食总产量从 1949 年的 2263.6 亿市斤增加到 1976 年的 5726.1 亿市斤，亩产量从 1949 年的 137 市斤提高到 1976 年的 316 市斤。棉花总产量从 1949 年的 888.8 万担增加到 1976 年的 4110.9 万担，亩产量从 1949 年的 22 市斤增加到 1976 年的 56 市斤。

我国的人口从 1949 年的 5.4167 亿增长到 1976 年的 9.3717 亿，同期粮食的人均占有量从 418 市斤增加到 615 市斤。全国居民的人均消费水平，农民从 1952 年 62 元增加到 1976 年的 131 元，城市居民同期从 154 元增加到 365 元。

人民的文化素质和健康水平得到了明显的提高。

文学艺术工作也取得了不小的成就。戏剧、电影、音乐、舞蹈、小说、散文和诗歌等都涌现出大批优秀的作品。郭沫若、茅盾、范文澜、翦伯赞、巴金、老舍、曹禺、徐悲鸿、齐白石、梅兰芳等一批社会科学家和文学艺术家，为繁荣国家哲学社会科学研究和文化事业做出了重大贡献。医疗卫生事业也得到蓬勃发展。

取得了一批重要的科技成果。1964 年 10 月，我国爆炸了第一颗原子弹。1967 年 6 月，爆炸了第一颗氢弹。1970 年 1 月，第一枚中远程导弹发射成功。同年 4 月，第一颗人造地球卫星发射成功。1975 年，可回收人造卫星试验成功。这些成就表明我国在尖端科技领域的某些方面正接近世界先进水平。新中国成立后，一些重要的现代科学分支和新兴应用技术也都逐步地发展起来。

三、国际地位的提高与国际环境的改善

1950 年至 1953 年的抗美援朝战争，以及随后召开的日内瓦会议和万隆会议，极大地提高了新中国的国际地位。我国同印度、缅甸等国共同倡导的和平共处五项原则，成为处理国与国关系的公认的国际准则。

20 世纪 50 年代，亚洲、非洲、拉丁美洲的广大地区出现了民族解放运动的高潮。我国在支持民族解放运动中同广大发展中国家建立了友好关系。这些国家积极争取恢复中华人民共和国在联合国的合法席位，并于 1971 年 10 月获得了成功。从此，我国在联合国发挥日益重要的作用，成为维护世界和平、反对霸权主义的中坚力量。

20 世纪 60 年代末，中美关系出现转机。1972 年 2 月，美国总统尼克松访华，中美双方在上海发表联合公报。同年 9 月，中日两国发表关于建交的联合声明。随着中美关系正常化，1972 年出现了西方国家对华建交的热潮，我国外交格局发生重大变化。我国同英国、荷兰、希腊、联邦德国等国先后建立了大

使级外交关系，同西方国家的关系从此出现了一个重大转变。

我国进入改革开放新时期后，邓小平曾指出："我们能在今天的国际环境中着手进行四个现代化建设，不能不铭记毛泽东同志的功绩。"

【知识点9.4】
社会主义建设道路早期探索中的曲折(上)

社会主义建设道路
早期探索中的曲折(上)

在社会主义建设道路的早期探索中也经历了一些曲折，犯了一些错误。

一、反右派斗争的严重扩大化

1957年4月，中共中央在全党范围内开展了一次反官僚主义、宗派主义和主观主义的整风运动，实行开门整风的新形式，就是要发动各民主党派和社会各界向党员和各级党组织提意见。这是中国共产党在社会主义建设时期对自身建设道路的一次尝试，希望进一步密切同各界群众之间的联系。毛泽东曾明确指出整风的必要性，认为"这是天下第一大事"，"不整风党就会毁了"。

在整风过程中绝大多数的意见是中肯的，对改善党的工作作风是有帮助的，但出现了极少数资产阶级右派分子攻击党的执政地位是"党天下"，要求"轮流坐庄"，竭力抹杀社会主义改造和建设的成就，根本否定社会主义的优越性；他们还把人民民主专政制度说成是产生主观主义、官僚主义和宗派主义的根源。有人甚至散布煽动性言论，鼓动上街游行闹事。

同年6月8日，《人民日报》发表了社论《这是为什么?》，开启了一场全国规模的群众性反右派运动。对极少数右派分子的进攻坚决反击，是完全正确的和必要的。在涉及重大政治原则的大是大非问题上如果不旗帜鲜明，就会造成思想上、政治上的混乱。但是，反右派斗争被严重扩大化了。到1958年夏季运动结束时，全国划定的右派分子达55万人，其中绝大多数属于错划。许多党员干部和有才华的知识分子受到长期压抑和打击。这不仅是他们个人的损失，更是党和国家整个事业的严重损失。在运动中采取大鸣、大放、大辩论、大字报的错误斗争方式，也是反右派斗争严重扩大化的一个重要因素。

反右派斗争严重扩大化一个重要影响，是1957年9月至10月召开的中共八届三中全会改变了八大关于社会主要矛盾的正确判断，认为国内的主要矛盾仍然是无产阶级和资产阶级、社会主义道路和资本主义道路的矛盾。后来召开的中共八大二次会议正式确认了这个判断，造成了长时期的严重后果。

二、"大跃进"、人民公社化运动及其纠正

我们不妨先来了解一下"大跃进"和人民公社运动发动的历史背景。1956年初苏共二十大后，中国共产党力图摆脱苏联模式的制约，积极探索适合自身特点的社会主义建设道路。鉴于革命时期依靠政治挂帅与群众运动而取得成功的经验，毛泽东等领导人认为社会主义建设同样可以走一条自下而上的道路，通过充分调动群众的积极性来实现一个跃进式的大发展，迅速地改变我国贫穷落后的局面，以争取未来国际局势变动中的主动地位。而且，为了打退苏共二十大后西方资本主义世界掀起的反共高潮，1957年11月苏联、东欧各社会主义国家在莫斯科会议上纷纷不切实际地提出迅速发展经济，实现向共产主义过渡的目标，也刺激了毛泽东等中国共产党人。

"一五"计划的提前完成又极大地激发了全党和全国人民迅速改变贫穷落后局面的斗志和信心，也一定程度上滋长了中共领导人的自满情绪。而少数右派分子对中国共产党经济建设能力却依然持怀疑的看法，对其执政地位提出了挑战，使毛泽东等国家领导人迫切希望出现一个国民经济发展的"大跃进"。

中共八届三中全会通过农业发展纲要四十条，随后在农村开展了关于农业生产建设的大辩论。1957年11月13日《人民日报》社论提出：要在生产战线上来一个大的跃进。这年冬季兴起的农田水利建设高潮，有效地提高了农业抗灾的能力，为农业增收增产打下了重要的基础。"大跃进"的序幕也由此揭开。

1958年初，为了进一步发动人民群众的积极性，推动"大跃进"局面的尽快到来，毛泽东在中央工作会议上多次严厉批评一些领导在经济建设上的反冒进言行，并要求他们进行检讨；这年5月，中共八大二次会议通过了"鼓足干劲，力争上游，多快好省地建设社会主义"的总路线，并在宣传与实际工作中，片面强调"速度是总路线的灵魂"。随之而来的是瞎指挥、高指标、浮夸风的全面泛滥，严重破坏了国民经济各部门的综合平衡。这突出表现在"以钢为纲"，"大炼钢铁"的过程中。事实证明，"大跃进"中的钢铁生产的指标是"左"倾冒进的结果，违背了经济建设的客观规律，给国民经济带来了严重的损害。

同时，又认为农村经济集体化规模越大、公有化程度越高，就越能促进生产力发展，毛泽东等领导人因而轻率地发动了人民公社化运动。1958年8月中共中央政治局北戴河会议通过了《关于在农村建立人民公社问题的决议》，提出"应该积极地运用人民公社的形式，摸索出一条过渡到共产主义的具体途径"。随即，全国掀起了农村人民公社化运动的高潮。这严重脱离了农村生产力水

平，致使"一平二调"之风泛滥，大大损害了广大社员和小集体的利益，挫伤了广大农民的生产积极性。

随着"大跃进"与人民公社化运动如火如荼地开展，毛泽东觉察到其中问题的严重性，于1958年11月主持召开了第一次郑州会议开始纠"左"，指出当时大有立即宣布全民所有、废除商业、废除商品生产之势，发展下去势必会重犯苏联剥夺农民的历史性错误。1958年11、12月间，毛泽东又在武昌先后主持了中共中央政治局会议和八届六中全会，着重纠正急于向全民所有制和向共产主义过渡的倾向，以及企图过早地取消商品生产和商品交换的倾向，并决定开展整顿人民公社的工作。1959年2月，毛泽东主持召开第二次郑州会议，针对人民公社存在的平均主义和过分集中的问题，确定了"队为基础、分级管理、三级核算、各计盈亏、按劳分配、承认差别"的分配原则，同时也较大幅度地下调了一些工农业产品产量指标。

这些纠"左"行动起到了一定的作用，但是在坚持总路线、"大跃进"、人民公社这"三面红旗"的前提下进行的，因而具有较大局限性。而且，这种纠"左"的良好势头在1959年的庐山会议上因错误地批判彭德怀等人而中断。在"反右倾"的旗号下，党内的"左"倾错误进一步蔓延开来。

由于"大跃进"与"反右倾"斗争的错误，加上当时的自然灾害，以及苏联政府撕毁合同，撤走专家，我国经济在1959年至1961年陷入了严重困难时期。这给中国共产党与中国人民以惨重的教训，毛泽东等领导人都深刻地检讨过经济建设中所犯的错误。1961年1月中共八届九中全会决定对国民经济实行"调整、巩固、充实、提高"的八字方针，并且对基层开展广泛的调查研究。同年3月，毛泽东在广州主持起草了《农村人民公社工作条例（草案）》（简称"农业六十条"），以后又几经修改，确定生产队为基本合算单位，并要求认真贯彻按劳分配的原则，废除供给制，停办公共食堂。在刘少奇、周恩来、陈云、邓小平等的主持下，中共中央陆续制定出有关工业、商业、教育、科学、文艺等方面的工作条例草案，总结历史经验，继续纠正"左"的错误，推动国民经济转入1962年至1965年的三年调整时期。

为了进一步统一全党全国的思想，总结"大跃进"以来经济建设的经验教训，贯彻执行国民经济调整的八字方针，1962年1月至2月期间扩大的中央工作会议在北京召开。全党县级以上的党政军领导干部七千多人参加了会议，围绕讨论和修改刘少奇1月27日向大会提交的书面报告，畅所欲言，开展批判和自我批评。毛泽东着重阐述了民主集中制的极端重要性，并带头做了自我批评。这次会议对统一全党思想，全面贯彻调整国民经济的八字方针起了极其重要的作用。

1962 年到 1965 年，由于全党和全国人民的主要注意力一直放在贯彻执行八字方针上，加上党和国家在经济、政治方面采取的有力措施，国民经济开始得到比较顺利的恢复和发展。1964 年底到 1965 年初召开的第三届全国人民代表大会第一次会议提出"四个现代化"的宏伟目标，并宣布：调整国民经济的任务已经基本完成，整个国民经济将进入一个新的发展时期。今后发展国民经济的主要任务，是要在不太长的历史时期内，把我国建设成为一个具有现代农业、现代工业、现代国防和现代科学技术的社会主义强国，赶上和超过世界先进水平。

但是，20 世纪 50 年代后期开始的"左"倾错误，在经济工作指导思想中尚未得到彻底纠正，在政治和思想文化方面还有发展。在 1962 年 9 月召开的中共八届十中全会上，毛泽东把社会主义社会中一定范围内存在的阶级斗争扩大化和绝对化，后来更发展成为"以阶级斗争为纲"的指导思想。当然，在这一时期，他也指出过不要因为强调阶级斗争而放松工作，要把工作放在第一位。

1963 年至 1965 年间，中共中央领导进行了城乡社会主义教育运动。这一运动虽然对于解决干部作风和经济管理等方面的问题起了一定作用，但由于把这些不同性质的问题都认为是阶级斗争或者是阶级斗争在党内的反映，在 1964 年下半年使不少基层干部受到不应有的打击，1965 年初又错误地提出了运动的重点是整所谓"党内走资本主义道路的当权派"。

在意识形态领域，也对一些文艺作品、学术观点和文艺界、学术界的一些代表人物进行了错误的、过火的政治批判，在对待知识分子问题、教育科学文化问题上发生了愈来愈严重的"左"的偏差，并且在后来发展成为"文化大革命"的导火线。

【知识点 9.5】
社会主义建设道路早期探索中的曲折(下)

社会主义建设道路
早期探索中的曲折(下)

社会主义建设道路早期探索中一次最为重大的挫折就是"文化大革命"的全局性错误。

一、"文化大革命"发动的原因

正所谓："冰冻三尺，非一日之寒。""文化大革命"的爆发是新中国成立后中国共产党"左"倾错误长期累积，并最终爆发的结果。国际共产主义运动中与苏联赫鲁晓夫的修正主义对毛泽东产生了极大的影响，使其越发担忧党变修，国变色。与此同时，自国内 1957 年反右运动扩大化以来，在政治、思想领域的"左"倾错误非但没有得到清理，而且有不断加重之势。

在这两方因素的作用下，毛泽东对国内阶级斗争形势做出了错误的判断，并且将阶级斗争的思想引入党内，一些正常的意见分歧被错误地夸大为不同路线的斗争，甚至认为党内上下形成了一个强大的"走资本主义道路"权力集团，必须要公开地、全面地、自下而上地发动一场大革命，才能将人民赋予的权力重新夺回来。

再者，新中国成立后党内政治生活长期处于不正常的状态，民主集中制遭到严重破坏，广大党员干部与人民群众对毛泽东的个人崇拜日益高涨，为全国性政治运动的发动积聚了异常强大的力量。又加之，林彪、江青、康生等人的利用与鼓动，持续长达十年的"文化大革命"以不可阻挡之势发动了起来。

二、"文化大革命"的过程

1965 年 11 月姚文元的文章《评新编历史剧〈海瑞罢官〉》的发表，成为毛泽东发动"文化大革命"的导火线。1966 年 5 月中共中央召开政治局扩大会议。会议通过了《中国共产党中央委员会通知》（又称"五一六通知"），还决定设立"中央文化革命小组"。随后，由毛泽东批示在全国广播了北京大学聂元梓等人攻击中共北京大学党委和中共北京市委的大字报，对于鼓动许多城市的大中学生"踢开党委闹革命"起了推波助澜的作用，使许多学校的党组织陷于被动以至瘫痪的状态。同年 8 月 1 日至 12 日，毛泽东主持召开中共八届十一中全会，并在全会上印发了《炮打司令部——我的一张大字报》，对"文化大革命"进行再发动。全会通过了《关于无产阶级文化大革命的决定》。

随即，各地的造反派"文攻武卫"风起云涌，党和国家各级机关陷入瘫痪，出现了全面内乱的局面。林彪、江青等人的倒行逆施，遭到了部分中央领导人的强烈反对，却被污蔑为"二月逆流"。随着"全面夺权"事态的发展，许多地方发生大规模武斗，局势几乎失控。为了稳定局势，毛泽东采取了一系列非常措施，如派人民解放军实行"三支两军"，即支左、支工、支农、军管、军训，派工人宣传队进入学校等。经过 1967 年初至 1968 年 10 月历时 20 个月的社会大动乱，各省、市、自治区相继成立了革命委员会。1968 年 10 月 13 日至 31 日，中共八届扩大的十二中全会在北京举行，通过了所谓《关于叛徒、内奸、工贼刘少奇罪行的审查报告》，并错误地做出"把刘少奇永远开除出党，撤销其党内外的一切职务"的决议。

1969 年 4 月召开的中共九大，使"文化大革命"的错误理论与实践合法化，并确定林彪为接班人的地位。会后，毛泽东部署全国开展"斗、批、改"的运动，试图巩固"文化大革命"所取得的"成果"。然而，林彪集团与江青集团的野心充分暴露，因而也产生了尖锐的矛盾。1970 年 8 月 23 日至 9 月 6 日，中共九届二中全会在江西庐山召开，会议期间林彪集团企图左右会议进程，毛泽东觉察到林彪急于接班的野心，并决定审查其同党陈伯达，以起到敲山震虎的作用。1971 年 4 月，中共中央召开批陈整风汇报会，责令有关人员检讨。同年 8 月中旬，毛泽东到南方巡视，尖锐地提出林彪问题。林彪集团大为恐慌，决心铤而走险。在杀害毛泽东的密谋失败后，于 9 月 13 日凌晨仓皇出逃，在蒙古境内温都尔汗附近机毁人亡。"九一三事件"标志着"文化大革命"从理论到实践都已彻底失败。毛泽东部分地承认了自己的错误，但不允许从根本上纠正"文化大革命"的错误。

1973 年召开的中共十大继续了九大的"左"倾错误方针。江青、张春桥、姚文元、王洪文在中央政治局内结成"四人帮"，王洪文当上了中共中央副主席，被确立为接班人。此时，毛泽东也希望实现安定团结的政治局面，尽快将国民经济搞上去。1974 年 7 月 17 日毛泽东在中共中央政治局会议上严厉批评江青，告诫她"不要搞小宗派"，并当众宣布："她并不代表我，她只代表她自己。"1975 年初，邓小平在周恩来的推荐下复出，担任国务院副总理，主持中共中央和国务院的日常工作，并对经济与政治秩序进行了大规模的整顿。由于邓小平领导的整顿逐渐涉及"文化大革命"的指导思想及其政策本身。这一年底，毛泽东发动"批邓、反击右倾翻案风"运动，再次将邓小平打倒，全国又陷入混乱之中。1976 年 9 月 9 日毛泽东逝世。10 月 6 日晚，中共中央政治局果断地粉碎了江青反革命集团，结束了这场历时十年的"浩劫"。

三、"文化大革命"的错误及其教训

"文化大革命"是一场由毛泽东错误发动，被反革命集团利用，给党、国家和各族人民带来严重灾难的内乱，使国民经济遭受严重损失，民主和法制遭到践踏，大批干部和群众遭受迫害，学术文化事业在许多方面遭到摧残，科技水平在一些领域同世界先进国家的差距进一步拉大，党风和社会风气遭到严重破坏。它所提供的教训是极为沉痛和深刻的，让人们认识到，对于党和国家肌体中确实存在的某些阴暗面，当然需要做出恰当的估计并运用符合宪法、法律和党章的正确措施加以解决，但决不应该采取"文化大革命"的理论和方法，这样的历史悲剧决不能重演。所幸的是，错误和挫折并没有摧毁中国共产党。最终，它依靠自身的力量和人民群众的支持彻底纠正了这些错误，使党和国家的

工作重新回到了正确的轨道。这也证明了，中国共产党作为一个对人民负责任的马克思主义政党，在政治上具有自我净化、自我发展的能力。

【知识点9.6】
社会主义建设道路早期探索留给我们的启示

第一，在我国进行社会主义建设，必须首先弄清"什么是社会主义"这一根本性的问题。社会主义是一种全新的社会制度。社会主义社会是一个相当长的历史阶段，本身有一个不断发展和完善的过程。因为我国确立社会主义制度时的生产力水平较低，所以必须经历一个较长时期的社会主义初级阶段。在这个阶段，党和国家的主要任务是集中力量，调动一切积极因素发展社会生产力，不能混淆社会主义初级阶段与高度发达阶段之间的界限。社会主义制度的建立只是为了生产力的发展开辟道路，在建设的过程中还必须充分利用适合我国情况的人类文明成果。毛泽东虽然提出社会主义的根本目的是解放生产力，但事实证明，他没有将这一思想始终如一地贯彻到我国社会主义建设的实际当中。

第二，社会主义建设必须尊重客观的经济规律，按照经济规律办事。中国共产党在领导新民主主义革命和社会主义革命的过程中毋庸置疑收获了许多成功的经验，比如阶级斗争、群众运动、政治挂帅等。但是，若通过意识形态领域的不断"革命"，运用群众运动加政治挂帅的老办法，来实现经济建设的飞速发展，那就显然走向了错误的深渊。在经济基础和上层建筑的关系中，过分强调了上层建筑对经济基础的反作用，过分强调人民群众的主观能动性，必然会忽视基本的经济规律，严重阻碍经济的发展，造成国民经济的巨大损失。

第三，必须不断地坚持和完善党的民主集中制和集体领导制，防止任何形式的个人崇拜。民主集中制和集体领导制是毛泽东亲手培育起来并身体力行的优良制度、优良传统，在新民主主义革命过程中发挥过重大的作用。然而，在党转入领导人民进行社会主义建设的关键时候，毛泽东却逐渐地脱离了实际，脱离了群众，主观主义和个人专断作风日益严重，日益凌驾于党中央之上，使党和国家政治生活陷入极不正常的状态之中，最终酿成了无可挽回的巨量损失。因此，要保障我国社会主义建设健康有序地进行，必须要从制度上、法律上坚决防止个人崇拜与个人专断现象的发生。

【第九专题讨论题】

针对新中国成立初期的社会主义改造和十一届三中全会以来的社会主义改革，有人感叹说："早知今日，何必当初！"你怎样看待社会主义改造与社会主义改革的关系？

【第九专题综合测验题】

第九专题综合测验题

模块二　实践教学

【讨论话题】

社会主义建设道路早期探索中取得了哪些理论成果与建设成就？

【学习方式】

小组讨论+课堂辩论

【课堂组织】

环节1：分组讨论

环节2：观点交锋（每组选派一名代表陈述观点）

环节3：老师点评

模块三　课堂教学

教学环节一

第九专题自主学习检测（二维码：5 道测验题）

教学环节二

小组合作学习汇报（二维码：往届学生优秀作品）

教学环节三

专题九：正确评价毛泽东和我国社会主义建设早期探索历史

【专题内容】

习近平同志在纪念毛泽东同志诞辰 120 周年座谈会上的讲话中指出：中国特色社会主义不是从天上掉下来的，是党和人民历尽千辛万苦、付出各种代价取得的根本成就。我们要把党和人民 90 多年的实践及其经验，当作时刻不能忘、须臾不能丢的立身之本，毫不动摇走党和人民在长期实践探索中开辟出来的正确道路。他指出：改革开放前的社会主义实践探索，是党和人民在历史新时期把握现实、创造未来的出发阵地，没有它提供的正反两方面的历史经验，没有它积累的思想成果、物质成果、制度成果，改革开放也难以顺利推进。习近平同志的讲话再次表明中国共产党在如何评价毛泽东同志和如何认识改革开放前 30 年历史问题上的坚定政治立场和鲜明政治态度。

一、坚持唯物史观，在评价毛泽东功过问题上避免陷入历史虚无主义泥潭

对于毛泽东同志的历史功过，我们党在 1981 年《关于建国以来党的若干历史问题的决议》中作出过明确的结论。但是，由于种种原因，这个问题在当前

仍然很受关注，还有一些噪音杂音；又由于这个问题事关政治大局，所以，迫切需要进一步从理论上进行说明，讲清道理，以统一全党思想。习近平同志在纪念毛泽东同志诞辰 120 周年座谈会上的讲话中直面现实问题，提出了正确评价历史人物的基本原则和科学态度，他说：

"对历史人物的评价，应该放在其所处时代和社会的历史条件下去分析，不能离开对历史条件、历史过程的全面认识和对历史规律的科学把握，不能忽略历史必然性和历史偶然性的关系。不能把历史顺境中的成功简单归功于个人，也不能把历史逆境中的挫折简单归咎于个人。不能用今天的时代条件、发展水平、认识水平去衡量和要求前人，不能苛求前人干出只有后人才能干出的业绩来。

革命领袖是人不是神。尽管他们拥有很高的理论水平、丰富的斗争经验、卓越的领导才能，但这并不意味着他们的认识和行动可以不受时代条件限制。不能因为他们伟大就把他们像神那样顶礼膜拜，不容许提出并纠正他们的失误和错误；也不能因为他们有失误和错误就全盘否定，抹杀他们的历史功绩，陷入虚无主义的泥潭。"

基于以上基本原则和态度，习近平同志指出，不能否认毛泽东同志在社会主义建设道路的探索中走过弯路和毛泽东同志晚年特别是在"文化大革命"中所犯的严重错误。他指出，在中国这样的社会历史条件下建设社会主义，没有先例，犹如攀登一座人迹未至的高山，一切攀登者都要披荆斩棘、开通道路。毛泽东同志晚年的错误有其主观因素和个人责任，还在于复杂的国内国际的社会历史原因，应该全面、历史、辩证地看待和分析。正如邓小平同志所说，毛泽东同志的功绩是第一位的，他的错误是第二位的，他的错误在于违反了他自己正确的东西，是一个伟大的革命家、伟大的马克思主义者所犯的错误。

《关于建国以来党的若干历史问题的决议》指出，毛泽东"虽然在'文化大革命'中犯了严重错误，但是就他的一生来看，他对中国革命的功绩远远大于他的过失"。党史专家石仲泉对此作了解释：第一，毛泽东的功与过的分量大小显然不同。就拿他在实践上领导创建社会主义新中国和在理论上创立毛泽东思想的功绩来说，从根本上改变了中国社会的面貌，开辟了中华民族历史的新纪元；而"文化大革命"的错误并没有改变国家的性质，使新中国倒回到旧中国。第二，毛泽东的功与过的时间长短显然不同。仅从大革命失败以后开辟井冈山道路算起，他作为中国革命的主要代表，有整整半个世纪之久。前 40 年间，他的功绩被公认为是主要的，只是在最后 10 年，错误才成为主要的。第三，毛泽东的功与过的历史影响显然不同。他的功绩是长远起作用的因素，尽管历史还可能有反复，但他领导中国人民选择的社会主义道路是不可逆转的。

中国社会制度发生的根本变化，将使中国人民世世代代受益。以他为代表创立的毛泽东思想，今后仍将长期地指导中国共产党的实践，是党和国家不可动摇的指导思想。胡锦涛在十八大报告中指出，以毛泽东同志为核心的党的第一代中央领导集体带领全党全国各族人民完成了新民主主义革命，进行了社会主义改造，确立了社会主义基本制度，成功实现了中国历史上最深刻最伟大的社会变革，为当代中国一切发展进步奠定了根本政治前提和制度基础。在探索过程中，虽然经历了严重曲折，但党在社会主义建设中取得的独创性理论成果和巨大成就，为新的历史时期开创中国特色社会主义提供了宝贵经验、理论准备、物质基础。他在晚年所犯的错误，党已经在不断地努力纠正，而且，纠正的指导思想，在许多方面还是他过去倡导的那些正确的思想。十一届三中全会以来，党所实行的一切，说到底，都是对毛泽东思想的恢复和发展。[1]

习近平同志在纪念毛泽东同志诞辰 120 周年座谈会上的讲话中全面科学地阐述了毛泽东同志和毛泽东思想的历史功绩和历史地位："毛泽东同志为中国新民主主义革命的胜利、社会主义革命的成功、社会主义建设的全面展开，为实现中华民族独立和振兴、中国人民解放和幸福，作出了彪炳史册的贡献。毛泽东同志毕生最突出最伟大的贡献，就是领导我们党和人民找到了新民主主义革命的正确道路，完成了反帝反封建的任务，建立了中华人民共和国，确立了社会主义基本制度，取得了社会主义建设的基础性成就，并为我们探索建设中国特色社会主义的道路积累了经验和提供了条件，为我们党和人民事业胜利发展、为中华民族阔步赶上时代发展潮流创造了根本前提，奠定了坚实的理论和实践基础。"

习近平同志的这些概括和阐发，使我们对毛泽东同志和毛泽东思想的历史功绩和历史地位认识得更加清楚，为我们民族拥有这样一位历史伟人感到自豪和骄傲。这些论述，政治性、理论性、政策性都很强，对于我们正确认识和评价毛泽东具有重要指导意义。

二、正确认识我国社会主义建设早期探索历史，避免割裂改革开放前后两个阶段的历史

一个民族的历史是一个民族安身立命的基础。习近平同志在讲话中指出："不论发生过什么波折和曲折，不论出现过什么苦难和困难，中华民族 5000 多年的文明史，中国人民近代以来 170 多年的斗争史，中国共产党 90 多年的奋斗史，中华人民共和国 60 多年的发展史，都是人民书写的历史。这就是说，我们

---

① 石仲泉. 如何科学评价毛泽东的历史地位[J]. 党史博采，2013(1).

要尊重自己的历史、珍惜自己的历史，着眼未来，把我们的全部历史作为向前发展的宝贵财富。"他强调，我们党领导的革命、建设、改革伟大实践，是一个接续奋斗的历史过程，是一项救国、兴国、强国，进而实现中华民族伟大复兴的完整事业。改革开放以来的成功实践，是这一伟大事业的重要组成部分。我们决不能忘记过去的历史。"一切向前走，都不能忘记走过的路；走得再远、走到再光辉的未来，也不能忘记走过的过去。"

在《毫不动摇坚持和发展中国特色社会主义，在实践中不断有所发现有所创造有所前进》(《人民日报》2013年1月6日)一文中，习近平同志指出："中国特色社会主义是在改革开放新时期开创的，但也是在新中国已经建立起社会主义基本制度、并进行了20多年建设的基础上开创的。虽然这两个历史时期在进行社会主义建设的思想指导、方针政策、实际工作上有很大区别，但两者决不是彼此割裂的，更不是根本对立的。不能用改革开放后的历史时期否定改革开放前的历史时期，也不能用改革开放前的历史时期否定改革开放后的历史时期。"

改革开放前，我国经济社会发展取得了巨大成就，为新时期开创中国特色社会主义提供了经验、理论和物质基础。以毛泽东为核心的党的第一代中央领导集体带领全国各族人民在中国确立了社会主义基本制度，实现了中国历史上最深刻最伟大的社会变革，为当代中国一切发展进步奠定了根本政治前提和制度基础。改革开放不是另起炉灶、推倒重来，而是在前一历史时期的基础上进行的，不能以改革开放的成功来否定前一历史时期。

第一，打下了坚实的工业化基础。新中国成立时，我国现代经济成分不到10%，仍是典型的农业国(参见胡鞍钢：《中国政治经济史论》，清华大学出版社2008年版，第74页)。20世纪70年代末，我国已初步建成完整的工业体系和国民经济体系，1980年同完成经济恢复的1952年相比，全国工业固定资产按原价计算，增长26倍多，达到4100多亿；棉纱产量增长3.5倍，达到293万吨；原煤产量增长8.4倍，达到6.2亿吨；发电量增长40倍，达到3000多亿度(参见《三中全会以来重要文献选编》，中央文献出版社2011年版，第130页)；国防工业从无到有地逐步建设起来。1952年到1978年，国民生产总值年均增长6.6%，高于世界同期的3%。(参见《新中国五十年统计资料汇编》，中国统计出版社1999年版，第3页)没有前一历史时期打下的坚实基础，我国就不能在改革开放后迅速成为全球制造业大国。

第二，开启了从传统农业向现代农业转变的新征程。现代农业的重要特征是良种、化肥和机械化。新中国成立前，我国农业生产几乎全为手工劳作。新中国成立后，一方面工业化为农业提供了机械和化肥，另一方面农村组织集体劳动，开展农田水利建设、良种繁育。全国水库库容由新中国成立前 200 亿方增加到 1976 年 4200 亿方（参见董忠：《下决心解决农田水利建设滞后问题》，《中国发展观察》2011 年第 2 期），修建了长达 20 多万公里的防洪堤坝和 8.6 万个水库，灌溉面积比例由 1952 年的 18.5% 提高到 1978 年的 45.2%（参见王绍光：《坚守方向、探索道路：中国社会主义实践 60 年》，《中国社会科学》2009 年第 5 期），新中国成立前我国农村几乎没有农业机械、化肥和电力，20 世纪 70 年代末农用拖拉机、排灌机械和化肥施用量都大大增加，用电量等于新中国成立初全国发电量的 7.5 倍。1980 年同 1952 年相比，全国粮食增长近一倍，棉花增长一倍多，耕作条件发生历史性变化（参见《三中全会以来重要文献选编》，第 130~131 页）。这些基础同改革之后的惠农政策结合起来，解决了人民吃饭问题。

第三，普及了基本医疗和教育，人力资本水平大幅度跃升。我国在新中国成立后普及了低水平但广覆盖的基本医疗、基础教育，建立了劳动保险制度，包括健康、教育水平在内的人力资本水平大幅度跃升。人均预期寿命从新中国成立前的 35 岁增加到 20 世纪 70 年代末的 68 岁，达到当时中等发达国家水平。我国的合作医疗制度被世界卫生组织誉为"发展中国家实现初级卫生保健的唯一典范"，并向全世界推广。1979 年，我国小学净入学率达到 93%，比发展中国家平均水平高 30 个百分点，接近发达国家（参见潘维：《中国模式：解读人民共和国的 60 年》，中央编译出版社 2009 年版，第 217 页）。妇女解放也走在世界前列，人民精神面貌焕然一新。在新的环境下成长起一批有文化、守纪律、年纪轻、身体好的劳动力大军，为后来积累了长达几十年的"人口红利"，成为支撑我国经济长期增长的有生力量。

第四，实现了中国历史上最深刻最伟大的社会变革。社会结构的改善，是经济发展和政治文明的前提。一方面，建立了一个公平的社会。社会公平对经济发展具有促进作用，新中国使劳动者掌握了生产资料，打破了原有阶层结构，普通工人农民第一次享有广泛的政治经济权利，激发了劳动积极性。我国是世界上收入分配最公平的国家之一，因此有利于调动各阶层人民参加改革的积极性，改革也受到人民的拥护。另一方面，社会组织化程度提高，农民第一次被组织起来，兴办文化教育等公共事业，结束了几千年来一盘散沙的社会结构。

第五，积累了经济体制改革的经验。"一五"计划形成了苏联式高度集中的计划经济体制，但很快党和政府就对其进行了改革。一方面是经济管理权力下放。20 世纪 50 年代末和 70 年代初，在毛泽东推动下，两次把经济管理权限从中央下放到地方和企业，改革开放初期，我国地方政府已经有较大的经济管理权限，97%的企业是地方企业，县域五小工业和社队企业遍地开花，为改革开放后迅速形成竞争性市场结构创造了条件(参见王绍光：《坚守方向、探索道路：中国社会主义实践60年》，《中国社会科学》2009年第5期；甘阳：《通三统》，生活·读书·新知三联书店2007年版，第33页)。另一方面是在基层经济单位中实行民主管理、反对官僚主义。我们党高度重视同腐化变质做斗争，采取许多措施保持党的纯洁性，推动基层群众直接参与管理，缩小了工农差别、城乡差别和脑力劳动与体力劳动的差别，在生产关系中形成人与人之间的平等关系，保护了普通劳动者权益、体现了工人阶级的主体地位。

第六，营造了有利的国际环境。亿万人民节衣缩食、独立自主发展国民经济，打破列强封锁，不向霸权低头。没有30年的努力，就没有"两弹一星"，就没有独立自主的工业体系，就不能成为在国际上具有较大影响的大国。特别是，1972年中美关系大门打开，以及和一批西方发达国家建立外交关系，为后来的开放创造了条件。

由于受长期封建社会影响，加上缺乏建设经验以及具体工作失误，改革开放前也存在过许多问题，甚至出现过"文化大革命"这样全局性的严重错误，《关于建国以来党的若干历史问题的决议》已经作了正确的历史结论。但更要看到的是，这30年毕竟实现了中华民族历史上空前的社会经济变革。即使是在"文化大革命"时期，干部群众仍克服各种困难，取得了不小的建设成就。前人吃苦，后人享福，这30年，是党和人民同甘共苦、团结奋斗的30年，是胸怀理想信念、不信邪、不怕压的30年。不仅为后一历史时期留下了殷实的物质基础，更留下了丰富的精神财富。[①]

【参考文献】

1. 习近平. 在纪念毛泽东同志诞辰120周年座谈会上的讲话[N]. 人民日报，2013-12-27.

2. 习近平. 毫不动摇坚持和发展中国特色社会主义，在实践中不断有所发现有所创造有所前进[N]. 人民日报，2013-1-6.

3. 中国共产党中央委员会. 关于建国以来党的若干历史问题的决议[M]. 北京：中共党史出版社，2013.

4. 石仲泉. 如何科学评价毛泽东的历史地位[J]. 党史博采，2013(1).

5. 江宇. 为什么改革开放前后两个时期不能相互否定[J]. 党的文献，2015(10).

---

① 江宇. 为什么改革开放前后两个时期不能相互否定[J]. 党的文献，2015(10).

东方风来满眼春[*]

——中国特色社会主义的
开创与接续发展

---

[*] 语出唐代诗人李贺《三月》诗。《深圳特区报》1992 年 3 月 26 日关于邓小平视察深圳的报道以"东方风来满眼春"为题，表达了对于改革开放伟大事业的赞美之情。

教学目的与要求	1. 通过线上学习，学生能够了解中共十一届三中全会至中共十八大前夕中国人民在中国共产党领导下改革开放，开创中国特色社会主义道路及发展中国特色社会主义的历史过程，了解中国特色社会主义建设所取得的重大理论成果和巨大的现代化建设成就。 2. 通过小组合作学习和课堂讨论，学生能够分析中共十一届三中全会的历史性转折意义。 3. 通过课堂专题讲授，启发学生认识改革开放是历史和人民的选择，是决定当代中国命运的关键抉择。
教学重点与难点	1. 教学重点：十一届三中全会这一历史性的伟大转折是如何实现的；如何正确科学评价毛泽东和毛泽东思想。 2. 教学难点：改革开放是历史和人民的选择，是决定当代中国命运的关键抉择。
教学方式	1. 在线自主学习 2. 小组合作学习 3. 课堂专题讲授
课时安排	6 学时

在线教学导引

网上教学内容	网上学习任务清单
10.1 伟大的历史转折 10.2 改革开放的伟大事业及其成就 10.3 改革开放和现代化建设的新阶段、新推进 10.4 中国特色社会主义事业的发展	1. 完成第 10 专题 4 个知识点视频的学习 2. 完成第 10 专题单元测验题

实践教学设计

实践教学主题	实践教学方式
中共十一届三中全会的历史意义	小组合作学习+课堂讨论

面授课堂教学设计

教学环节	教学内容	教学方法
★环节一： 网上学习检测	第十专题自主学习检测题	参与式
★环节二： 小组合作学习成果汇报	课堂讨论：怎样理解中共十一届三中全会的历史性转折意义？	研讨式
★环节三： 面授专题十	历史性的伟大转折	讲授式

模块一 在线教学

【第十专题 MOOC 知识点视频内容】

【知识点 10.1】
伟大的历史转折

本专题围绕的一个核心问题是改革开放与中国特色社会主义事业。

一、关于真理标准问题的讨论

(一)"两个凡是"的错误

粉碎"四人帮"后不久,《人民日报》、《红旗》杂志、《解放军报》发表社论《学习文件抓好纲》提出"两个凡是",即:凡是毛主席作出的决策,我们都坚决维护,凡是毛主席的指示,我们要始终不渝地遵循。

(二)关于真理标准问题的大讨论

《实践是检验真理的唯一标准》的发表开始了真理标准问题的讨论,邓小平等支持了这一讨论。这一讨论成为一场马克思主义的思想解放运动,成为拨乱反正和改革开放的思想先导。

下面我们来看第二个问题:

二、十一届三中全会：伟大的历史性转折

(一) 中央工作会议的召开

1978 年 11 月至 12 月，中共中央在北京召开工作会议。会议决定为"天安门事件"等冤假错案平反，邓小平在会上作的《解放思想，实事求是，团结一致向前看》实际成为十一届三中全会的主题报告。

(二) 中共十一届三中全会的召开

1978 年，我们党召开具有重大历史意义的十一届三中全会，开启了改革开放历史新时期。

(三) 十一届三中全会实现了伟大的历史性转折

党的十一届三中全会结束了粉碎"四人帮"后在徘徊中前进的局面，标志着中国共产党重新确立了马克思主义的思想路线、政治路线、组织路线，开始了全面拨乱反正，形成了以邓小平为核心的中央领导集体，揭开了社会主义改革开放的序幕。

【思考】为什么说中共十一届三中全会是新中国成立以来的伟大历史转折？

1978 年 12 月 18 日至 22 日在北京召开的党的十一届三中全会。其内容有：(1)彻底否定"两个凡是"的错误方针，重新确立了解放思想、实事求是的指导思想，实现了思想路线的拨乱反正；(2)果断地停止使用"以阶级斗争为纲"的口号，作出工作重点转移的决策，实现了政治路线的拨乱反正；(3)形成了以邓小平为核心的党中央领导集体，取得了组织路线拨乱反正的最重要成果；(4)恢复了党的民主集中制的优良传统，提出使民主制度化、法律化的重要任务；(5)审查和解决了历史上遗留的一批重大问题和一些重要领导人的功过是非问题，开始了系统清理重大历史是非的拨乱反正。

十一届三中全会是新中国成立以来的伟大历史转折：

第一，新中国成立以来，中国共产党领导全国人民取得了社会主义革命和建设的伟大成就，但也发生过"左"的错误。中共十一届三中全会从根本上结束了长期以来的"左"倾错误，重新确立了党的马克思主义的思想路线、政治路线和组织路线，使党的路线回到马克思主义的正确轨道上来。

第二，全会结束了粉碎"四人帮"后两年徘徊的局面，使中国共产党探索社会主义道路的伟大事业走上了健康发展的轨道。

第三，全会确立了改革开放的总方针，使中国进入了改革开放和社会主义现代化建设事业的新时期。

因此，党的十一届三中全会是新中国成立以来党和国家历史上的伟大转折。

三、科学评价毛泽东和毛泽东思想

（一）四项基本原则的提出

1979 年 3 月 30 日，邓小平在理论工作务虚会上发表的讲话中指出：坚持社会主义道路，坚持人民民主专政，坚持共产党的领导，坚持马克思列宁主义、毛泽东思想这四项基本原则，"是实现四个现代化的根本前提"。"如果动摇了这四项基本原则中的任何一项，那就动摇了整个社会主义事业，整个现代化建设事业"。邓小平的讲话不仅在当时，而且在以后的党和国家政治生活中，对排除来自"左"的和右的方面的干扰和影响，保证改革开放和现代化建设事业的顺利进行，提供了可靠的政治基础，指明了正确的方向。

在四项基本原则中，争议最大的是有关还要不要坚持毛泽东思想的问题。这一重大历史评价问题，不仅牵动着当时国人敏感的心，而且还引起了国外媒体记者关注的目光。接下来我们透过一个真实的历史故事了解一下以邓小平为核心的党的第二代领导集体对这个问题的看法。

● 【教学案例】天安门上的毛主席像，永远要保留下去

十一届三中全会后，随着拨乱反正的开展，"左"的错误逐步被纠正，随着真理标准问题的讨论的深入，个人迷信的禁锢被打破了，人们开始不再怀疑毛泽东也是人，也会犯错误这样一个普通而浅显的道理了。但是，对于毛泽东到底犯了哪些错误，犯了什么性质、什么程度的错误，人们一时间还很难取得一致。有的人仍未摆脱个人崇拜的影响，不愿接受毛泽东犯有错误这样的事实；有的人则出于对"左"倾错误所造成后果的愤恨，存在偏激心理，把一切错误都归罪于毛泽东个人。……

1980 年 8 月 21 日，世界著名的意大利女记者法拉奇来到中国并采访邓小平。法拉奇以采访首脑人物著称，以报道世界风云闻名于世。法拉奇走进邓小平的办公室，单刀直入，一开口就提出一个火辣辣的问题："天安门上的毛主席像，是否要永远保留下去？"

法拉奇的提问果然咄咄逼人，然而邓小平也不含糊，回答得十分干脆。他说："永远要保留下去。过去毛主席像挂得太多，到处都挂，并不是一件严肃的

事情，也并不表明对毛主席的尊重。尽管毛主席过去有段时间也犯了错误，但他终究是中国共产党、中华人民共和国的主要缔造者。"

紧接着，法拉奇更尖锐地说："对于西方人来说，我们有很多问题不理解。中国人民在讲起'四人帮'时，把很多错误都归咎于'四人帮'，说的是'四人帮'，但他们伸出的却是五个手指。"

邓小平很清楚"五个手指"的所指，他并不回避，指出："毛主席的错误和林彪、'四人帮'问题的性质是不同的。毛主席一生中大部分时间是做了非常好的事情的，他多次从危机中把党和国家挽救过来。没有毛主席，至少我们中国人民还要在黑暗中摸索更长的时间。……但是很不幸，他在一生的后期，特别在'文化大革命'中是犯了错误的，而且错误不小。""我们要对毛主席一生的功过作客观的评价。我们将肯定毛主席的功绩是第一位，他的错误是第二位的……我们不会像赫鲁晓夫对待斯大林那样对待毛主席。"邓小平继续说道："他为中国人民做的事情是不能抹杀的。从我们中国人民的感情来说，我们永远把他作为我们党和国家的缔造者来纪念。"

1986年9月2日，邓小平在接受美国哥伦比亚广播公司记者迈克·华莱士电视采访时，又一次谈到毛泽东。邓小平说："现在毛泽东思想，还是我们的指导思想。我们有一个《关于建国以来党的若干历史问题的决议》，解答了这些问题。"

【思考】邓小平在评价毛泽东和毛泽东思想问题上的基本态度是什么？谈一谈怎样理解毛泽东思想和毛泽东晚年错误思想之间的关系。

粉碎"四人帮"后，中国面临又一个历史转折关头，评价毛泽东的功过，评价毛泽东思想的历史地位是无可回避的重大问题。在拨乱反正面临"左"的和右的干扰时，邓小平保持着清醒的认识。通过本案例可以看出，邓小平强调要确立毛泽东的历史地位，坚持和发展毛泽东思想，这是其中最核心的一条。他指出要对毛主席一生的功过作客观的评价，毛泽东晚年在理论和实践上的错误，要毫不含糊的进行批评，但是一定要实事求是，要恰当，不能写过头；毛泽东的错误在于违反了他自己正确的东西，他的错误和林彪、"四人帮"问题的性质是不同的；在毛泽东的功过之间，功绩是第一位的，错误是第二位的。毛泽东思想是毛泽东一生中正确的部分，要继续坚持毛泽东思想。而邓小平评价毛泽东和毛泽东思想的这一基本态度，都浓缩在一句意味深长的话中：天安门上的毛主席像，要永远要保留下去。

邓小平的一生是革命的一生，他的革命实践几乎是与中国共产党成长的历史相伴随的。他是中国共产党第一代领导集体的重要成员,是中国共产党第二代领导集体的核心,与毛泽东长期共事。他的革命生涯波澜壮阔,因此他对中国革命和建设的内在的特殊的规律,对毛泽东和毛泽东思想都有非常深刻的认识和理解。他的看法凝聚了老一辈革命家的一致心声、代表了广大人民的共同愿望,反映了中华民族最根本的和长远的利益。邓小平的高瞻远瞩,也为中共十一届六中全会科学评价毛泽东和毛泽东思想奠定了基础。

(二)《关于建国以来党的若干历史问题的决议》

1981 年 6 月,中共十一届六中全会通过《关于建国以来党的若干历史问题的决议》,科学评价了毛泽东和毛泽东思想,从根本上否定了"文化大革命"的理论和实践,对新中国成立以来的重大历史事件做出了基本结论。这标志着在指导思想上拨乱反正的胜利完成。

☞ **【知识点 10.2】**
改革开放的伟大事业及其成就

改革开放是党在新的历史条件下领导人民进行的新的伟大革命,是决定当代中国命运的关键抉择,是坚持和发展中国特色社会主义、实现中华民族伟大复兴的必由之路。只有改革开放才能发展中国、发展社会主义、发展马克思主义。

一、改革开放的起步阶段(1978—1982,十一届三中全会至十二大前)

(一)国民经济的调整

针对 1977 年至 1978 年出现的国民经济比例失调的情况,1979 年 4 月召开的中央工作会议提出了针对国民经济实行"调整、改革、整顿、提高"的方针,坚决纠正前两年经济工作中的失误,认真清理在这方面存在的"左"倾错误影响。

（二）农村改革取得突破性进展

经济体制改革首先在农村取得突破。从 1978 年开始，安徽、四川一些基层干部和农民开始探索农业生产责任制。在中央的支持和推动下，家庭联产承包责任制从探索到普遍推行。1983 年，中央决定废除人民公社，建立乡镇政府作为基层政权。其实，当时首先由农民自发的改革是对传统观念与体制的一种颠覆，因此承受了巨大的压力。以下我们可以通过安徽省凤阳县小岗村村民的一份"生死"契书的历史命运更深入了解当时中国的农村改革。

● 【教学案例】家庭联产承包制的实行

1978 年夏秋之交，安徽发生了百年不遇的特大旱灾，大批农民背井离乡外出乞讨。是年 12 月的一天夜里，安徽省凤阳县梨园公社小岗生产队 20 户农民（两户单身），聚在村里一间屋里，他们神态极为严峻地写下了一纸契约，全文如下："时间：1978 年 12 月；地点：严立华家；我们分田到户，每户户主签字盖章，如此后能干，每户保证完成每户每年上交公粮，不在（再）向国家伸手要钱要粮。如不成我们干部作（坐）牢杀头也干（甘）心，大家社员们也保证把我们的小孩养活到 18 岁。"到会的 21 个农民，3 人盖了私章，18 人按了血红的手印。他们并不知道，这个小小的契约，却预示着农村一场大变革的开始。

"大包干"引起了激烈的争论。安徽省委和凤阳县委对"大包干"表示支持，而一些中央领导和中央报刊都批评"大包干"，要求纠正包产到组和分田到组的现象。在农村基层干部中也出现了一些批评"大包干"的言论。

1979 年，小岗生产队大丰收，全年粮食产量由原来的 1.5 万多公斤猛增到 6 万多公斤。这个自农业合作化以来从未向国家交过公粮的农村，第一次向国家交了公粮，还了贷款。这是他们做梦都不敢想的事。小岗的突破，产生了极大的示范效应，也引起了激烈的争论。1979 年夏，安徽诞生了一首讨伐大包干的诗："集体干分掉了，人心干死掉了，干部干瘫掉了，耕牛干死掉了，农具干毁掉了，机械干锈掉了，公房干倒掉了，大田干小掉了，科学干停掉了，公活干歇掉了，教育干低掉了，贫富干大掉了。"各种舆论纷起。"万里这家伙到底要干什么？""什么解放思想，我看是天下大乱！""三中全会以来的政策是复辟资本主义！""辛辛苦苦三十年，一夜退到解放前！"

1979 年 9 月，中共十一届四中全会通过《关于农村发展若干问题的决定》，提出要保障农民因地制宜的自主权。1980 年 5 月，邓小平发表《关于农村政策问题》的谈话，肯定了包产到户的形式，他强调指出："农村政策放宽以后，一些适宜搞包产到户的地方搞了包产到户，效果很好，变化很快。安徽肥西县绝大多数生产队搞了包产到户，增产幅度很大。'凤阳花鼓'中唱的那个凤阳县，绝大多数搞了大包干，也是一年翻身、改变面貌，有的同志担心，这样搞会不会影响集体经济。我看这种担心是不必要的。"中央于 1980 年 9 月印发了《关于进一步加强和完善农业责任制的几个问题的通知》(即"75 号文件")，公开接受用包产到户的办法解决中国农村的贫困。《通知》下发之后，家庭联产承包责任制在全国得到推广。

1982 年 1 月 1 日，中共中央发布了该年 1 号文件。这个文件名为《全国农村工作会议纪要》明确指出："目前实行的各种责任制，包括小的包工定额计酬，专业承包联产计酬，联产到劳，包产到户、到组，包干到户、到组等等，都是社会主义集体经济的生产责任制。"

1982 年底，大体上有 80% 的农民实行了包干到户。人民公社体制基本上土崩瓦解。同年，粮食再度丰收，总产量增长 9%。新体制显示出了推动生产力发展的优越性。

【思考】家庭联产承包责任制为什么能破除阻力全面推行？实行家庭联产承包责任制是不是对 20 世纪 50 年代农业合作化的否定？

穷则思变，这是人类历史在任何时候都遵循的基本法则。在经历了近 30 年的社会主义建设的艰难探索之后，中国共产党与中国人民都尝尽艰辛，当年的火热激情与美好愿望都早已退潮，亟待寻找一条切实可以迅速改善人民生活的发展道路。改革，已是全党全国上下基本的共识，只是改革的方向在这个时候尚有争论。这是家庭联产承包责任制最后能得以全面推行的思想基础。

然而，这种农户个体经营的农业生产方式在 20 世纪 50 年代曾经取得过很好的经济效果，全国人民对此都记忆犹新，因此以小岗村 21 位村民为代表的中国各地相当一部分农民都冒着生命的危险积极主动地采用原来的这套生产方式，并且也得到了地方政府的首肯与支持，实践也证明这条道路是正确的，是有利于当时农村经济恢复与发展的。因此能最终破除阻力全面推行。

从生产性质上来讲，土地家庭联产承包责任制，并没有否定农业合作化的土地集体化成果，仅是对其经营方式进行了适当调整。土地仍是集体所有，农户只有经营权，没有所有权。水利等大型生产设施也由集体掌握，或集体经营，或专业承包，而不是由个人占用或垄断。相反，家庭联产承包责任制还恰好纠正了 20 世纪 50 年代农业合作化的不少缺点和偏差，极大地促进了农村经济的发展，巩固了合作化的成果。

(三) 城市经济体制改革开始进行探索

在这一阶段，城市经济体制改革也开始进行探索：逐步扩大国有企业经营自主权；把部分中央和省属企业下放城市管理；开始实行政企分开；进行城市经济体制综合改革试点；设立深圳、珠海、汕头、厦门四个经济特区。

二、从改革开放全面展开到深入推进阶段
（1982—1992，十二大至邓小平南方谈话前）

(一) 社会主义现代化建设的宏伟纲领

邓小平在十二大开幕词中提出"把马克思主义的普遍真理同我国的具体实际结合起来，走自己的道路，建设有中国特色的社会主义"。十二大提出党在新的历史时期的总任务：团结全国各族人民，自力更生，艰苦奋斗，逐步实现工业、农业、国防和科学技术现代化，把我国建设成为高度文明、高度民主的社会主义国家。

(二) 改革重点从农村转向城市

十二届三中全会通过《关于经济体制改革的决定》，指出我国社会主义经济是在公有制基础上的有计划的商品经济。此后，经济体制改革的重点从农村转向城市：形成了以公有制为主体多种经济成分开始发展的局面；国有企业经营自主权逐步扩大，所有权和经营权适当分离；高度集中的计划管理体制开始有所改变。

(三) 多层次对外开放格局的形成

1983年4月，中共中央和国务院决定对海南岛实行经济特区的某些政策，给予较多的自主权，以加速海南岛的开发，并于1988年4月建立海南省，将全海南岛辟为经济特区。1984年初，邓小平视察深圳、珠海、厦门等地，对经济特区的发展给予充分肯定。根据他的建议，同年5月，中共中央决定进一步开放天津、上海、大连、秦皇岛、烟台、青岛、连云港、南通、宁波、温州、福州、广州、湛江、北海14个沿海港口城市。1985年2月，决定把长江三角洲、珠江三角洲、闽南厦门泉州漳州三角地区开辟为沿海经济开放区。这样，就逐步形成了"经济特区–沿海开放城市–沿海经济开放区–内地"这样一个多层次、有重点、点面结合的对外开放格局。

【知识点 10.3】
改革开放和现代化建设的新阶段、新推进

一、改革开放和现代化建设发展的新阶段
（1992—2002，邓小平南方谈话到十六大前）

（一）改革开放新的历史性突破

1992 年初，邓小平在视察南方各地时发表重要讲话。同年 10 月，中共十四大召开。邓小平南方谈话和十四大标志着改革开放和现代化事业进入向社会主义市场经济体制转变的新阶段。时至今日，人们仍在讨论邓小平 1992 年南方谈话对于今日中国发展的深远影响，那么在南方谈话中究竟有哪些珠玑之言呢？下面通过回顾这段历史往事来做个全面了解。

● 【教学案例】东方风来满眼春——邓小平南方谈话

以美国为首的西方国家借 1989 年的政治风波对中国实行封锁，国内也对市场经济姓社姓资的问题产生激烈的争论。在这种背景下，1992 年 1 月 18 日至 2 月 21 日，邓小平先后视察武昌、深圳、珠海、上海等地，发表了重要谈话。

邓小平的南方谈话在重大历史关头，科学地总结了十一届三中全会以来党的基本实践和基本经验，明确回答了长期困扰人们思想的许多重大认识问题，对整个社会主义现代化建设产生了深远的影响。

下面请大家思考：

【思考】邓小平南方谈话主要针对哪些主要问题，他又是如何解答的？邓小平南方谈话对改革开放和现代化建设产生怎样的深远影响？

改革开放的初期，引进外资、发展私人经济曾引起国内相当一部分人的反对。沿海地区尤其是四个特区经济的发展证明了改革开放的道路是正确的。20世纪 90 年代初，国内又出现了对市场经济姓社姓资问题的争论，担忧市场经济会让中国的社会性质变色，改革开放有徘徊停滞的迹象。1992 年初，邓小平就是在这一背景下视察南方，并发表了一系列重要讲话，进一步解答了什么是社会主义、怎样建设社会主义等重大理论问题，指出社会主义的本质是解放生产力和发展生产力，消灭剥削，消除两极分化，实现共同富裕，但要允许部分人、部分地区先富起来，明确认为计划与市场都是经济手段，资本主义也有计划，社会主义也有市场，计划多一点还是市场多一点，不是社会主义与资本主义的本质区别。并且强调发展是硬道理，不发展经济，不改善人民的生活水平，就是死路一条。同时也要求在发展经济的时候，要注意将精神文明建设与物质文明建设结合起来，要"两手都要抓，两手都要硬"。

邓小平这次讲话指明了改革开放继续前进的方向。这一年十月召开的中国共产党第十四次全国代表大会，确立了邓小平建设有中国特色社会主义理论在全党的指导地位，明确提出我国经济体制改革的目标是建立社会主义市场经济体制。由此，中国的改革开放和现代化建设事业进入从计划经济体制向社会主义市场经济体制转变的新阶段。

(二)经济体制改革的深入推进

1993年11月召开的十四届三中全会通过了《关于建立社会主义市场经济体制若干问题的决定》。1994年开始按照建立现代企业制度的总体思路推进国有企业改革，同时大力推进财政、税收、金融、外贸等方面的体制改革。同时逐步形成了多层次、多渠道、多种形式的全方位对外开放的新格局。

二、新的历史起点上推进中国特色社会主义
（2002—2012，十六大至十八大前）

(一)全面建设小康社会行动纲领的制定

十六大明确了全面建设小康社会的奋斗目标：要在本世纪头二十年，紧紧抓住这一重要战略机遇期，集中力量，全面建设惠及十几亿人口的更高水平的小康社会，使经济更加发展、民主更加健全、科教更加进步、文化更加繁荣、社会更加和谐、人民生活更加殷实。

(二)构建社会主义和谐社会

社会主义和谐社会的主要特征：民主法治、公平正义、诚心友爱、充满活力、安定有序、人与自然和谐相处。中国特色社会主义事业的总体布局是：社会主义经济建设、政治建设、文化建设、社会建设四位一体。

（三）推动经济又好又快地发展和促进社会全面进步

十六届三中全会通过的《关于完善社会主义市场经济体制若干问题的决定》提出了"五个统筹"：统筹城乡发展、统筹区域发展、统筹经济社会发展、统筹人与自然和谐发展、统筹国内发展和对外开放。

中共十六届五中全会，提出了建设社会主义新农村的战略任务，社会主义新农村的要求是：生产发展、生活宽裕、乡风文明、村容整洁、管理民主。

2005 年 10 月，胡锦涛在十六届五中全会上提出了建设创新型国家的任务。2006 年 1 月胡锦涛在全国科学技术大会上指出：走中国特色自主创新道路，用十五年左右的时间把中国建设成为创新型国家，指导方针是"自主创新、重点跨越、支撑发展、引领未来"。

（四）实现全面建设小康社会奋斗目标的新要求

中共十七大提出了全面建设小康社会奋斗目标的新要求：增强发展协调性，努力实现经济又好又快发展；扩大社会主义民主，更好保障人民权益和社会公平正义；加强文明建设，明显提高全民族文化素质；加快发展社会事业，全面改善人民生活；建设生态文明，基本形成节约能源资源和保护生态环境的产业结构、增长方式、消费模式。

（五）深化文化体制改革、推动社会主义文化大发展大繁荣

中共十七届六中全会审议通过《中共中央关于深化文化体制改革、推动社会主义文化大发展大繁荣若干重大问题的决定》。会议提出了到 2020 年文化改革发展奋斗目标。

中国特色社会主义
事业的发展

【知识点 10.4】
中国特色社会主义事业的发展

经过 90 多年的奋斗、创造、积累，党和人民必须倍加珍惜、长期坚持、不断发展的成就是：开辟了中国特色社会主义道路，形成了中国特色社会主义理论体系，确立了中国特色社会主义制度。

一、中国特色社会主义道路的开辟

中国特色社会主义道路，是实现社会主义现代化的必由之路，是创造人民美好生活的必由之路。中国特色社会主义道路，就是在中国共产党领导下，立足基本国情，以经济建设为中心，坚持四项基本原则，坚持改革开放，解放和发展生产力，巩固和完善社会主义制度，建设社会主义市场经济、社会主义民主政治、社会主义先进文化、社会主义和谐社会，建设富强民主文明和谐的社会主义现代化国家。

(一) 中国特色社会主义命题的提出

1982 年 9 月召开的中共十二大上，邓小平在开幕词中提出："把马克思主义的普遍真理同我国的具体实际结合起来，走自己的道路，建设有中国特色的社会主义。这就是我们总结长期历史经验得出的基本结论。"

(二) 社会主义初级阶段理论和党的基本路线

1987 年 10 月 25 日至 11 月 1 日召开的中国共产党第十三次全国代表大会系统地阐述了社会主义初级阶段的理论，完整地概括了中国共产党在社会主义初级阶段 "一个中心，两个基本点" 的基本路线。

(三) 社会主义本质的科学阐述和社会主义市场经济体制的论断

邓小平在南方谈话中指出："社会主义的本质，是解放生产力，发展生产力，消灭剥削，消除两极分化，最后达到共同富裕。"不久江泽民提出"社会主义市场经济体制"的论断。党的十四大明确提出，我国经济体制改革的目标是建立社会主义市场经济体制。

(四) 中国特色社会主义事业的跨世纪发展

中共十五大以邓小平理论为指导，阐明了建设中国特色社会主义的经济、政治和文化的基本目标和基本政策，提出了党在社会主义初级阶段的基本纲领，明确了中国跨世纪发展的战略部署。

(五) 全面建设小康社会和构建和谐社会的战略

十六大明确了全面建设小康社会的奋斗目标。十六届四中全会提出了构建社会主义和谐社会的战略任务。十六届六中全会审议通过了《中共中央关于构建社会主义和谐社会若干重大问题的决定》，首次将"和谐"列入现代化建设的奋斗目标，形成了社会主义经济建设、政治建设、文化建设、社会建设四位一体的总体布局。十七大又提出了全面建设小康社会奋斗目标的新要求。

二、中国特色社会主义理论体系的不断创新

中国特色社会主义理论体系，是指导党和人民沿着中国特色社会主义道路实现中华民族伟大复兴的正确理论，是包括邓小平理论、"三个代表"重要思想以及科学发展观等重大战略思想在内的科学理论体系，系统回答了在中国这样一个十几亿人口的发展中大国建设什么样的社会主义、怎样建设社会主义，建设什么样的党、怎样建设党，实现什么样的发展、怎样发展等一系列重大问题，是对毛泽东思想的继承和发展。

（一）邓小平理论的形成和发展

邓小平围绕"什么是社会主义、怎样建设社会主义"的问题进行了深入理论思考，提出了关于中国特色社会主义建设的许多重要论断。十四大对"建设有中国特色社会主义理论"进行了系统概括。十五大正式提出了"邓小平理论"的科学概念，并将邓小平理论同马克思列宁主义、毛泽东思想一起确定为党在一切工作中的指导思想并写入党章，1999 年又载入宪法。

（二）"三个代表"重要思想的形成和发展

20 世纪 80 年代末以来，邓小平、江泽民等围绕"建设什么样的党，怎样建设党"的问题进行了理论探索。2000 年 2 月，江泽民在广东考察时第一次提出了"三个代表"的要求。在纪念建党 80 周年的讲话中，他又全面阐述了"三个代表"的科学内涵和基本内容。十六大将"三个代表"重要思想同马克思列宁主义、毛泽东思想、邓小平理论一起确定为党必须长期坚持的指导思想并写入党章。2004 年又写入宪法。

（三）科学发展观的形成

十六届三中全会第一次指出："坚持以人为本，树立全面、协调、可持续的发展观"。十六届四中全会把树立和落实科学发展观作为提高党的执政能力的重要内容。十六届五中全会强调要坚定不移地以科学发展观统领经济社会发展全局。胡锦涛在十七大报告中深刻阐述了科学发展观的时代背景、科学内涵、精神实质和根本要求。十七大把科学发展观写入党章。

三、中国特色社会主义制度的不断完善

中国特色社会主义制度，是当代中国发展进步的根本制度保障，集中体现了中国特色社会主义的优势和特点。我们推进社会主义制度自我完善和发展，在经济、政治、文化、社会等各个领域形成一整套相互衔接、相互联系的制度体系，包括人民代表大会制度这一根本政治制度，中国共产党领导的多党合作和政治协商制度、民族区域自治制度以及基层群众自治制度等构成的基本政治制度，中国特色社会主义法律体系，公有制为主体、多种所有制经济共同发展的基本经济制度，以及建立在根本政治制度、基本政治制度、基本经济制度基础之上的经济体制、政治体制、文化体制、社会体制等各项具体制度。

(一) 中国特色社会主义的根本政治制度和基本政治制度

人民代表大会制度是中国特色社会主义的根本政治制度；中国共产党领导的多党合作和政治协商制度、民族区域自治制度以及基层群众自治制度等构成了中国特色社会主义的基本政治制度。

(二) 中国特色社会主义的法律体系

2011年3月10日，吴邦国委员长在十一届全国人大四次会议宣布，一个立足中国国情和实际、适应改革开放和社会主义现代化建设需要、集体体现党和人民意志的，以宪法为统帅，以宪法相关法、民法商法等多个法律部门的法律为主干，由法律、行政法规、地方性法规等多个层次的法律规范构成的中国特色社会主义法律体系已经形成。

(三) 中国特色社会主义的基本经济制度

改革开放以来，我国已经形成了公有制为主体、多种所有制经济共同发展的中国特色社会主义的基本经济制度。这一基本经济制度是由我国的社会主义性质和初级阶段的基本国情决定的。

(四) 中国特色社会主义的各项具体制度

在改革开放过程中，逐渐形成和建立了具有中国特色的、建立在根本政治制度、基本政治制度、基本经济制度基础上的经济体制、政治体制、文化体制、社会体制等各项具体制度。

【第十专题讨论题】

结合中国近现代历史，谈谈你对当前我国走中国特色社会主义道路的历史必然性的认识。

【第十专题综合测验题】

模块二　实践教学

【讨论话题】

怎样理解中共十一届三中全会的历史性转折意义？

【学习方式】

小组讨论+课堂辩论

【课堂组织】

环节 1：分组讨论
环节 2：观点交锋（每组选派一名代表陈述观点）
环节 3：老师点评

模块三　课堂教学

教学环节一

第十专题自主学习检测(二维码：5道测验题)

5道测验题

教学环节二

小组合作学习汇报(二维码：往届学生优秀作品)

往届学生优秀作品

教学环节三

专题十：历史性的伟大转折

【专题内容】

一、"两个凡是"和关于真理标准问题的大讨论

(一)"两个凡是"的错误

1976年10月，中共中央政治局果断地结束了"文化大革命"，但是中国何去何从并没有明确的方向。1977年2月7日，《人民日报》、《红旗》杂志、《解放军报》发表的两报一刊联合社论《学好文件抓住纲》，提出了"两个凡是"的主张，即"凡是毛主席作出的决策，我们都坚决维护，凡是毛主席的指示，我们都始终不渝地遵循"。这实际上就是要继续坚持"文化大革命"的错误理论与实践，是要把毛泽东晚年的"左"倾错误延续下去。这就为全党纠正"文化大革命"中的"左"倾错误，拨乱反正，设置了障碍。要改变这种状况，必须使全党从"两个凡是"的束缚下解放出来，于是有了关于真理标准问题的大讨论。

(二)关于真理标准问题的大讨论

"两个凡是"提出后,首先站出来反对的是邓小平。1977 年 4 月 10 日,尚未恢复工作的邓小平就提出了旗帜鲜明的反对意见。他致信党中央,郑重提出:"我们必须世世代代地用准确的完整的毛泽东思想来指导我们全党、全军和全国人民"。这封信经中央转发,对于在全党范围内削减"两个凡是"的影响,起到了一定的作用。此后,邓小平多次提到要完整地、准确地理解毛泽东思想的科学体系,强调毛泽东思想的精髓就是实事求是,并且明确指出"两个凡是"不符合马克思主义。由此,在邓小平等一批老同志的倡导和支持下,全国上下展开了一场关于真理标准问题的大讨论。

1978 年 5 月 10 日,中共中央党校办的内部刊物《理论动态》刊载署名文章《实践是检验真理的唯一标准》。5 月 11 日,《光明日报》以特约评论员的名义公开发表了这篇文章。当天,新华社转发了此文。12 日,《人民日报》《解放军报》同时转载。文章强调社会实践是检验真理的唯一标准,从思想路线的高度旗帜鲜明地批判了"两个凡是"的错误方针,在党内外引起巨大反响,引发了关于真理标准问题的大讨论。

关于真理标准问题的讨论,是继延安整风之后又一场马克思主义思想解放运动,成为拨乱反正和改革开放的思想先导,为党重新确立实事求是的思想路线,纠正长期以来的"左"倾错误,实现历史性的转折做了思想理论准备。

二、中共十一届三中全会:伟大的历史性转折

(一)中央工作会议

在十一届三中全会前,党中央召开了中央工作会议,为全会做了充分准备。1978 年 11 月 10 日至 12 月 15 日,中共中央在北京召开工作会议。11 月 10 日下午 4 时,中共中央主席华国锋在宣布会议开始后,讲了这次会议的议题:1. 讨论如何进一步贯彻以农业为基础的方针,尽快把农业生产搞上去的问题;2. 商定1979、1980 两年国民经济计划的安排;3. 讨论李先念副主席在国务院务虚会上的讲话。华国锋在谈到了此次会议的三项议程之后,说:"中央政治局决定,在讨论上面这些议题之前,先讨论一个问题,这就是,要在新时期总路线和总任务指引下,从明年 1 月起,把全党工作的着重点转移到社会主义现代化建设上来。"也就是说除了那三个议题之外,还有一个主题,中心议题就是重点转移的问题。那三个具体问题是围绕中心问题经济建设来的。11 月 12 日,全国人大常委会副委员长陈云在会议上发言,提出解决历史遗留问题。陈云提出的解决历史遗留问题,

正是解决工作重点转移必须解决的问题，同会议的方向是一致的。

12 月 13 日，邓小平在会议闭幕会上作了题为《解放思想，实事求是，团结一致向前看》的报告。邓小平说："这次会议，解决了一些过去遗留下来的问题，分清了一些人的功过，纠正了一批重大的冤案、错案、假案。这是解放思想的需要，也是安定团结的需要。目的正是为了向前看，正是为了顺利实现全党工作重心的转变。""再不实行改革，我们的现代化事业和社会主义事业就会被葬送。"邓小平的话，明确提到了解决历史遗留问题与实现全党工作重心的转变的关系，表达了要启动改革的心声。这个报告实际上成为中共十一届三中全会的主题报告，为全会实现具有划时代意义的伟大转折奠定了重要基础。

（二）中共十一届三中全会

中共十一届三中全会于 1978 年 12 月 18 日至 22 日在北京召开。全会决定，鉴于中央在二中全会以来的工作进展顺利，全国范围的大规模的揭批林彪、"四人帮"的群众运动已经基本上胜利完成，全党工作的着重点应该转移到社会主义现代化建设上来。全会提出了改革开放的任务，要采取一系列重大经济举措改革经济管理体制和经营管理方法，在自力更生的基础上积极发展同世界各国平等互利的经济合作。为适应社会主义现代化建设的需要，全会决定在党的生活和国家政治生活中加强民主，明确党的思想路线，加强党的领导机构和成立中央纪律检查委员会。全会审查解决了历史上遗留的一批重大问题和一些重要领导人的功过是非问题。

学习理解十一届三中全会，需要总体上把握四点：

（1）两个阶段，即 36 天的中央工作会议和十一届三中全会正式会议。中央工作会议为十一届三中全会的胜利召开做了重要的准备工作。

（2）三个确立，即确立马克思主义的思想路线、政治路线和组织路线。思想路线就是解放思想，实事求是；政治路线就是以经济建设为中心，以后发展为一个中心、两个基本点；组织路线，就是形成以邓小平为核心的党的中央领导集体。

（3）一个开启：就其影响来讲，开启了建设中国特色社会主义的新道路。当时，十一届三中全会还没提出建设中国特色社会主义的道路。但是，这次全会的召开实现了历史的转折，也就开启了建设中国特色社会主义的新道路。可以这样概述：十一届三中全会竖起了实事求是的大旗，吹响了改革开放的号角，拉开了经济调整的序幕，组成了第二代中央领导集体，开启了建设中国特色社会主义的新道路。

（4）一个里程碑：十一届三中全会是伟大历史转折的里程碑，是转折的一个标志。从发展过程来讲，十一届三中全会之前有酝酿和准备，之后有发展和完善。

这次全会是新中国成立以来党的历史上具有深远意义的伟大转折。全会结束了粉碎"四人帮"后两年徘徊前进的局面，开始了中国共产党在思想、政治、组织等领域的全面拨乱反正。会后，形成了以邓小平为核心的党的中央领导集体，揭开了改革开放的序幕。

三、指导思想上拨乱反正任务的胜利完成

（一）理论工作务虚会议与四项基本原则的提出

中共十一届三中全会后，各条战线开始全面纠正"左"倾错误，进行拨乱反正。在全面拨乱反正的过程中，党内外思想活跃。但与此同时，也出现了一些值得注意和警觉的现象。极少数人打着"解放思想"的幌子，对新中国成立以来党的错误加以夸大和渲染，企图从根本上否定党的领导，否定社会主义道路，否定毛泽东和毛泽东思想。这种情况如任其发展，必将导致迷失政治方向，破坏安定团结的局面，妨碍集中力量进行改革开放和社会主义现代化建设。

针对这种情况，1979年3月30日，邓小平在北京召开的理论工作务虚会上作了题为《坚持四项基本原则》的讲话。邓小平在讲话中将我们党一贯所强调的思想政治方面的原则，科学地概括为"四项基本原则"，即坚持社会主义道路、坚持无产阶级专政即人民民主专政、坚持共产党的领导、坚持马克思列宁主义和毛泽东思想。他还认为"这是实现四个现代化的根本前提"。

（二）全面总结新中国的历史，科学评价毛泽东和毛泽东思想

中共十一届三中全会后，随着拨乱反正的开展、真理标准问题讨论的深入，党内外思想氛围活跃，个人迷信的禁锢被打破。人们开始不再怀疑毛泽东也是人，也会犯错误这样一个普通而浅显的道理了，但对于毛泽东到底犯了何种错误，犯了什么性质、什么程度的错误，一时间还未有一致的看法。因此，评判毛泽东的功过、评价毛泽东思想的历史地位就成为无可回避的重大问题。

为了从根本指导思想上纠正"左"的和右的错误倾向，统一全党和全国人民的思想，特别是对毛泽东及毛泽东思想予以正确的评价，中共中央在邓小平主持下，从1979年11月开始着手起草《关于建国以来党的若干历史问题的决议》。在起草过程中，邓小平指出：要对毛泽东一生的功过作客观的评价，对于毛泽东晚年在理论和实践上的错误，要毫不含糊地进行批评，但是一定要实事求是；毛泽东的错误在于违反了他自己正确的东西，他的错误和林彪、"四人帮"问题的性质是不同的；在毛泽东的功过之间，功绩是第一位的，错误是第二

位的；毛泽东思想是毛泽东一生中正确的部分，要继续坚持毛泽东思想。

经过一年半时间的讨论和修改，中共十一届六中全会于 1981 年 6 月通过了《关于建国以来党的若干历史问题的决议》。该决议全面总结了新中国的历史，科学评价了毛泽东和毛泽东思想的历史地位。决议指出，毛泽东虽然在"文化大革命"中犯了严重错误，但就他的一生来看，他对中国革命的功绩远远大于他的过失。他的功绩是第一位的，错误是第二位的。毛泽东思想是马克思列宁主义在中国的运用和发展，是被实践证明了的关于中国革命和建设的正确的理论原则和经验总结，是中国共产党集体智慧的结晶，是我们党宝贵的精神财富，将长期指导我们的行动。毛泽东思想的科学体系和活的灵魂是实事求是、群众路线和独立自主。决议还肯定了十一届三中全会以来逐步确立的适合中国情况的建设社会主义现代化强国的道路，进一步指明了中国社会主义事业和党的工作继续前进的方向。这一决议的起草和通过表明中国共产党是在政治上、理论上成熟的坚强的马克思主义政党，标志着党和国家在指导思想上拨乱反正的胜利完成。

四、改革开放是历史和人民的选择

新中国成立以来，中国共产党领导全国人民取得了社会主义革命和建设的伟大成就，但也发生过长期的"左"的错误。这些"左"的错误深刻影响到党和国家事业的长远发展。粉碎"四人帮"后，中国面临又一个历史转折关头。"两个凡是"实际上是要继续"左"的错误。如何改变这种局面，如何彻底地纠正"左"的错误，就显得至为重要。于是，就有了 1978 年的关于真理标准问题的大讨论。这场大讨论是全国性的思想解放运动。邓小平等党和国家领导人推动了这场大讨论，从而推动了全党全国人民的思想解放。

此后召开的中共十一届三中全会冲破了长期"左"的错误的严重束缚，批评了"两个凡是"的错误方针，充分肯定了必须完整、准确地掌握毛泽东思想的科学体系，高度评价了关于真理标准问题的讨论，果断结束了"以阶级斗争为纲"，重新确立马克思主义的思想路线、政治路线、组织路线，成为党的历史上具有伟大意义的历史性转折。从此，我国的改革开放也拉开了大幕。

中国共产党领导人民做出改革开放的决策，既是顺应时代的需要，又契合人民的需要，是历史和人民的选择。长期的改革开放实践愈益证明改革开放是中国共产党领导人民作出的正确选择，是决定当代中国命运的关键抉择。

【参考文献】

1.本书编写组. 中国近现代史纲要[M]. 北京：高等教育出版社，2018.

2.邓小平. 邓小平文选（第 2 卷）[M]. 北京：人民出版社，1994.

3.余玮，吴志菲. 邓小平的最后二十年[M]. 北京：新华出版社，2008.

4.中共中央党史研究室. 中国共产党的九十年[M]. 北京：中共党史出版社，2016.

新雁一声风又劲[*]

——中国特色社会主义进入新时代

---

[*] 出自欧阳修《渔家傲·九月霜秋秋已尽》词。

教学目的 与要求	1. 通过线上学习，了解有关十八大以来中国人民在中国共产党领导下继续改革开放，进一步发展中国特色社会主义道路的过程以及新时代中国特色社会主义建设所取得的重大理论成果与历史性成就等基本史实。 2. 通过小组合作学习和课堂讨论，使学生学会全面分析新时代中国与世界关系发生的历史性变化。 3. 通过课堂专题讲授，引导学生明确新时代全面从严治党的新成就、新挑战、新要求与新举措，帮助学生树立永远跟党走的历史自觉。
教学重点 与难点	1. 教学重点：中共十八大以来党和国家事业发生了怎样的历史性变革？怎样认识习近平新时代中国特色社会主义思想的历史地位？ 2. 教学难点：中国特色社会主义进入新时代，我国社会主要矛盾已经转化为人民日益增长的美好生活需要和不平衡不充分的发展之间的矛盾。
教学方式	1. 在线自主学习 2. 小组合作学习 3. 课堂专题讲授
课时安排	2 学时

在线教学导引

网上教学内容	网上学习任务清单
11.1 全面建成小康社会目标的确定和实现民族复兴中国梦的提出 11.2 统筹推进"五位一体"总体布局 11.3 协调推进"四个全面"战略布局 11.4 党和国家事业的历史性成就和历史性变革 11.5 在新时代坚持和发展中国特色社会主义 11.6 坚定不移沿着中国特色社会主义道路前进	1. 完成第 11 专题 6 个知识点视频的学习 2. 完成第 11 专题单元测验题 3. 参与第 11 专题讨论

实践教学设计

实践教学主题	实践教学方式
全面分析新时代中国与世界关系发生的历史性变化	小组合作学习+课堂讨论

面授课堂教学设计

教学环节	教学内容	教学方法
★环节一： 网上学习检测	第十一专题自主学习检测题	参与式
★环节二： 小组合作学习成果汇报	课堂讨论：如何评价新时代中国与世界关系发生的历史性变化	研讨式
★环节三： 面授专题一	新时代全面从严治党的新成就、新挑战、新要求与新举措	讲授式

模块一　在线教学

☞ 【知识点 11.1】
全面建成小康社会目标的确定和
实现民族复兴中国梦的提出

全面建成小康社会目标的确定
和实现民族复兴中国梦的提出

一、全面建成小康社会目标的确定

2012 年 11 月 8 日至 14 日，中国共产党第十八次全国代表大会在北京举行。

大会系统总结了中共十七大以来五年和十六大以来十年的奋斗历程及其成就，指出科学发展观同马克思列宁主义、毛泽东思想、邓小平理论、"三个代表"重要思想一道，是党必须长期坚持的指导思想。

大会阐明中国特色社会主义的总依据是社会主义初级阶段，总布局是经济、政治、文化、社会、生态文明建设五位一体，总任务是实现社会主义现代化和中华民族伟大复兴；阐明中国特色社会主义道路、理论体系、制度的科学内涵及其相互关系；明确提出夺取中国特色社会主义新胜利必须牢牢把握的八项基本要求，要求全党坚定道路自信、理论自信、制度自信、文化自信。

大会提出要在党的十六大、十七大确立的全面建设小康社会目标的基础上努力实现新的要求，即经济持续健康发展，人民民主不断扩大，文化软实力显著增强，人民生活水平全面提高，资源节约型、环境友好型社会建设取得重大进展，确保到 2020 年实现全面建成小康社会的目标。

大会强调，全面建成小康社会，必须不失时机深化重要领域改革，构建系统完备、科学规范、运行有效的制度体系，使各方面制度更加成熟更加定型。

大会要求以改革创新精神全面推进党的建设新的伟大工程，全面提高党的建设科学化水平，以加强党的执政能力建设、先进性和纯洁性建设为主线，建设学习型、服务型、创新型的马克思主义执政党。

中共十八大精神归结到一点，就是坚持和发展中国特色社会主义。十八大强调：我们必须坚定不移高举中国特色社会主义伟大旗帜，既不走封闭僵化的老路，也不走改旗易帜的邪路。

中共十八大的召开，标志着中国已经进入全面建成小康社会的决定性阶段，开启了中国特色社会主义新时代。

随后召开的中共十八届一中全会选举产生了中央政治局，选举习近平为中共中央总书记，决定习近平为中共中央军事委员会主席。2013 年 3 月，十二届全国人大一次会议选举习近平为国家主席、国家中央军事委员会主席，张德江为全国人大常委会委员长，决定李克强为国务院总理；全国政协十二届一次会议选举俞正声为政协第十二届全国委员会主席。

二、实现民族复兴中国梦的提出

中共十八大结束不久，习近平在参观"复兴之路"展览时明确提出，实现全面建成小康社会目标是实现中华民族伟大复兴中国梦的关键一步。中华民族的昨天，可以说是"雄关漫道真如铁"。近代以后，中华民族遭受的苦难之重、付出的牺牲之大，在世界历史上都是罕见的。但是，中国人民从不屈服，不断奋起抗争，终于掌握了自己的命运，开始了建设自己国家的伟大进程，充分展示了以爱国主义为核心的伟大民族精神。中华民族的今天，正可谓"人间正道是沧桑"。改革开放以来，我们总结历史经验，不断艰辛探索，终于找到了实现中华民族伟大复兴的正确道路，取得了举世瞩目的成果。这条道路就是中国特色社会主义。中华民族的明天，可以说是"长风破浪会有时"。经过鸦片战争以来170 多年的持续奋斗，中华民族伟大复兴展现出光明的前景。现在，我们比历史上任何时期都更接近中华民族伟大复兴的目标，比历史上任何时期都更有信心、有能力实现这个目标。

习近平强调，实现中华民族伟大复兴就是中华民族近代以来最伟大的梦想，需要一代又一代中国人共同为之努力。我们坚信"到中国共产党成立 100 年时全面建成小康社会的目标一定能实现，到新中国成立 100 年时建成富强民主文明和谐的社会主义现代化国家的目标、中华民族伟大复兴的梦想一定能实现"。

2013 年 3 月 17 日，习近平在十二届全国人大第一次会议上进一步强调，实现全面建成小康社会、建成富强民主文明和谐的社会主义现代化国家的奋斗目标，实现中华民族伟大复兴的中国梦，就是要实现国家富强、民族振兴、人民幸福。

实现中国梦必须走中国道路。中国特色社会主义道路，是在改革开放 30 多年的伟大实践中走出来的，是在中华人民共和国成立 60 多年的持续探索中走出来的，是在对近代以来 170 多年中华民族发展历程的深刻总结中走出来的，是在对中华民族 5000 多年悠久文明的传承中走出来的，具有深厚的历史渊源和广泛的现实基础。

实现中国梦必须弘扬中国精神。中国精神是凝心聚力的兴国之魂、强国之魂。爱国主义始终是把中华民族坚强团结在一起的精神力量，改革创新始终是鞭策我们在改革开放中与时俱进的精神力量。

实现中国梦必须凝聚中国力量。中国梦是民族的梦，也是每个中国人的梦。生活在我们伟大祖国和伟大时代的中国人民，共同享有人生出彩的机会，共同享有梦想成真的机会，共同享有同祖国和时代一起成长与进步的机会。全国各族人民一定要牢记使命，心往一处想，劲往一处使，用 13 亿人的智慧和力量汇集起不可战胜的磅礴力量。

【知识点 11.2】
统筹推进"五位一体"总体布局

统筹推进"五位一体"
总体布局

中共十八大以来，中共中央统筹推进"五位一体"总体布局，提出一系列新理念新思想新战略，引领中国特色社会主义各项事业蓬勃发展。

一、主动适应和引领经济发展新常态

中共十八大后，我国发展面临的国际国内环境复杂严峻，全球经济复苏曲折乏力，国内经济下行压力持续加大，多重困难和挑战相互交织。中共中央加强和改善党对经济工作的领导，坚持稳中求进工作总基调，保持宏观政策连续性和稳定性，创新宏观调控思路和方式，有针对性地进行预调微调，扎实做好各项工作，实现了经济社会持续稳步发展。

中国经济发展的一个重大变化是进入新常态，即从高速增长转为中高速增长；经济结构不断优化升级；从要素驱动、投资驱动转向创新驱动。党和政府科学研判我国经济发展的阶段性特征，主动适应和引领经济发展新常态。主要是：在区间调控基础上实施定向调控，保持经济稳定增长；深化改革开放，继

续把简政放权、放管结合作为改革的重头戏，激发经济社会发展活力；加大结构调整力度，增强发展后劲；大力调整产业结构，着力培育新的增长点；织密织牢民生保障网，增进人民福祉。

推进供给侧结构性改革，是适应和引领经济发展新常态的重大创新。2015年12月，中央经济工作会议强调，实行宏观政策要稳、产业政策要准、微观政策要活、改革政策要实、社会政策要托底的总体思路，着力加强结构性改革，在适度扩大总需求的同时，去产能、去库存、去杠杆、降成本、补短板（简称"三去一降一补"），推动我国社会生产力水平整体改善。2017年12月，按照中共十九大的要求，中央经济工作会议确定今后三年要重点抓好决胜全面建成小康社会的防范化解重大风险、精准脱贫、污染防治三大攻坚战。打好三大攻坚战，是我国经济转向高质量发展必须跨越的一大关口，中央做出的这一系列具体部署，既侧重当务之急，又注重整体延续，划定了转向高质量发展的清晰路线。

二、发展社会主义民主政治

坚持发挥中国共产党总揽全局、协调各方的领导核心作用，提高党科学执政、民主执政、依法执政水平，保证党领导人民有效治理国家。2015年1月，中共中央政治局常委会召开会议，专门听取全国人大常委会、国务院、全国政协、最高人民法院、最高人民检察院党组工作汇报。此后，这成为实现党中央集中统一领导的一项制度性安排。

毫不动摇坚持人民代表大会制度，与时俱进完善人民代表大会制度，推动人大工作迈出新步伐、迈上新台阶。

坚持和完善中国共产党领导的多党合作和政治协商制度。2015年1月，中共中央印发《关于加强社会主义协商民主建设的意见》，对新形势下开展协商民主等作出全面部署，推进社会主义协商民主广泛多层制度化发展，把协商民主嵌入我国社会主义民主政治全过程。

坚持和完善民族区域自治制度，强调坚持统一和自治相结合、民族因素和区域因素相结合。2014年12月，中共中央、国务院印发《关于加强和改进新形势下民族工作的意见》。

坚持和完善基层群众自治制度，发展基层民主，保障人民依法直接行使民主权利。

正确处理一致性和多样性关系，做好新形势下统一战线工作。2015年5月，中央统战工作会议举行，中共中央印发《中国共产党统一战线工作条例（试行）》。同年7月，中共中央政治局会议决定设立中央统一战线工作领导小组。

保持和增强党的群团工作和群团组织的政治性先进性群众性，开创党的群团工作新局面。2015 年 7 月，中央党的群团工作会议举行。此前，同年 1 月，中共中央印发《关于加强和改进党的群团工作的意见》。

三、发展中国特色社会主义文化

坚持和巩固党对意识形态工作的领导。中共中央先后召开全国宣传思想工作会议、文艺工作座谈会、党的新闻舆论工作座谈会、网络安全和信息化工作座谈会、哲学社会科学工作座谈会等，明确提出巩固马克思主义在意识形态领域的指导地位、巩固全党全国人民团结奋斗的共同思想基础的根本任务，强调宣传思想工作一定要把围绕中心、服务大局作为基本职责；文艺工作必须坚持以人民为中心的创作导向，坚持为人民服务、为社会主义服务根本方向；新闻舆论工作要坚持正确政治方向，创新方法手段，切实提高党的新闻舆论传播力、引导力、影响力、公信力；网络安全和信息化工作要推进网络强国建设，推动我国网信事业发展，让互联网更好造福国家和人民；要结合中国特色社会主义伟大实践，加快构建中国特色哲学社会科学。

培育和践行社会主义核心价值观。2013 年 12 月，中共中央办公厅印发《关于培育和践行社会主义核心价值观的意见》。大力加强理想信念教育，弘扬中华优秀传统文化、革命文化、社会主义先进文化。

为了牢记历史，弘扬以爱国主义为核心的民族精神，2014 年 2 月，十二届全国人大常委会第七次会议决定，将 9 月 3 日确定为中国人民抗日战争胜利纪念日，将 12 月 13 日设立为南京大屠杀死难者国家公祭日。同年 8 月，十二届全国人大常委会第十次会议决定，将 9 月 30 日设立为烈士纪念日，并规定每年 9 月 30 日国家举行纪念烈士活动。2017 年 9 月，十二届全国人大常委会第二十九次会议表决通过《中华人民共和国国歌法》，维护国歌尊严，增强公民的国家观念。

推进文化体制改革，建设公共文化服务网络。强调把社会效益放在首位，实现社会效益和经济效益相统一；强调文化企业绝不能把市场占有率、收视率、票房和发行量作为唯一标准，不能成为市场的"奴隶"；注重把构建两效统一的体制机制作为制度设计的关键环节和考核评价的重要标准。坚持"重心下移、共建共享"，实现基本公共文化服务标准化均等化，建设覆盖城乡的国家、省、市、县、乡、村(社区)六级公共文化服务网络。

四、在发展中保障和改善民生

把增进人民福祉、促进人的全面发展作为一切工作的出发点和落脚点，要坚持人民主体地位，顺应人民群众对美好生活的向往，从人民群众最关心最直接最现实的利益问题入手，统筹做好教育、就业、收入分配、社会保障、医疗卫生等各领域民生工作。

不断促进教育发展成果更多更公平惠及全体人民。深化考试招生制度等教育综合改革，加快推进中西部教育发展，加大对革命老区、民族地区、边远地区、贫困地区基础教育的投入力度。统筹推进世界一流大学和一流学科建设，以提升我国高等教育综合实力和国际竞争力。

多渠道创造就业机会。精准发力抓好就业工作。加大就业支持力度，统筹推进就业岗位创造和就业质量提高。

促进社会公平正义，让广大人民群众共享改革发展成果。深化收入分配制度改革，把落实收入分配制度、增加城乡居民收入、缩小收入分配差距、规范收入分配秩序作为重要任务，狠抓落实；逐步建立社会公平保障体系，强调司法是维护社会公平的最后一道防线。

坚持全覆盖、保基本、多层次、可持续发展，加强城乡社会保障体系建设。继续完善养老保险转移接续办法，提高统筹层次；加快推进住房保障和供应体系建设，重点发展公共租赁住房，坚持"房子是用来住的、不是用来炒的"；推动形成城乡基本公共服务均等化体制机制。

加快推进健康中国建设。把人民健康放在优先发展的战略地位，努力全方位、全周期保障人民健康。

加强和创新社会治理，完善中国特色社会主义社会治理体系。加快推进户籍制度改革，坚持自愿、分类、有序方针，推进农业转移人口市民化；以保障和改善民生为优先方向，创新农村社会治理、城市社区治理。切实维护包括食品药品安全在内的公共安全，切实维护社会稳定，着力建设平安中国。

五、建设美丽中国

贯彻新发展理念，坚持节约资源和保护环境的基本国策，坚持节约优先、保护优先、自然恢复为主的方针，强调"绿水青山就是金山银山"，推动形成绿色发展方式和生活方式。

坚持山水林田湖是一个生命共同体，按照系统工程的思路，全方位、全地域、全过程开展生态环境保护建设。

完善生态文明制度体系，用最严格的制度、最严密的法治保护生态环境。2014年4月，十二届全国人大常委会第八次会议通过修订后的《中华人民共和国环境保护法》。推进省以下环保机构监测监察执法垂直管理，建立全国统一实时在线环境监控系统；全面推行河长制，各级党政主要负责人担任"河长"，负责组织领导相应河湖的管理和保护工作。2015年8月，中共中央办公厅、国务院办公厅印发《党政领导干部生态环境损害责任追究办法(试行)》。要求各地区各部门坚决扛起生态文明建设的政治责任，切实把生态文明建设各项任务落到实处。

强化公民环境意识。加强生态文明宣传教育，增强全民节约意识、环保意识、生态意识，倡导弘扬"牢记使命、艰苦创业、绿色发展"的塞罕坝精神，营造爱护生态环境的良好风气。

积极参与国际合作。中国率先签署全球合作应对气候变化的《巴黎协定》，倡议二十国集团发表首份气候变化问题主席声明；认真落实气候变化领域南南合作政策承诺，设立200亿人民币的中国气候变化南南合作基金，支持发展中国家应对气候变化挑战，同世界各国携手共建生态良好的地球美好家园。

在统筹推进"五位一体"总体布局的过程中，中共中央还就加强国防和军队建设、"一国两制"和祖国统一、外交工作提出了一系列重要思想观点，引领这些方面的工作取得重大的和积极的进展。

【知识点 11.3】
协调推进"四个全面"战略布局

协调推进"四个全面"战略布局

中共十八大以来，中共中央从坚持和发展中国特色社会主义全局出发，提出并形成了全面建成小康社会、全面深化改革、全面推进依法治国、全面从严治党的战略布局。这个战略布局既有战略目标，也有战略举措，每一个"全面"都具有重大战略意义，是实现中华民族伟大复兴中国梦的重要保障。

一、推进全面建成小康社会

2015年10月，中共十八届五中全会审议通过了《中共中央关于制定国民经济和社会发展第十三个五年规划的建议》。全会提出了全面建成小康社会新的目标要求。

全会强调实现"十三五"时期发展目标，破解发展难题，厚植发展优势，必须牢固树立并切实贯彻创新、协调、绿色、开放、共享的发展理念；必须坚持以人民为中心的发展思想，坚持发展为了人民、发展依靠人民、发展成果由人民共享。

2016 年 3 月，十二届全国人大四次会议通过《中华人民共和国关于国民经济和社会发展第十三个五年规划纲要的决议》。规划纲要依据《中共中央关于制定国民经济和社会发展第十三个五年规划的建议》编制，明确了 2016—2020 年经济社会发展宏伟目标、主要任务和重大举措。

全面建成小康社会，最艰巨最繁重的任务在农村，特别是在贫困地区。2015 年 11 月，中共中央召开扶贫开发工作会议，提出坚持精准扶贫、精准脱贫，坚决打赢脱贫攻坚战，确保到 2020 年所有贫困地区和贫困人口同全国人民一道迈入全面小康社会。

二、推进全面深化改革

2013 年 11 月，中共十八届三中全会审议通过《中共中央关于全面深化改革若干重大问题的决定》，勾画了到 2020 年全面深化改革的时间表、路线图。全会强调，改革开放是决定当代中国命运的关键一招。改革开放的旗帜必须继续高高举起，中国特色社会主义道路的正确方向必须牢牢坚持。

决定阐述了全面深化改革的重大意义、指导思想、总体思路，指出全面深化改革的总目标，是"完善和发展中国特色社会主义制度，推进国家治理体系和治理能力现代化"；要求"坚持社会主义市场经济改革方向，以促进社会公平正义、增进人民福祉为出发点和落脚点，进一步解放思想、解放和发展社会生产力、解放和增强社会活力"，让发展成果更多惠及全体人民；强调全面深化改革需要更加注重改革的系统性、整体性、协同性，加强顶层设计和整体谋划。改革进入新的发展阶段，要求到 2020 年，在重要领域和关键环节改革上取得决定性成果。

决定还从经济、政治、文化、社会、生态文明、国防和军队六个方面，具体部署了全面深化改革的主要任务和重大举措。

决定强调，经济体制改革是全面深化改革的重点，要坚持和完善公有制为主体、多种所有制经济共同发展的基本经济制度；处理好政府和市场的关系，使市场在资源配置中起决定性作用和更好发挥政府作用。全面深化改革，必须加强和改善党的领导，充分发挥党总揽全局、协调各方的领导核心作用。

全会决定，设立国家安全委员会，其主要职责是制定和实施国家安全战略，推进国家安全法治建设，制定国家安全工作方针政策，研究解决国家安全工作中的重大问题；中央成立全面深化改革领导小组，负责改革总体设计、统筹协调、整体推进、督促落实。

2014 年 1 月，中央全面深化改革领导小组成立，习近平任组长。领导小组第一次会议审议通过了《中央全面深化改革领导小组工作规则》等文件。同年 1

月，中共中央、国务院印发《关于全面深化农村改革 加快推进农业现代化的若干意见》，明确了农村改革的八大任务，第一条就是完善国家粮食安全保障体系。把饭碗牢牢端在自己手上，这是治国理政必须长期坚持的基本方针。同年11月，中共中央办公厅、国务院办公厅印发《关于引导农村土地经营权有序流转发展农业适度规模经营的意见》。这是事关农业农村发展的一件大事，也是深化农村改革的一项重要内容。2016年12月，中共中央、国务院印发《关于稳步推进农村集体产权制度改革的意见》，探索集体经济新的实现形式和运行机制。新一轮农村土地制度改革以及财税、金融、价格、国企、户籍制度、司法体制、院士制度、考试招生制度等各项改革，积极有序地向前推进。

2014年4月，中央国家安全委员会主席习近平主持召开中央国家安全委员会第一次会议，强调要坚持总体国家安全观，走出一条中国特色国家安全道路。

三、推进全面依法治国

2014年10月，中共十八届四中全会审议通过了《中共中央关于全面推进依法治国若干重大问题的决定》。

决定阐述了全面推进依法治国的重大意义、指导思想、总目标、基本原则。决定提出，全面推进依法治国，总目标是建设中国特色社会主义法治体系，建设社会主义法治国家。实现这个总目标，必须坚持中国共产党的领导，坚持人民主体地位，坚持法律面前人人平等，坚持依法治国和以德治国相结合，坚持从中国实际出发。决定指出，党的领导是中国特色社会主义最本质的特征，是社会主义法治的根本保证。坚持党的领导，是中国特色社会主义法治道路的核心要义。

决定对科学立法、严格执法、公正司法、全民守法进行了论述和部署。决定提出，必须完善以宪法为核心的中国特色社会主义法律体系、加强宪法实施。建议将每年12月4日定为国家宪法日；提出建立宪法宣誓制度，凡经人大及其常委会选举或者决定任命的国家工作人员正式就职时公开向宪法宣誓。决定要求，深入推进依法行政，加快建设法治政府，各级政府必须坚持在党的领导下、在法治轨道上开展工作。

决定还阐明了加强法治工作队伍建设、加强和改进党对全面推进依法治国的领导等。

中共十八大以来，我国立法工作全面推进，有力地推动了法治中国的建设。2014年11月，十二届全国人大常委会第十一次会议通过《全国人民代表大会常务委员会关于设立国家宪法日的决定》，将12月4日设立为国家宪法日。

2015 年 3 月，十二届全国人大三次会议审议通过了《全国人民代表大会关于修改〈中华人民共和国立法法〉的决定》。同年 4 月，中央全面深化改革领导小组审议通过《党的十八届四中全会重要举措实施规划（2015—2020 年）》，这成为今后一个时期推进全面依法治国的总施工图和总台账。

2017 年 3 月，十二届全国人大五次会议通过了《中华人民共和国民法总则》，为编纂好民法典奠定了坚实的基础。

四、推进全面从严治党

中共十八大以来，中共中央全面加强党的领导和党的建设，采取全方位、高标准的管党治党举措，开创全面从严治党的新局面。

2012 年 12 月，中共中央政治局审议通过关于改进工作作风、密切联系群众的八项规定，要求各级党政机关和领导干部带头改进工作作风，带头深入基层调查研究，带头密切联系群众，带头解决实际问题等；并且强调，抓作风建设，首先要从中央政治局做起。这些规定，发出正风肃纪、从严治党的强烈信号，使全党全社会为之一振。

2013 年 5 月，中共中央发布《关于在全党深入开展党的群众路线教育实践活动的意见》。教育实践活动以为民务实清廉为主要内容，活动全过程要贯穿"照镜子、正衣冠、洗洗澡、治治病"总要求，着力解决形式主义、官僚主义、享乐主义和奢靡之风这"四风"问题。2014 年 3 月，习近平在十二届全国人大二次会议期间提出，各级领导干部都要树立和发扬"三严三实"，既严以修身、严以用权、严以律己，又谋事要实、创业要实、做人要实。2015 年 4 月，县处级以上领导干部"三严三实"专题教育陆续展开。这是党的群众路线教育实践活动的延展深化。2016 年 2 月，"学党章党规、学系列讲话，做合格党员"（简称"两学一做"）学习教育在全体党员中有序开展。这是推动党内教育从"关键少数"向广大党员拓展、从集中性教育向经常性教育延伸的重要举措。

在党风建设取得实实在在成效的同时，中共中央坚持以零容忍态度惩治腐败，坚持"老虎""苍蝇"一起打，形成对腐败的高压态势，持续遏制不正之风和腐败现象蔓延势头。强化党内监督，把巡视作为党内监督战略性制度安排；同时健全追逃追赃协调机制，强化与有关国家、地区司法协助和执法合作。2015 年 3 月，首次启动针对外逃腐败分子的"天网"行动，深入推进缉捕在逃境外经济犯罪嫌疑人的"猎狐"行动。为了有效推进反腐斗争，中央还提出应当建立健全惩治和预防腐败体系、加强反腐倡廉教育和廉政文化建设。

2016 年 10 月，中共十八届六中全会举行。全会审议通过《关于新形势下党内政治生活的若干准则》和《中国共产党党内监督条例》。全会明确习近平为党中央的核心、全党的核心。全会号召全党同志牢固树立政治意识、大局意识、核心意识、看齐意识，坚定不移维护党中央权威和党中央集中统一领导，确保党团结带领人民不断开创中国特色社会主义事业新局面。

经过党的十八届三中、四中、五中、六中全会，中共中央对"四个全面"战略布局做出了整体设计。这是对党治国理政经验的科学总结和丰富发展，集中体现了时代和实践发展对党和国家工作的新要求。

☞ **【知识点 11.4】**
党和国家事业的历史性成就和历史性变革

党和国家事业的历史性成就和历史性变革

一、极不平凡的五年

中共十八大以来的五年，是党和国家发展进程中极不平凡的五年。面对世界经济复苏乏力、局部冲突和动荡频发、全球性问题加剧的外部环境，面对我国经济发展进入新常态等一系列深刻变化，中共中央坚持稳中求进工作总基调，迎难而上，开拓进取，取得了改革开放和社会主义现代化建设的历史性成就。

（一）经济建设取得重大成就

坚定不移贯彻新发展理念，坚决端正发展观念、转变发展方式，发展质量和效益不断提升。

经济保持中高速增长，在世界主要国家中名列前茅，国内生产总值从 54 万亿元增长到 82.7 万亿元，稳居世界第二，年均增长 7.1%，占世界经济比重从 11.4% 提高到 15% 左右，对世界经济增长贡献率超过 30%。财政收入从 11.7 万亿元增加到 17.3 万亿元。城镇新增就业 6600 万人以上，13 亿多人口的大国实现了比较充分就业。

供给侧结构性改革深入推进，经济结构不断优化。消费贡献率由 54.9% 提高到 58.8%，服务业比重从 45.3% 上升到 5L6%，成为经济增长主动力。高技术制造业年均增长 11.7%。

农业现代化稳步推进，粮食生产能力达到 1.2 万亿斤。城镇化率从 52.6%

提高到 58.5%，8000 多万农业转移人口成为城镇居民。

区域发展协调性增强，"一带一路"建设、京津冀协同发展、长江经济带发展成效显著。

创新驱动发展战略大力实施，创新型国家建设成果丰硕。全社会研发投入年均增长 11%，规模跃居世界第二位。科技进步贡献率由 52.2% 提高到 57.5%。载人航天、深海探测、射电望远镜、暗物质粒子探测、量子通信、'大飞机等重大创新成果不断涌现。高铁网络、电子商务、移动支付、共享经济等引领世界潮流。"互联网+"广泛融入各行各业。大众创业、万众创新蓬勃发展，日均新设企业由 5000 多户增加到 1.6 万多户。快速崛起的新动能，正在重塑经济增长格局、深刻改变生产生活方式，成为中国创新发展的新标志。

南海岛礁建设积极推进。开放型经济新体制逐步健全，对外贸易、对外投资、外汇储备稳居世界前列。

(二)全面深化改革取得重大突破

稳步推进全面深化改革，坚决破除各方面体制机制弊端。改革全面发力、多点突破、纵深推进，着力增强改革系统性、整体性、协同性，压茬拓展改革广度和深度。推出 1500 多项改革举措，简政放权、放管结合、优化服务等改革推动政府职能发生深刻转变，重要领域和关键环节改革取得突破性进展，主要领域改革主体框架基本确立。中国特色社会主义制度更加完善，国家治理体系和治理能力现代化水平明显提高，全社会发展活力和创新活力明显增强。

(三)民主法治建设迈出重大步伐

积极发展社会主义民主政治，推进全面依法治国，党的领导、人民当家作主、依法治国有机统一的制度建设全面加强，党的领导体制机制不断完善，社会主义民主不断发展，党内民主更加广泛，社会主义协商民主全面展开，爱国统一战线巩固发展，民族宗教工作创新推进。全国人大常委会制定修订法律 95 部，制定修订行政法规 195 部，修改废止一大批部门规章。省、市、县政府部门制定公布权责清单。科学立法、严格执法、公正司法、全民守法深入推进，法治国家、法治政府、法治社会建设相互促进，中国特色社会主义法治体系日益完善，全社会法治观念明显增强。国家监察体制改革试点取得实效，行政体制改革、司法体制改革、权力运行制约和监督体系建设有效实施。

(四)思想文化建设取得重大进展

加强党对意识形态工作的领导，党的理论创新全面推进，马克思主义在意识形态领域的指导地位更加鲜明，中国特色社会主义和中国梦深入人心。

社会主义核心价值观和中华优秀传统文化广泛弘扬，群众性精神文明创建活动扎实开展。公共文化服务水平不断提高，文艺创作持续繁荣，文化事业和文化产业蓬勃发展，互联网建设管理运用不断完善，全民健身和竞技体育全面发展。主旋律更加响亮，正能量更加强劲，文化自信得到彰显，国家文化软实力和中华文化影响力大幅提升，全党全社会思想上的团结统一更加巩固。

(五)人民生活不断改善

深入贯彻以人民为中心的发展思想，一大批惠民举措落地实施，人民获得感显著增强。

脱贫攻坚战取得决定性进展，贫困人口减少6800多万，易地扶贫搬迁830万人，贫困发生率由10.2%下降到3.1%。教育事业全面发展，中西部和农村教育明显加强。就业状况持续改善，城镇新增就业年均1300万人以上。出境旅游人次由8300万增加到1亿3000多万。居民收入年均增长7.4%，超过经济增速，形成世界上人口最多的中等收入群体。社会养老保险覆盖9亿多人，基本医疗保险覆盖13.5亿人，织就了世界上最大的社会保障网。人民健康和医疗卫生水平大幅提高，人均预期寿命达到76.7岁。保障性住房建设稳步推进，棚户区住房改造2600多万套，农村危房改造1700多万户，上亿人喜迁新居。

社会治理体系更加完善，社会大局保持稳定，国家安全全面加强。

(六)生态文明建设成效显著

大力度推进生态文明建设，全党全国贯彻绿色发展理念的自觉性和主动性显著增强，忽视生态环境保护的状况明显改变。制定实施大气、水、土壤污染防治三个"十条"并取得扎实成效。单位国内生产总值能耗、水耗均下降20%以上。重拳整治大气污染，重点地区细颗粒物(PM2.5)平均浓度下降30%以上。主要污染物排放量持续下降，重点城市重污染天数减少一半，森林面积增加1.63亿亩，沙化土地面积年均缩减近2000平方公里，绿色发展呈现可喜局面。生态文明制度体系加快形成，主体功能区制度逐步健全，国家公园体制试点积极推进。全面节约资源有效推进，能源资源消耗强度大幅下降。重大生态保护和修复工程进展顺利，森林覆盖率持续提高。生态环境治理明显加强，环境状况得到改善。引导应对气候变化国际合作，成为全球生态文明建设的重要参与者、贡献者、引领者。

（七）强军兴军开创新局面

着眼于实现中国梦强军梦，制定新形势下军事战略方针，全力推进国防和军队现代化。召开古田全军政治工作会议，恢复和发扬我党我军光荣传统和优良作风，人民军队政治生态得到有效治理。国防和军队改革取得历史性突破，形成军委管总、战区主战、军种主建新格局，人民军队组织架构和力量体系实现革命性重塑。加强练兵备战，有效遂行海上维权、反恐维稳、抢险救灾、国际维和、亚丁湾护航、人道主义救援等重大任务，武器装备加快发展，军事斗争准备取得重大进展。人民军队在中国特色强军之路上迈出坚定步伐。

（八）港澳台工作取得新进展

全面准确贯彻"一国两制"方针，牢牢掌握宪法和基本法赋予的中央对香港、澳门全面管治权。深化内地和港澳地区交流合作，港珠澳大桥全线贯通，香港、澳门保持繁荣稳定。坚持"一个中国原则"和"九二共识"，推动两岸关系和平发展，加强两岸经济文化交流合作，实现两岸领导人历史性会晤。妥善应对台湾局势变化，坚决反对和遏制"台独"分裂势力，有力维护了台海和平稳定。

（九）全方位外交布局深入展开

全面推进中国特色大国外交，形成全方位、多层次、立体化的外交布局，为我国发展营造了良好外部条件。实施共建"一带一路"倡议，发起创办亚洲基础设施投资银行，设立丝路基金，成功举办首届"一带一路"国际合作高峰论坛、二十国集团领导人杭州峰会等重大主场外交。习近平等国家领导人出访多国，出席联合国系列峰会、气候变化大会、世界经济论坛、东亚合作领导人系列会议等重大活动，全方位外交布局深入展开。倡导构建人类命运共同体，促进全球治理体系变革。经济外交、人文交流卓有成效。坚定维护国家主权和海洋权益。我国国际影响力、感召力、塑造力进一步提高，为世界和平与发展做出新的重大贡献。

（十）全面从严治党成效卓著

全面加强党的领导和党的建设，坚决改变管党治党宽松软状况。推动全党尊崇党章，增强政治意识、大局意识、核心意识、看齐意识，坚决维护党中央权威和集中统一领导，严明党的政治纪律和政治规矩，层层落实管党治党政治责任。坚持"照镜子、正衣冠、洗洗澡、治治病"的要求，开展党的群众路线教育实践活动和"三严三实"专题教育，推进"两学一做"学习教育常态化制度化，全党理想信念更加坚定、党性更加坚强。贯彻新时期好干部标准，选人用人状况和风气明显好转。党的建设制度改革深入推进，党内法规制度体系不断完善。把纪律挺在前面，着力解决人民群众反映最强烈、对党的执政基础威胁最大的突出问题。出台中央八项规定，严厉整治形式主义、官僚主义、享乐主义和奢靡之风，坚决反对特权。巡视利剑作用彰显，实现中央和省级党委巡视全覆盖。坚持反腐败无禁区、全覆盖、零容忍，坚定不移"打虎""拍蝇""猎狐"，不敢腐的目标初步实现，不能腐的笼子越扎越牢，不想腐的堤坝正在构筑，反腐败斗争压倒性态势已经形成并巩固发展。

中共十八大以来五年的成就是全方位的、开创性的，变革是深层次的、根本性的。中共中央统筹推进改革发展稳定、内政外交国防、治党治国治军，提出了一系列新理念新思想新战略，出台了一系列重大方针政策，推出了一系列重大举措，推进了一系列重大工作，解决了许多长期想解决而没有解决的难题，办成了许多过去想办而没有办成的大事，推动党和国家事业发生历史性变革。这些历史性变革，对党和国家事业发展具有重大而深远的影响。

五年来，中共中央勇于面对党面临的重大风险考验和党内存在的突出问题，以顽强意志品质正风肃纪、反腐惩恶，消除了党和国家内部存在的严重隐患，党内政治生活气象更新，党内政治生态明显好转，党的创造力、凝聚力、战斗力显著增强，党的团结统一更加巩固，党群关系明显改善，党在革命性锻造中更加坚强，焕发出新的强大生机活力，为党和国家事业发展提供了坚强政治保证。

党和国家事业取得的历史性成就，发生的历史性变革，是以习近平同志为核心的党中央坚强领导的结果，是习近平新时代中国特色社会主义思想科学指引的结果，是全党全国各族人民共同奋斗的结果。以习近平同志为核心的党中央举旗定向、运筹帷幄，坚持不忘初心、牢记使命、砥砺奋进，以巨大的政治勇气，有效应对国际国内诸多风险和挑战。党中央的坚强领导是党和国家事业发生历史性变革的根本政治保障。

二、新时代中国与世界关系的历史性变化

中国特色社会主义进入新时代，中国的国际地位发生了历史性的变化，正日益走近世界舞台中央。五年来，中国发挥负责任大国作用，积极推动构建人类命运共同体，做世界和平的建设者、全球发展的贡献者、国际秩序的维护者，不断为人类做出更大贡献。

中共十八大以来，以习近平同志为核心的党中央提出一系列具有鲜明中国

特色的全球治理观，如合作共赢理念、新型大国关系、正确义利观等，特别是提出共建"一带一路"倡议、构建人类命运共同体的理念，在国际上引起广泛反响，多次载入联合国有关文件。中国的全球治理观反映了人类共同价值追求和当代国际关系现实，为全球治理体系改革和建设贡献了中国智慧、提供了中国方案。

五年来，中国成功主办首届"一带一路"国际合作高峰论坛、亚太经合组织领导人非正式会议、金砖国家领导人厦门会晤、亚信峰会，特别是二十国集团领导人杭州峰会取得一系列具有开创性、引领性、机制性的成果。"一带一路"重大倡议开辟了国际合作新模式，得到 100 多个国家和国际组织的积极支持和参与，成为当今世界规模最大的国际合作平台、最受欢迎的全球公共产品。中国为广大发展中国家提供了大量无偿援助、优惠贷款，提供了大量技术支持、人员支持、智力支持，为广大发展中国家建成了大批经济社会发展和民生改善项目。

五年来，中国发起一系列以发展中国家为主体的国际组织及合作机制，实现了多边机制在发展中国家的网络化全覆盖，努力补强全球治理体系中的南方短板，推动金砖国家、上海合作组织等机制在区域和全球治理中发挥更大作用。秉持开放、包容、合作、共赢的金砖精神，引领构建全方位、多层次的金砖合作架构，将其打造为新兴市场国家和发展中国家参与全球治理的重要平台。

五年来，面对此起彼伏的国际地区热点问题和层出不穷的各种全球性挑战，中国担当大国责任，发挥建设性作用，维护朝鲜半岛和平稳定，推动南苏丹、叙利亚、乌克兰等热点难点问题政治解决进程。积极参与国际反恐合作，派军舰在亚丁湾、索马里海域执行护航任务，累计派出 3.6 万余人次维和人员，成为联合国维和行动的主要出兵国和出资国。坚持绿色低碳，推动各方达成并落实气候变化《巴黎协定》，引领国际社会采取积极行动应对气候变化。积极参与网络、极地、深海、外空等新兴领域规则制定，发起并主办首届世界互联网大会，推动建立多边、民主、透明的全球互联网治理体系。

中国通过兴办孔子学院、孔子学堂，积极开展汉语教学和文化交流活动等，为推动世界各国文明交流互鉴、增进中国人民与各国人民相互了解和友谊发挥了重要作用。截至 2017 年底，全球 146 个国家（地区）已建立 525 所孔子学院和 1113 个孔子课堂。

鸦片战争前夕的中国封建社会，衰相尽显，潜伏着许多危机，闭关自守，故步自封，已远远落后于西方资本主义国家，古老的中国遇到了空前严重的挑战。今天，中国与世界的关系正站在新的历史起点上，中国同国际社会的互联互动变得空前紧密，中国对世界的依靠、对国际事务的参与在不断加深，世界对中国的依靠、对中国的影响也在不断加深。中国越来越离不开世界，世界也越来越离不开中国。

在中国共产党的坚强领导下，中国各族人民经过不懈努力，国家的经济实力、科技实力、国防实力、综合国力进入世界前列，国际地位实现前所未有的提升，党的面貌、国家的面貌、人民的面貌、军队的面貌、中华民族的面貌发生了前所未有的变化，中华民族正以崭新姿态屹立于世界的东方。

【思考】中共十八大以来，党和国家事业发生怎样的历史性变革？其意义是什么？

思考题要点提示：党的十八大以来，在以习近平同志为核心的党中央坚强领导下，党和国家事业发生的历史性变革，对坚持和发展中国特色社会主义、实现"两个一百年"奋斗目标、实现中华民族伟大复兴的中国梦，具有重大而深远的影响。深入理解党的十八大以来党和国家事业发生的历史性变革，要着重把握"历史性""深层次""根本性"这三个关键词。

第一，"历史性"。这主要是从历史维度来评价五年来发生的变革。从近代以来中华民族170多年的历史进程看，中华民族进入了历史上极为罕见的巨变时期，经历了由近代不断衰落到根本扭转命运、持续走向繁荣富强的伟大飞跃。实现民族独立和人民解放、建立社会主义制度、进行改革开放，是这一历史进程中的几个标志性变革。党的十八大以来党和国家事业发生的历史性变革，是这一历史进程中又一个具有里程碑意义的变革，是我们党着眼于实现中华民族伟大复兴宏伟目标，主动适应时代潮流、顺应实践发展、把握人民愿望而推进的伟大变革，对于巩固和发展中华民族持续走向繁荣富强的良好态势、实现中华民族伟大复兴的中国梦具有决定性意义。

第二，"深层次"。这主要指变革的深度。党的十八大以来，党和国家事业发展从指导思想、思路观念、方针政策、体制机制、社会氛围、外部条件、根本保证等各方面都发生了巨大变化，可以概括为"九个明显改变"：一是党的领导得到全面加强，党的领导被忽视、淡化、削弱的状况得到明显改变；二是坚定不移贯彻新发展理念，发展观念不正确、发展方式粗放的状况得到明显改变；三是坚定不移全面深化改革，各方面体制机制弊端阻碍发展活力和社会活力的状况得到明显改变；四是坚定不移全面推进依法治国，有法不依、执法不严、司法不公问题严重的状况得到明显改变；五是加强党对意识形态工作的领导，社会思想舆论环境中的混乱状况得到明显改变；六是坚定不移推进生态文明建设，忽视生态环境保护、生态环境恶化的状况得到明显改变；七是坚定不移推进国防和军队现代化，人民军队中一度存在的不良政治状况得到明显改变；八是坚定不移推进中国特色大国外交，我国在国际力量对比中面临的不利状况得到明显改变；九是坚定不移推进全面从严治党，管党治党宽松软的状况得到明显改变。

第三，"根本性"。这主要指历史性变革对未来发展的影响。五年来，我们党全面深化改革，推出了1500多项改革举措，重要领域和关键环节改革取得突破性进展，主要领域改革主体框架基本确立，在经济建设、政治建设、文化建设、社会建设、生态文明建设和党的建设领域的体制机制逐步健全，中国特色社会主义制度更加完善，国家治理体系和治理能力现代化水平显著提高，为我们在新时代坚持和发展中国特色社会主义提供了有力的制度保障，中国特色社会主义制度的优越性进一步体现。特别是五年来我们党勇于面对党面临的重大风险考验和党内存在的突出问题，以顽强意志品质正风肃纪、反腐惩恶，消除了党和国家内部存在的严重隐患，党内政治生活气象更新，党内政治生态明显好转，党的创造力、凝聚力、战斗力显著增强，党的团结统一更加巩固，党群关系明显改善，党在革命性锻造中更加坚强，焕发出新的强大生机活力，为党和国家事业发展提供了坚强政治保证。这些历史性变革，对中国特色社会主义事业未来的发展具有方向性、全局性、决定性、长远性影响。

总之，党的十八大以来，以习近平同志为核心的党中央团结带领全国人民统筹推进"五位一体"总体布局、协调推进"四个全面"战略布局，推动党和国家事业取得的历史性成就、发生的历史性变革，是我们党勇于进行具有许多新的历史特点的伟大斗争的必然结果。实践充分证明，历史性的伟大斗争必然产生历史性的伟大变革。

【知识点 11.5】
在新时代坚持和发展中国特色社会主义

在新时代坚持和发展
中国特色社会主义

一、中共十九大的举行

2017年10月18日至24日，中国共产党第十九次全国代表大会在北京举行。这是在全面建成小康社会决胜阶段、中国特色社会主义进入新时代的关键时期召开的一次十分重要的大会。

大会的主题是：不忘初心、牢记使命，高举中国特色社会主义伟大旗帜，决胜全面建成小康社会，夺取新时代中国特色社会主义伟大胜利，为实现中华民族伟大复兴的中国梦不懈奋斗。

大会批准了习近平代表十八届中央委员会所作的报告，批准了中央纪律检查委员会的工作报告，审议通过了《中国共产党章程(修正案)》，选举产生了新一届中央委员会和中央纪律检查委员会。

大会通过的十八届中央委员会的报告，描绘了决胜全面建成小康社会、夺取新时代中国特色社会主义伟大胜利的宏伟蓝图，进一步指明了党和国家事业的前进方向，是中国共产党团结带领全国各族人民在新时代坚持和发展中国特色社会主义的政治宣言和行动纲领，是马克思主义的纲领性文献。

二、确立习近平新时代中国特色社会主义思想的历史地位

中共十八大以来，国内外形势变化和我国各项事业发展提出了一个重大时代课题，这就是必须从理论和实践结合上系统回答新时代坚持和发展什么样的中国特色社会主义、怎样坚持和发展中国特色社会主义。围绕这个重大时代课题，以习近平同志为核心的党中央进行艰辛理论探索，取得重大理论创新成果，形成了习近平新时代中国特色社会主义思想。

坚持和发展中国特色社会主义，是习近平新时代中国特色社会主义思想的核心要义。

大会强调：新时代中国特色社会主义思想，明确坚持和发展中国特色社会主义，总任务是实现社会主义现代化和中华民族伟大复兴，在全面建成小康社会的基础上，分两步走，在21世纪中叶建成富强民主文明和谐美丽的社会主义现代化强国；明确新时代我国社会主要矛盾是人民日益增长的美好生活需要和不平衡不充分的发展之间的矛盾，必须坚持以人民为中心的发展思想，不断促进人的全面发展、全体人民共同富裕；明确中国特色社会主义事业总体布局是"五位一体"、战略布局是"四个全面"，强调坚定道路自信、理论自信、制度自信、文化自信；明确全面深化改革总目标是完善和发展中国特色社会主义制度、推进国家治理体系和治理能力现代化；明确全面推进依法治国总目标是建设中国特色社会主义法治体系、建设社会主义法治国家；明确党在新时代的强军目标是建设一支听党指挥、能打胜仗、作风优良的人民军队，把人民军队建设成为世界一流军队；明确中国特色大国外交要推动构建新型国际关系，推动构建人类命运共同体；明确中国特色社会主义最本质的特征是中国共产党领导，中国特色社会主义制度的最大优势是中国共产党领导，党是最高政治领导力量，提出新时代党的建设总要求，突出政治建设在党的建设中的重要地位。这"八个明确"，构成了系统完备、逻辑严密、内在统一的科学体系，是习近平

新时代中国特色社会主义思想最重要、最核心的内容。

大会提出了新时代坚持和发展中国特色社会主义的基本方略，即坚持党对一切工作的领导、坚持以人民为中心、坚持全面深化改革、坚持新发展理念、坚持人民当家作主、坚持全面依法治国、坚持社会主义核心价值体系、坚持在发展中保障和改善民生、坚持人与自然和谐共生、坚持总体国家安全观、坚持党对人民军队的绝对领导、坚持"一国两制"和推进祖国统一、坚持推动构建人类命运共同体、坚持全面从严治党。这"十四个坚持"，是对党的治国理政重大方针、原则的最新概括，体现了理论与实践相统一、战略与战术相结合，是实现"两个一百年"奋斗目标、实现中华民族伟大复兴中国梦的"路线图"和"方法论"。这"十四个坚持"，既是习近平新时代中国特色社会主义思想的重要组成部分，也是落实习近平新时代中国特色社会主义思想的实践要求。

大会强调，习近平新时代中国特色社会主义思想，是对马克思列宁主义、毛泽东思想、邓小平理论、"三个代表"重要思想、科学发展观的继承和发展，是马克思主义中国化最新成果，是党和人民实践经验和集体智慧的结晶，是中国特色社会主义理论体系的重要组成部分，是全党全国人民为实现中华民族伟大复兴而奋斗的行动指南，必须长期坚持并不断发展。

大会通过的党章修正案把习近平新时代中国特色社会主义思想确立为党的行动指南，实现了党的指导思想的又一次与时俱进。这是党的十九大的一个重大历史贡献。

【思考】如何认识习近平新时代中国特色社会主义思想的历史地位？

思考题要点提示：习近平新时代中国特色社会主义思想在马克思主义发展史上、在世界社会主义史上、在马克思主义中国化史上、在中国特色社会主义史上，具有重要的历史地位。

这一思想贯穿改革发展稳定、内政外交国防、治党治国治军各个领域，既坚持老祖宗，又讲了很多新话，实现马克思主义基本原理与中国具体实际相结合的新飞跃，是对马克思列宁主义、毛泽东思想、邓小平理论、"三个代表"重要思想、科学发展观的继承和发展，是21世纪中国的马克思主义，是马克思主义中国化最新成果，开辟了马克思主义新境界。

这一思想为中国特色社会主义注入了新的科学内涵，进一步彰显了中国特色社会主义时代特色、实践特色、理论特色、民族特色，续写了中国特色社会主义的光辉篇章，是中国特色社会主义理论体系的重要组成部分，开辟了中国特色社会主义新境界。

这一思想指导我们党团结带领全国各族人民推动党和国家事业取得了全方

位、开创性的成就，开辟了党治国理政新境界。

这一思想指导我们党全面从严治党，党的创造力、凝聚力、战斗力显著增强，党的团结统一更加巩固，党群关系明显改善，党在革命性锻造中更加坚强，开辟了管党治党新境界。

总之，这一思想回应了坚持和发展中国特色社会主义的实践要求，以全新的视野深化对共产党执政规律、社会主义建设规律、人类社会发展规律的认识，是全党全国人民为实现中华民族伟大复兴而奋斗的理论指南和行动纲领，必须长期坚持。

三、作出中国特色社会主义进入新时代、我国社会主要矛盾发生新变化的重大政治论断

大会指出，经过长期努力，中国特色社会主义进入了新时代，这是我国发展新的历史方位。中国特色社会主义进入新时代，我国社会主要矛盾已经转化为人民日益增长的美好生活需要和不平衡不充分的发展之间的矛盾。我国社会主要矛盾的变化是关系全局的历史性变化，对党和国家工作提出了许多新要求。我们要在继续推动发展的基础上，着力解决好发展不平衡不充分问题，大力提升发展质量和效益，更好满足人民在经济、政治、文化、社会、生态等方面日益增长的需要，更好推动人的全面发展、社会全面进步。

大会强调，我国社会主要矛盾的变化，没有改变我们对我国社会主义所处历史阶段的判断，我国仍处于并将长期处于社会主义初级阶段的基本国情没有变，我国是世界最大发展中国家的国际地位没有变。全党要牢牢把握社会主义初级阶段这个基本国情，牢牢立足社会主义初级阶段这个最大实际，牢牢坚持党的基本路线这个党和国家的生命线、人民的幸福线。

【思考】怎样认识中国特色社会主义进入新时代与我国社会主要矛盾的新变化？

思考题要点提示：党的十九大报告指出，"中国特色社会主义进入新时代，我国社会主要矛盾已经转化为人民日益增长的美好生活需要和不平衡不充分的发展之间的矛盾"，"我国社会主要矛盾的变化是关系全局的历史性变化，对党和国家工作提出了许多新要求"，"我国社会主要矛盾的变化，没有改变我们对我国社会主义所处历史阶段的判断，我国仍处于并将长期处于社会主义初级阶段的基本国情没有变，我国是世界最大发展中国家的国际地位没有变"。这些关于历史方位、社会主要矛盾和基本国情的重要政治判断，是党的十九大报告立论的基础或前提。

中国特色社会主义进入新时代，最重要的依据是发展。改革开放以来，中国走过了有些国家用100多年甚至更长时间走过的现代化历程，创造了人类发展史上的奇迹。经济得到高速发展，民主法治建设取得长足进步，文化影响力显著扩大，人民生活水平大幅度提高。特别是党的十八大以来，以习近平同志为核心的党中央推动党和国家事业发生历史性变革，党的面貌、国家的面貌、人民的面貌、军队的面貌、中华民族的面貌发生了前所未有的变化。

中国特色社会主义进入新时代，我国社会主要矛盾已经转化为人民日益增长的美好生活需要和不平衡不充分的发展之间的矛盾。党的十九大报告的这一判断，认识到我国社会生产力实现了巨大发展，很多产品的生产能力进入世界前列，国内生产总值居于世界第二位，生活用品短缺状况已根本改变。在此基础上，人民温饱问题已经解决，总体上实现小康，不久将全面建成小康社会。人民不仅对物质文化生活提出了更高要求，而且在民主、法治、公平、正义、安全、环境等方面的要求日益增长。而同时，我们还存在着发展不平衡不充分的问题，难以完全满足人民日益增长的美好生活需要。这就要求我们必须贯彻创新、协调、绿色、开放、共享的发展理念，在继续推动发展的基础上，着力解决好发展不平衡不充分问题，大力提升发展质量和效益，更好满足人民在经济、政治、文化、社会、生态等方面日益增长的需要，更好推动人的全面发展、社会全面进步。

党的十九大报告强调，我国社会主要矛盾的变化，没有改变我们对我国社会主义所处历史阶段的判断，我国仍处于并将长期处于社会主义初级阶段的基本国情没有变，我国是世界最大发展中国家的国际地位没有变。这里讲的"变"和"没有变"，是辩证统一的。社会主义初级阶段，指的不是所有社会主义国家必经的初始阶段，而是我们落后所决定的特殊阶段，这个阶段至少上百年。今天，虽然我国的经济总量很大，但人均却仍处在世界比较靠后的位置，其他不少方面也与发达国家有着较大差距。所以，我国依然处于社会主义初级阶段，依然属于世界上最大的发展中国家。

"变"和"没有变"，着眼点都是强调党和人民的主要任务是发展。所以，党的十九大报告要求，牢牢坚持党的基本路线这个党和国家的生命线、人民的幸福线，领导和团结全国各族人民，以经济建设为中心，坚持四项基本原则，坚持改革开放，自力更生，艰苦创业，为把我国建设成为富强民主文明和谐美丽的社会主义现代化强国而奋斗。

新时代中国共产党的历史使命，是实现中华民族伟大复兴。习近平新时代中国特色社会主义思想和基本方略，就是对新时代坚持和发展什么样的中国特色社会主义、怎样坚持和发展中国特色社会主义这一重大时代课题的科学回答。党的十九大报告提出，在全面建成小康社会后，先用十五年基本实现社会主义现代化，再用十五年建成社会主义现代化强国。而报告在经济建设、政治建设、文化建设、社会建设、生态文明建设以及军队建设、国家统一、外交工作、党的建设等方面所做的部署，就是实现"两个一百年"奋斗目标的具体举措。这些新思想、新方略、新目标、新部署，都是由新时代、社会主要矛盾、社会主义初级阶段、最大发展中国家等重要判断而来。因此，读懂十九大报告，必须深入理解中国特色社会主义进入新时代的"变"和"没有变"。

四、确定决胜全面建成小康社会、开启全面建设社会主义现代化国家新征程的目标

从现在到 2020 年，是全面建成小康社会决胜期。大会要求全党全国人民按照全面建成小康社会各项要求，紧扣我国社会主要矛盾变化，突出抓重点、补短板、强弱项，特别是要坚决打好防范化解重大风险、精准脱贫、污染防治的攻坚战，使全面建成小康社会得到人民认可、经得起历史检验。

大会强调，从十九大到二十大，是"两个一百年"奋斗目标的历史交汇期。我们既要全面建成小康社会、实现第一个百年奋斗目标，又要乘势而上开启全面建设社会主义现代化国家新征程，向第二个百年奋斗目标进军。

大会指出，综合分析国际国内形势和我国发展条件，从 2020 年到 21 世纪中叶可以分两个阶段来安排。

第一个阶段，从 2020 年到 2035 年，在全面建成小康社会的基础上，再奋斗 15 年，基本实现社会主义现代化。

第二个阶段，从 2035 年到 21 世纪中叶，在基本实现现代化的基础上，再奋斗 15 年，把我国建成富强民主文明和谐美丽的社会主义现代化强国。

从全面建成小康社会到基本实现现代化，再到全面建成社会主义现代化强国，是新时代中国特色社会主义发展的战略安排。

五、对新时代推进中国特色社会主义伟大事业和党的建设伟大工程作出全面部署

大会强调，实现伟大梦想，必须进行伟大斗争；要充分认识这场伟大斗争的长期性、复杂性、艰巨性，发扬斗争精神，提高斗争本领，不断夺取伟大斗争新胜利。实现伟大梦想，必须建设伟大工程，这个伟大工程就是我们党正在深入推进的党的建设新的伟大工程。实现伟大梦想，必须推进伟大事业。中国特色社会主义是改革开放以来党的全部理论和实践的主题，是党和人民历尽千辛万苦、付出巨大代价取得的根本成就；要更加自觉地增强道路自信、理论自信、

制度自信、文化自信，既不走封闭僵化的老路，也不走改旗易帜的邪路，保持政治定力，坚持实干兴邦，始终坚持和发展中国特色社会主义。大会强调，伟大斗争，伟大工程，伟大事业，伟大梦想，紧密联系、相互贯通、相互作用，其中起决定性作用的是党的建设新的伟大工程。

大会对推进新时代中国特色社会主义伟大事业作出具体部署。

在经济建设上，要贯彻新发展理念，建设现代化经济体系。坚持和完善我国社会主义基本经济制度和分配制度，毫不动摇巩固和发展公有制经济，毫不动摇鼓励、支持、引导非公有制经济发展。以供给侧结构性改革为主线，推动经济发展质量变革、效率变革、动力变革，不断增强我国经济创新力和竞争力。深化供给侧结构性改革，加快建设创新型国家，实施乡村振兴战略，实施区域协调发展战略，加快完善社会主义市场经济体制，推动形成全面开放新格局，努力实现更高质量、更有效率、更加公平、更可持续的发展。

在政治建设上，要坚持党的领导、人民当家作主、依法治国有机统一，健全人民当家作主制度体系，发展社会主义民主政治，推进社会主义民主政治制度化、规范化、程序化。

在文化建设上，要坚定文化自信，推动社会主义文化繁荣兴盛，牢牢掌握意识形态工作领导权，培育和践行社会主义核心价值观，加强思想道德建设，繁荣发展社会主义文艺，推动文化事业和文化产业发展。

在社会建设上，要提高保障和改善民生水平，加强和创新社会治理，不断满足人民日益增长的美好生活需要，在幼有所育、学有所教、劳有所得、病有所医、老有所养、住有所居、弱有所扶上不断取得新进展，深入开展脱贫攻坚，保证全体人民在共建共享发展中有更多获得感，不断促进人的全面发展、全体人民共同富裕。

在生态文明建设上，要践行绿水青山就是金山银山的理念，加快生态文明体制改革，形成节约资源和保护环境的空间格局、产业结构、生产方式、生活方式，建设美丽中国。

在国防和军队建设上，必须坚持走中国特色强军之路，全面贯彻习近平强军思想，贯彻新形势下军事战略方针，把人民军队建设成为世界一流军队。

在台港澳工作上，要保持香港、澳门长期繁荣稳定，全面准确贯彻"一国两制"、"港人治港"、"澳人治澳"、高度自治的方针，严格依照宪法和基本法办事；必须继续坚持"和平统一、一国两制"方针，推动两岸关系和平发展，推进祖国和平统一进程，绝不允许任何人、任何组织、任何政党、在任何时候、以任何形式、把任何一块中国领土从中国分裂出去。

在外交工作上，坚持和平发展道路，坚定不移在和平共处五项原则基础上发展同各国的友好合作，积极促进"一带一路"国际合作，继续积极参与全球治理体系改革和建设，推动建设相互尊重、公平正义、合作共赢的新型国际关系，推动构建人类命运共同体，同世界各国人民一道建设持久和平、普遍安全、共同繁荣、开放包容、清洁美丽的世界。

大会强调，中国特色社会主义进入新时代，中国共产党一定要有新气象新作为。新时代党的建设总要求是：要坚持和加强党的全面领导，坚持党要管党、全面从严治党，以加强党的长期执政能力建设、先进性和纯洁性建设为主线，以党的政治建设为统领，以坚定理想信念宗旨为根基，以调动全党积极性、主动性、创造性为着力点，全面推进党的政治建设、思想建设、组织建设、作风建设、纪律建设，把制度建设贯穿其中，深入推进反腐败斗争，不断提高党的建设质量，把党建设成为始终走在时代前列、人民衷心拥护、勇于自我革命、经得起各种风浪考验、朝气蓬勃的马克思主义执政党。

大会强调，要把党的政治建设摆在首位。全党必须增强政治意识、大局意识、核心意识、看齐意识，坚持党中央权威和集中统一领导，坚定执行党的政治路线，严格遵守政治纪律和政治规矩，在政治立场、政治方向、政治原则、政治道路上同党中央保持高度一致。

六、选举产生新的中央领导集体

2017 年 10 月 24 日，中共十九大选举产生了由 204 名委员、172 名候补委员组成的第十九届中央委员会，由 133 名中央纪委委员组成的第十九届中央纪律检查委员会。

随后召开的中共十九届一中全会选举产生了中央政治局，选举习近平为中共中央总书记，决定习近平为中共中央军事委员会主席。2018 年 3 月，十三届全国人大一次会议选举习近平为国家主席、国家中央军事委员会主席，栗战书为全国人大常委会委员长，决定李克强为国务院总理；全国政协十三届一次会议选举汪洋为政协第十三届全国委员会主席。

习近平强调，中国特色社会主义进入了新时代。新时代要有新气象，更要有新作为。历史是人民书写的，一切成就归功于人民。只要我们深深扎根人民、紧紧依靠人民，就可以获得无穷的力量，风雨无阻，奋勇向前。

2017 年 10 月 31 日，中共十九大闭幕仅一周，习近平带领中共中央政治局常委赴上海瞻仰中共一大会址、赴浙江嘉兴瞻仰南湖红船，回顾建党历史，重温入党誓词，宣示新一届党中央领导集体的坚定政治信念。习近平强调，要结合时代特点大力弘扬"红船精神"，让"红船精神"永放光芒。

【知识点 11.6】
坚定不移沿着中国特色社会主义道路前进

一、更好发挥宪法在新时代坚持和发展中国特色社会主义中的重大作用

2018 年 1 月，中共十九届二中全会在北京举行。全会审议通过了《中共中央关于修改宪法部分内容的建议》。

全会认为，宪法是国家的根本法，是治国安邦的总章程，是党和人民意志的集中体现。实践证明，我国现行宪法是符合国情、符合实际、符合时代发展要求的好宪法，是充分体现人民共同意志、充分保障人民民主权利、充分维护人民根本利益的好宪法，是推动国家发展进步、保证人民创造幸福生活、保障中华民族实现伟大复兴的好宪法，是我们国家和人民经受住各种困难和风险考验、始终沿着中国特色社会主义道路前进的根本法治保障。维护宪法尊严和权威，是维护国家法制统一、尊严、权威的前提，也是维护最广大人民根本利益、确保国家长治久安的重要保障。

宪法修改是国家政治生活中的一件大事，是党中央从新时代坚持和发展中国特色社会主义全局和战略高度做出的重大决策，也是推进全面依法治国、推进国家治理体系和治理能力现代化的重大举措。为更好发挥宪法在新时代坚持和发展中国特色社会主义中的重大作用，需要对宪法作出适当修改，把党和人民在实践中取得的重大理论创新、实践创新、制度创新成果上升为宪法规定。

全会强调，要把党的十九大确定的重大理论观点和重大方针政策特别是习近平新时代中国特色社会主义思想载入国家根本法，体现党和国家事业发展的新成就新经验新要求，在总体保持我国宪法连续性、稳定性、权威性的基础上推动宪法与时俱进、完善发展，为新时代坚持和发展中国特色社会主义、实现"两个一百年"奋斗目标和中华民族伟大复兴的中国梦提供有力宪法保障。

2018 年 3 月，十三届全国人大一次会议在北京召开。会议根据中共十九届二中全会提出的建议，审议通过了《中华人民共和国宪法修正案》，确定科学发展观、习近平新时代中国特色社会主义思想同马克思列宁主义、毛泽东思想、邓小平理论、"三个代表"重要思想在国家政治和社会生活中的指导地位；调整充实中国特色社会主义事业总体布局和第二个百年奋斗目标的内容，明确推动物质文明、政治文明、精神文明、社会文明、生态文明协调发展，把我国建设成为富强民主文明和谐美丽的社会主义现代化强国，实现中华民族伟大复兴；完善依法治国和宪法实施举措，明确健全社会主义法治，实行宪法宣誓制度；充实完善我国革命和建设发展历程的内容；充实完善爱国统一战线和社会主义民族关系的内容；充实和平外交政策方面的内容，明确坚持和平发展道路，坚持互利共赢开放战略，推动构建人类命运共同体；明确中国共产党领导是中国特色社会主义最本质的特征；增加倡导社会主义核心价值观的内容；修改宪法中国家主席任职方面的有关规定；增加设区的市制定地方性法规的规定；增加有关监察委员会的各项规定；修改全国人大专门委员会的有关规定。

二、推进国家治理体系和治理能力现代化

2018年2月，中共十九届三中全会在北京举行。全会审议通过《中共中央关于深化党和国家机构改革的决定》和《深化党和国家机构改革方案》，同意把《深化党和国家机构改革方案》的部分内容按照法定程序提交十三届全国人大一次会议审议。

全会通过的《中共中央关于深化党和国家机构改革的决定》主要内容包括：深化党和国家机构改革是推进国家治理体系和治理能力现代化的一场深刻变革；深化党和国家机构改革的指导思想、目标、原则；完善坚持党的全面领导的制度；优化政府机构设置和职能配置；统筹党政军群机构改革；合理设置地方机构；推进机构编制法定化；加强党对深化党和国家机构改革的领导等。全会通过的《深化党和国家机构改革方案》在深化党中央机构改革、全国人大机构改革、国务院机构改革、全国政协机构改革、行政执法体制改革、跨军地改革、群团组织改革、地方机构改革等方面做出明确部署。

全会提出，党和国家机构职能体系是中国特色社会主义制度的重要组成部分，是中国共产党治国理政的重要保障。深化党和国家机构改革的目标是，构建系统完备、科学规范、运行高效的党和国家机构职能体系，形成总揽全局、协调各方的党的领导体系，职责明确、依法行政的政府治理体系，中国特色、世界一流的武装力量体系，联系广泛、服务群众的群团工作体系，推动人大、政府、政协、监察机关、审判机关、检察机关、人民团体、企事业单位、社会组织等在党的统一领导下协调行动、增强合力，全面提高国家治理能力和治理水平。既要立足实现第一个百年奋斗目标，针对突出矛盾，抓重点、补短板、强弱项、防风险，从党和国家机构职能上为决胜全面建成小康社会提供保障；又要着眼于实现第二个百年奋斗目标，注重解决事关长远的体制机制问题，打基础、立支柱、定架构，为形成更加完善的中国特色社会主义制度创造有利条件。

全会强调，完善坚持党的全面领导的制度，加强党对各领域各方面工作领导，确保党的领导全覆盖，确保党的领导更加坚强有力，是深化党和国家机构改革的首要任务；转变政府职能，优化政府机构设置和职能配置，是深化党和国家机构改革的重要任务；统筹党政军群机构改革，是加强党的集中统一领导、实现机构职能优化协同高效的必然要求等。

三、齐心协力走向中华民族伟大复兴的光明前景

实现中华民族伟大复兴是近代以来中华民族最伟大的梦想。中国共产党成立后，就肩负起实现中华民族伟大复兴的历史使命，团结带领人民进行了艰苦卓绝的斗争，谱写了气吞山河的壮丽史诗。

90多年来，中国共产党团结带领人民找到了一条以农村包围城市、武装夺取政权的正确革命道路，进行了28年浴血奋战，完成了新民主主义革命，1949年建立了中华人民共和国，实现了中国从几千年封建专制政治向人民民主的伟大飞跃；团结带领人民完成社会主义革命，确立社会主义基本制度，推进社会主义建设，完成了中华民族有史以来最为广泛而深刻的社会变革，为当代中国一切发展进步奠定了根本政治前提和制度基础，实现了中华民族由近代不断衰落到根本扭转命运、持续走向繁荣富强的伟大飞跃；团结带领人民进行改革开放新的伟大革命，破除阻碍国家和民族发展的一切思想和体制障碍，开辟了中国特色社会主义道路，使中国大踏步赶上时代。

人民是历史的创造者，人民是真正的英雄。波澜壮阔的中华民族发展史是中国人民书写的；博大精深的中华文明是中国人民创造的；历久弥新的中华民族精神是中国人民培育的。中华民族迎来了从站起来、富起来到强起来的伟大飞跃是中国人民奋斗出来的。

中国特色社会主义是改革开放以来党的全部理论和实践的主题，是党和人民历尽千辛万苦、付出巨大代价取得的根本成就。中国特色社会主义道路是实现社会主义现代化、创造人民美好生活的必由之路，中国特色社会主义理论体系是指导党和人民实现中华民族伟大复兴的正确理论，中国特色社会主义制度是当代中国发展进步的根本制度保障，中国特色社会主义文化是激励全党全国各族人民奋勇前进的强大精神力量。

中国梦是历史的、现实的，也是未来的，终将在一代代青年的接力奋斗中变为现实。青年兴则国家兴，青年强则国家强。青年一代有理想、有本领、有担当，国家就有前途，民族就有希望。今天，我们比历史上任何时期都更接近、更有信心和能力实现中华民族伟大复兴的目标。作为祖国未来的社会主义建设者、各条战线的生力军，当代大学生一定要牢记中国近现代的历史及其基本经

验，继承先辈们的优良传统，自觉地承担起时代赋予我们的历史使命，在实现中国梦的生动实践中放飞青春梦想。

同学们，至此"中国近现代史纲要"课程内容就全部讲授完了，希望大家不忘历史、珍惜现在、面向未来，努力做一个牢牢将实现中华民族伟大复兴中国梦历史重任担在肩上的中国人。谢谢大家！再见！

【第十一专题 MOOC 论坛讨论话题】

怎样认识习近平新时代中国特色社会主义思想的历史地位？

【第十一专题综合测验题】

第十一专题综合测验题

模块二 实践教学

【讨论话题】

如何评价新时代中国与世界关系发生的历史性变化?

【学习方式】

小组讨论+课堂辩论

【课堂组织】

环节1:分组讨论

环节2:观点交锋(每组选派一名代表陈述观点)

环节3:老师点评

模块三　课堂教学

教学环节一

第十一专题自主学习检测(二维码：5 道测验题)

教学环节二

小组合作学习汇报(二维码：往届学生优秀作品)

教学环节三

专题十一：新时代全面从严治党的新成就、新挑战、新要求与新举措

【专题内容】

习近平总书记在党的十九大报告中指出：中国特色社会主义进入了新时代。那么，什么是新时代呢？我们该如何理解新时代的深刻内涵呢？对于一个国家、民族而言，常常会面临重大历史选择。新时代的开启无疑就是我们对历史发展道路在比较选择基础上进行确认的结果。一般意义上而言，新时代是指历史上政治、经济、文化等状况发生重大进步与变化的时期。

正确把握当代中国所处新时代的历史坐标首先在于清晰界定其基本特征。中国进入新时代的基本特征主要涵盖三个层面：一是中国进入到从站起来、富起来走向强起来的时代，新时代的主要矛盾转变为人民对美好生活的需要与发展不平衡不充分之间的矛盾；二是中国进入为实现"两个一百年"奋斗目标而奋斗的时代，建党 100 周年时要实现全面建成小康社会的目标，建国 100 周年时要建设成为富强、民主、文明、和谐、美丽的社会主义现代化强国；三是中国全面开启实现中华民族伟大复兴中国梦的历史阶段，致力于中华民族重新回到世界舞台中央，全新打造人类命运共同体。

习近平对全党强调指出：新时代要有新气象，更要有新作为。这是对全党发出的伟大号召。那么，新气象与新作为究竟新在何处呢？所谓新气象，对于中国共产党而言，就是在世人面前展现出崭新的政党形象，这种新形象体现在政治生态、思想观念、理想信念、组织领导、言行作风、纪律风貌、法规制度等各个方面，特别是能否始终做到立党为公、执政为民。所谓新作为，就是中国共产党作为执政党能否进一步推动中国改革开放和现代化建设事业不断发展，能否巩固国富民强的发展成果，能否为人类解放事业做出新的更大的贡献。在此基础上，也就产生了一个重大而紧迫的课题，即：新时代要求当代中国拥有一个思想上政治上组织上完全巩固的马克思主义执政党，那么如何来锻造这样一个坚强政党呢？新时代对全面从严治党又提出了什么样的新要求呢？

古今中外的历史均表明：没有一个坚强有力的领导集团必然导致国家衰败，要确保一国统治政权稳定，必须吸取历史上国家衰败的深刻教训。这不禁让我们要发出历史三问：为什么李自成农民军亡得这么快？为什么国民党抗战胜利后迅速走向崩溃？为什么苏联东欧会易帜剧变、亡党亡国？究其根本原因，均是由"根"而来而起最终导致政权坍塌。司徒雷登曾在比较国共两党后得出结论：共产党之所以成功，在很大程度上是由于其成员对它的事业抱有无私的献身精神。我认为这个结论无疑是正确的。那么，共产党的这种无私献身精神是如何锻造出来的呢？当然是通过持之以恒的自身建设。进入新时代，意味着我们面临的历史责任与使命更加重大，风险挑战也更多。所谓基础不牢，地动山摇；千里之堤，溃于蚁穴。我认为新时代推动全面从严治党向纵深发展势在必行。

一、新时代全面从严治党的新成就

自党的十八大以来，新时代全面从严治党取得了辉煌的新成就，主要包括九个方面。

(一)管党治党新成就

一是政治基础得以奠定，即确立了习近平总书记作为党的核心；二是自觉性不断增强，即党员牢固树立了"四个自信"与"四个意识"；三是制度体制得到保证，即党内法规制度体系不断完善；四是纪律支撑不断强化，即通过日益严格的监督、执纪、问责及政治巡视，使得管党治党主体责任得以落实。

所谓党心所系，民心所向。以习近平同志为核心的党中央以身作则、率先垂范、以上率下、身先士卒。2013年12月28日清晨，习近平总书记以一个普通北京市民身份来到庆丰包子铺月坛店，排队买早餐，其中包括猪肉大葱馅儿

（寓意当官要一清二白）、炒肝（寓意要炒掉不称职或者是腐败干部）、芥菜（寓意当官要戒财），总共消费 21 元，习近平总书记付给收银员 25 元，找回 4 元（寓意不管三七二十一，要坚决惩处那些二百五式的找死的官员）。习近平总书记在这家早餐店与普通市民同围一张圆桌、同坐一条板凳吃早餐，体现了我们党与群众打成一片的人民情怀，也彰显了我们党体察民情、了解民意、情为民所系、利为民所谋、权为民所用的民生情怀。

十八届党中央上任伊始，就推出了中央八项规定，首先从中央政治局开始转变作风，其后又相继开展了党的群众路线教育实践活动、"三严三实"专题教育以及"两学一做"学习教育。

所谓小智治事，大智治制。党的十八大以来，我们党注重制度升华，通过顶层设计治理管党治党的"宽松软"问题，相继制定出台了《中国共产党廉洁自律准则》《中国共产党纪律处分条例》《中国共产党问责条例》《中国共产党党内监督条例》等。

（二）政治建党新成就

1. 尊崇党章

有人说，她的每一个字，都像一粒沉甸甸的谷穗；她的每一句话，就像一串长长的脚印；她的每一观点，犹如一盏明灯，照亮前行的道路。她的思想凝结了全党智慧，浸透着宝贵历史经验……

这段文学化的表达所指为何物呢？

没错！她就是党章。所谓君子务本，本立而道生。党章作为党内根本大法与总规矩，对于党的健康发展起到了定盘星的重要作用。党的十八大闭幕后第三天，《人民日报》头版头条刊登了习近平总书记的文章《认真学习党章严格遵守党章》。这是向全党发出的重大号召。

2. 增强"四个意识"

"四个意识"是指政治意识、大局意识、核心意识、看齐意识。这是每个共产党员必须牢固树立的政治观念。我们党之所以能够领导人民取得革命、改革与现代化建设的伟大胜利，首要靠的就是这四个意识在每个党员心中牢牢扎下了根，形成了全党一盘棋的良好政治局面。党的十八大以来，"四个意识"在党内得到了进一步的强化，使得我们党变得更团结、更坚强。

3. 严明政治纪律和政治规矩

党的十八大以前，民间有一种说法叫作政策不出中南海，也就是指上有政策，下有对策，有令不行，有禁不止的不良现象，这严重阻碍了党的意志的贯彻落实。党的十八大以来，通过严明政治纪律和政治规矩，这种现象得到明显改观，从此政令更为畅通，全党在思想上政治上行动上始终与党中央保持高度一致。

4. 层层落实管党治党政治责任

党的十八大以来，管党治党政治责任得以层层落实。2014 年主要是在省区市、中央和国家机关部委党委落实主体责任；2015 年主要是在市地一级和国有企业党组织落实主体责任；2016 年全面从严治党向基层延伸；2017 年则是重点解决各级党组织在党内政治生活中存在的突出问题。

在落实管党治党政治责任过程中，党中央始终高举问责"杀手锏"。据中央纪委数据统计：自 2014 年 1 月至 2017 年 8 月，全党有 6100 多个党组织、300 多个纪委和 6 万多名党员领导干部被问责。强化问责成为管党治党的鲜明特色。

(三) 政治教育新成就

古人云：以铜为镜，可以正衣冠。毛泽东曾说：流水不腐户枢不蠹。党的十八大以来，我们党在加强党员领导干部政治教育方面始终遵循"照镜子、正衣冠、洗洗澡、治治病"的总要求，通过充分开展党内批评与自我批评，让每个党员随时都能扫灰去尘，保持政治清明。

1. 开展党的群众路线教育实践活动和"三严三实"专题教育

党的群众路线教育实践活动旨在强化党员领导干部为民务实清廉的群众观念和增强为群众服务的本领，收效颇丰。"三严三实"专题教育则旨在使党员领导干部认清并懂得怎样对己对人，怎样用好手中的权力，即时刻做到严以修身、严以用权、严以律己，谋事要实、创业要实、做人要实。

2. 推进"两学一做"学习教育常态化制度化

如果说党的群众路线教育实践活动和"三严三实"专题教育主要是在中高层领导干部中以活动形式推进政治教育，那么"两学一做"学习教育则是实现了从"关键少数"向广大党员拓展，从集中性教育向经常性教育延伸。"两学一做"学习教育极大改善了共产党员的形象,增强了党员的先进性,让我们的党员"平常时候看得出来、关键时刻冲得上去",进而推动"有困难找党员"成为一种风尚。

3. 全党理想信念更加坚定、党性更加坚强

理想信念的坚定不是一时的,需要通过持续不断的政治仪式让广大党员获得教育。无论是十九大闭幕后不久新一届中央政治局常委前往上海一大会址面向党旗集体宣誓,还是基层党支部组织普通党员重温入党誓词,这种厚重的仪式感都能发挥其政治教育功能,从而让我们的党员理想信念变得更坚定,党性锤炼得更坚强。

(四)选人用人新成就

古人云:千里马常有,伯乐不常有。中国古代有非常完备的选人用人制度且不断创新发展。从尧舜禹时期的禅让制到夏商周时期的世卿世禄制,从秦朝的军功授爵制到两汉时期的察举制、征辟制,从魏晋南北朝的九品中正制到隋唐以至清末的科举制,确保了历朝历代选人用人获得机制保障,但上述选人用人制度毕竟是适应剥削阶级社会而存在的,带有明显的人治色彩,而到了社会主义社会尤其是进入新时代之后,法治成为主流,选人用人制度必须实现机制创新。

2013 年习近平总书记提出好干部五条标准,即:信念坚定、为民服务、勤政务实、敢于担当、清正廉洁。在这一标准指引下,中央相继制定出台了《党政领导干部选拔任用工作条例》《关于加强干部选拔任用工作监督的意见》的选人用人新规定,进一步明确了选人用人的基本方针是民主、公开、竞争、择优。正是在这一方针的指引下,党的十八大以来,我们党在选人用人方面实现了优秀人才脱颖而出,逐步形成了风清气正的选人用人环境。

(五)党内法规制度建设新成就

党的十八大以来,我们党对 1949—2012 年的 23000 多部党内法规进行了系统清理,分别采取废止、宣布失效、继续有效等处理方法。与此同时,我们党还有序开展了党内法规完善和制定工作,出台了《中央党内法规制定工作五年规划纲要(2013—2017 年)》。通过五年来的党内法规制度建设,党内基本形成了 1 部党章、2 部准则、25 部条例及一系列规则、规定、办法、细则等有机构成的党内法规制度体系。

(六)纪律建设新成就

回顾党的纪律建设历史,早在中共一大时,我们党制定的《中国共产党纲领》

只有 15 条 900 多字，但涉及纪律就有 6 条之多。从一大《党纲》到十八大《党章》，涉及纪律的内容不断丰富和发展，但精神实质始终没变。这一精神实质就是以严明的纪律来约束全党，也就是用纪律尺子作为衡量党员行为的底线标准，党的纪律成为党员不能逾越的高压线、政治红线，同时也构成政党的生命线。

党的十八大以来，正风肃纪发生了一些新变化，党内逐渐形成了"四种形态"的全新监督执纪模式，即党内关系要正常化，批评和自我批评要经常开展，让咬耳扯袖、红脸出汗成为常态；党纪轻处分和组织处理要成为大多数；对严重违纪的重处分、作出重大职务调整应当是少数；严重违纪涉嫌违法立案审查的只能是极少数。从过去的重点治腐、终端处理转变为关口前移，抓早抓小，注重预防，重点采用通过民主生活会、组织生活会等形式开展批评和自我批评，这一做法很好地继承与发展了延安整风时期确立的"惩前毖后、治病救人"传统，强调把纪律挺在法律的前面，靠纪律和规矩管住全党，防患于未然。

（七）整治四风新成就

党的十八大以来，在整治四风方面我们党创新了具体方式，取得了良好的成效。一是中央纪委推出落实中央八项规定精神情况月报制度，对违规典型案件进行通报；二是最高人民法院开展落实中央八项规定专项检查；三是审计署展开落实中央八项规定专项审计；四是建立健全整治四风管理办法，不断规范公务接待、会议、公务用车、因公出国（境）等行为。通过上述一系列举措，党政机关清风劲吹，并带动了民间移风易俗，在全社会形成了厉行节约、反对浪费的普遍共识，一段时间内畸形扭曲的餐饮业、烟酒行业、礼品业获得健康发展，跑部钱进现象也转变成真正意义上的跑步前进。

在整治四风方面，党中央将杜绝"节日腐败"作为突破口，在元旦春节、五一端午、中秋国庆等重要节点严禁公款购买月饼、贺卡、年货，并辅之以通报典型案例的"杀手锏"和发挥群众力量的"催化剂"，在此基础上深入治理"隐身衣""青纱帐"行为，从而使得腐败无所遁形。

（八）巡视新成就

党的十八大以来，我们党首次实现了一届任期内的中央巡视全覆盖。具体分为五步：第一步是对 31 个省区市和新疆生产建设兵团进行中央巡视；第二步是对 55 家中管国有重要骨干企业进行中央巡视；第三步是对中央金融单位进行中央巡视；第四步是对中央部门和事业单位进行中央巡视；第五步是对中管高校进行中央巡视。十八届党中央共开展了 12 轮巡视，派出中央巡视组 160 个组次，巡视了 277 个地方、单位党组织，充分发挥了巡视利剑作用。

（九）反腐新成就

党的十八大以来，我们党坚持反腐无禁区、全覆盖、零容忍，"打虎""拍蝇""猎狐"三位一体，依纪依法严肃查处了周永康、薄熙来、郭伯雄、徐才厚、孙政才、令计划、苏荣等一批大案要案，真正扭转了"刑不上大夫，礼不下庶人"的政治局面，同时也向全党全社会表明，不论什么人，不论其职务多高，只要触犯了党纪国法，都要受到严厉惩处。

综上所述，党的十八大以来，通过全面从严治党，党内正气上升，党风好转，社会风气明显改变，赢得了人民群众的普遍拥护、爱戴和赞誉，为党和国家事业发展提供了坚强政治保证。全面从严治党是取得其他方面成就的前提和基础，历史性成就推动了历史性变革，即：主要矛盾的转化与强起来的飞跃，而推动这一转化和飞跃的最大动力就是全面从严治党。全面从严治党的成效，必将彪炳史册，并巩固党和国家的长治久安。

二、新时代全面从严治党的新挑战

党的十八大以来，新时代全面从严治党在取得巨大成就的同时，也不得不面临全新的严峻挑战。我们可以从徐才厚的案件中一管而窥全豹。

徐才厚曾官至中央军委副主席，但他身处高位却利用手中权力作为交易筹码，在长期分管军队政治工作中，特别是利用掌握军官晋级晋职生杀予夺权力的机会大搞卖官鬻爵，明码标价，给全军带来全局性的源头污染。徐才厚对军队建设的损害绝不是一般的局部的，他的这一腐败行为将部队思想搞乱了、风气搞坏了、规矩搞没了，对党和军队形象、对官兵"三观"造成极大的毁伤。

善除害者察其本，善理疾者绝其源。问渠哪得清如许，为有源头活水来。要消除徐才厚在军内的思想遗毒，必须正本清源。习近平强调指出：部队是要准备打仗的。人民军队应是一支召之即来，来之能战，战之必胜的威武之师。然而，试想一下，若是我们的军队腐败不堪、流毒不止，那岂不成了又一支八旗子弟，这样的军队还能保家卫国、英勇杀敌吗？这样的军队还能叫人民子弟兵吗？仅仅从徐才厚因腐败而沦为阶下囚的这一案例，我们就可见新时代全面从严治党面临着何其严峻的挑战。

习近平总书记在中共十九届一中全会闭幕后会见中外记者时掷地有声地指出：不要人夸颜色好，只留清气满乾坤。中国共产党立志于中华民族千秋伟业，百年恰是风华正茂！中国共产党是世界上最大的政党，大就要有大的样子。如何理解这个"大"字？仅仅是因为数量多就可以称之为大吗？显然不是，关键还是质量要高。但成就执政党质量高的大，却并不容易。正所谓欲成其大，却何其难。这种难恰恰来自我们党不是处在"真空"状态，随时要面临各种各样复杂的现实挑战。

(一)党面临的复杂执政环境

英国文学家狄更斯曾说：这是一个最美好的时代，也是一个最糟糕的时代；这是一个最幸福的时代，也是一个最罪恶的时代；这是一个最伟大的时代，也是一个最荒唐的时代。那么，我在这要说，这是一个最能创造物质财富的时代，也是一个最能制造精神垃圾的时代。新时代我们党面临的复杂执政环境主要体现在国情、世情、党情等三个方面。

首先是国情也即国内环境方面，新时代主要矛盾不会得以轻易解决。其次是世情也即外部环境方面，我们正面临日益严峻的全球化挑战。美国人常说，他们有"四件武器"足以影响全球，即分别代表其先进经济、军事、科技与文化实力的美元、五角大楼、因特网与好莱坞。与此同时，也有另一种说法，美国用"三片"主宰世界，即：薯片、大片、芯片，在我看来，其中最具有杀伤力的还是文化渗透力，即美国欲在全球推广的所谓普世价值以及腐朽奢靡的生活方式，这无疑对中国共产党的先进性与纯洁性构成挑战。再次是党情即政党环境方面，党的领导弱化、党的建设缺失、全面从严治党不力等问题还没有得到彻底解决。

(二)影响党的先进性与弱化党的纯洁性的复杂因素

过去我们讲中国共产党是一个革命党，那主要是针对新民主主义革命时期而言的，实际上我理解这种革命党的含义主要还是一个革命性的范畴，也就是说即使今天和将来没有枪林弹雨的革命了，但革命性是应该永远传承的，那么这种革命性也主要是指先进性与纯洁性。从历史来看，我们革命是为变革国家命运而要革贪官的命。但在我们党内也有一些错误的观点，如"当官不发财，请我都不来"等说法，无疑反映了我们党内还存在影响先进性和纯洁性的言行。北宋大改革家王安石曾说：贪人廉，淫人洁，奸人直。这很好地诠释了什么是两面人，而我们党内恰恰就存在这种两面人。进入新时代，党的队伍状况正在发生变化，党的政治功能和组织功能存在弱化地风险，党风廉政建设和反腐败斗争形势依然严峻复杂。

(三)思想不纯、组织不纯、作风不纯

党的思想不纯、组织不纯、作风不纯主要来自市场化的挑战，市场化导致诸如功利主义、利己主义、享乐主义、拜金主义、暴力犯罪、责任理想缺失、道德堕落、物欲横流、精神空虚、权钱交易等深刻党内问题的产生。是团结一致

向钱看还是团结一致向前看，是为人民服务还是为人民币服务，这样的道德选择考验着每一个共产党员。

（四）党面临的四大考验的长期性和复杂性

习近平总书记指出：时代是出卷人，共产党是答卷人，人民是评卷人。中国共产党能否完成好新时代给出的考卷，决定于我们党能否经受住执政、改革开放、市场经济与外部环境等四大考验。毛泽东把它比作进京赶考。党的七届二中全会召开时，毛泽东说我们不曾被敌人的枪炮打倒过，但如今革命胜利了，我们却有可能被敌人的糖衣炮弹所击倒。这一振聋发聩的提醒无疑给我们党在新时代的执政敲响了警钟。

（五）党面临的四个危险的尖锐性和严峻性

毛泽东反复告诫全党，务必继续保持艰苦奋斗的作风，务必继续保持谦虚谨慎戒骄戒躁的作风。他早在近70年前的"两个务必"思想其实很好地总结了我们党在新时代不得不面临的四个危险的挑战，即精神懈怠的危险、能力不足的危险、脱离群众的危险与消极腐败的危险。

2016年10月，在纪念红军长征胜利80周年大会上，习近平总书记讲述了82年前发生在湖南汝城县的"半条被子"的感人故事。红军长征时期，3名女红军借宿在湖南汝城县沙洲村村民徐解秀家中。见到徐家家境贫寒，家里连床御寒的被子都没有，临走时，女红军用剪刀把自己仅有的一床被子剪开，将半条被子留给了徐解秀。这个"半条被子"的故事经过总书记饱含深情的讲述后，迅速传遍了全中国，温暖了全中国，让人们又一次重温了那段艰苦而光荣的奋斗历程。跟"半条被子"的故事一起感动中国的是共产党人与人民群众荣辱与共、风雨同舟的鱼水深情，是共产党始终依靠群众、始终为了群众的不变初心。"什么叫共产党，就是自己有一条被子，也要剪下半条给老百姓的人。"习总书记用"半条被子"的故事形象地解释了共产党人的初心。"全心全意为人民服务"的宗旨不是喊在口头上，而是具象地体现在"半条被子"上。

但是也有一些共产党员并未认清密切联系群众的重要性，没有努力做到以人民为中心。瓮安事件就是一个极端典型的例子。瓮安是革命老区，红军长征时三过瓮安，当地群众冒着生命危险，给了我们党和红军真诚的拥护和帮助，而在我们党执政近60年后却发生了部分群众与当地政府严重对抗的群体性事件，需要广大党员干部进行认真的反思，吸取深刻的教训。全面反思"瓮安事件"，不能仅停留在如何应对和处理这类突发事件上，更应从加强党员干部作风建设、密切党群干群关系这个根本问题上进行深入思考。"瓮安事件"的发生，具有偶然中的必然。当地经济在较快增长的同时，也出现了一些社会矛盾。但当地政府在较长时间内没有妥善处理这些问题，有关领导干部对群众利益漠然置之，对群众诉求"打太极""踢皮球"，甚至还随意动用警力压制群众，致使长期积聚的矛盾集中爆发。近些年来，一些严重的干群冲突和群体性事件的发生，都与当地少数领导干部没有及时将矛盾妥善处理有关。不愿直面群众需求，不想倾听民生疾苦，一味装聋作哑、敷衍了事、推诿扯皮，这是极其不负责任甚至是严重的渎职行为。"瓮安事件"虽已过去，但深刻的教训我们不能忘记。水能载舟，亦能覆舟。广大党员干部必须始终坚持全心全意为人民服务的宗旨，切实转变工作作风，不断增强自我净化、自我完善、自我革新、自我提高的能力，不断提高做好新形势下群众工作的本领。只有真心实意为群众办实事、做好事，群众才能支持我们、拥护我们，永远跟党走。党员干部必须真正站在全心全意为最广大人民群众谋利益注重正确处理"发展、民生、稳定"的关系要始终坚持"科学发展不偏离，执政为民固根基"，始终把为民谋利作为重大政治责任、最高工作原则；要充分认识"与民争利民则怨，让利于民民乃安"，始终注意解决群众的利益诉求；要深刻理解"心系群众鱼得水，脱离群众树断根"，始终注意增进同人民群众的感情。只有这样，我们党才能不脱离群众，才能经受长期执政的考验，才能真正筑牢执政的基础。

春秋时期"鱼烂而亡"的典故出自《公羊传》："梁亡。此未有伐者，其言梁亡何？自亡也。其自亡奈何？鱼烂而亡也。"梁国是怎样亡的？是自取灭亡。像鱼一样，从内部烂起来而亡的。如果自己不烂，光其他国家攻打，可能还不会有亡国的结果。

正所谓堡垒最容易从内部攻破。武昌起义时，清末新政训练的新军反倒成了清王朝的掘墓人。历史不得不发人深省。作为一个执政党，必须始终保持忧患意识，居安思危、安不忘危。

三面真实的历史之镜也很好地诠释了我们党规避四个危险的重要性。

第一面历史之镜是李自成之败。一个重要原因就是腐败，大多数将领贪图享乐，再也无心打仗。

第二面历史之镜是国民党之败。抗战结束后，国民党的"接收大员"大搞"三阳(洋)开泰"(捧西洋、爱东洋、要现洋)、"五子登科"(位子、金子、房子、车子、女子)，竞相抢掠、劫收横财，充分暴露其腐败面目，人心丧尽。

第三面历史之镜是苏东之败。执政党没有认清执政考验是长期的、复杂的，没有根据执政环境变化及时加强自身建设，无疑是重要原因。

中国共产党的领导是历史与人民的选择，但对于长期执政的中国共产党来说，必须明确党的先进性和执政地位不是一劳永逸的，执政考验永远在路上。

三、新时代全面从严治党的新要求

习近平指出：中国共产党能够带领人民进行伟大的社会革命，也能够进行伟大的自我革命。勇于自我革命，从严管党治党，是我们党最鲜明的品格。全面从严治党，基础在全面，关键在严，要害在治。从历史来看，中国共产党领导的社会革命与自我革命如同车之两轮、鸟之两翼，相辅相成。新时代我们党要领导好社会革命，就必须与此同时做到刀刃向内、自我解剖。

新时代全面从严治党的战略安排体现在坚定不移全面从严治党，不断提高党的执政能力和领导水平，也就是习近平总书记反复强调的练就金刚不坏之身、打铁还需自身硬。

新时代全面从严治党的目标在于全面提升六种能力，即：政治领导力、思想引领力、群众组织力、社会号召力、旺盛生命力与强大战斗力。

(一) 坚持和加强党的全面领导

中国特色社会主义最本质特征是中国共产党领导，中国特色社会主义制度最大优势也是中国共产党领导。党是最高政治领导力量。党政军民学，东西南北中，党是领导一切的。

(二) 坚持党要管党、全面从严治党

治国必先治党，治党务必从严。坚持党要管党原则和从严治党方针，这是长期执政党建设的重要认识和结论，也是加强和改进新形势下党的建设必须长期坚持的重要指导原则。

(三) 以加强党的长期执政能力建设、先进性和纯洁性建设为主线

通过加强党的长期执政能力建设，不断提高我们党领导科学发展、服务人民群众、应对突发事件与驾驭复杂局面的能力。通过先进性建设，着力实现我们党科学执政、民主执政、依法执政的目标。在纯洁性建设方面，一是苦练"内功"，坚定信仰；二是自觉接受外部监督，让权力在阳光下运行。

(四) 以党的政治建设为统领

旗帜鲜明讲政治是马克思主义政党的根本要求。列宁指出："一个阶级如果不从政治上正确地看问题，就不能维持它的统治。"习近平强调指出：党的政治建设是党的根本性建设，决定党的建设方向和效果。他的这一重要论断把对讲政治的认识提升到新的高度、新的境界。

(五) 以坚定理想信念宗旨为根基

"本根不摇,则枝叶茂荣。"中国共产党是靠共同的革命理想凝聚起来的政治组织。革命理想高于天。思想建设是党的基础性建设,要以坚定理想信念宗旨为根基。

曾经,潜心翻译《共产党宣言》的陈望道,竟蘸着墨汁当成红糖吃掉而浑然不觉,甚至感觉墨比糖还蛮甜。这体现出精神之甘、信仰之甜。习近平总书记"多次讲陈望道翻译《共产党宣言》的故事,讲信仰的味道、信仰的感召、信仰的力量。他进一步强调指出,我们要培养造就一支具有铁一般信仰、铁一般信念、铁一般纪律、铁一般担当的干部队伍。

(六) 以调动全党积极性、主动性、创造性为着力点

党的十九大之后,中共湖南省委向全省党员发出建功新时代的号召。建功新时代恰恰是激励中国共产党人不忘初心、不断前进的需要。

积极性就是一种精神动力,主动性则体现为在党兴党,而创造性说到底就是一种创新能力。只要 8900 多万党员的积极性、主动性、创造性充分调动起来,就一定能把 13 亿多人民高度凝聚起来,形成无坚不摧的中国力量。

(七) 全面推进党的政治建设、思想建设、组织建设、作风建设、纪律建设

政治建设体现在坚决维护党中央权威和集中统一领导。思想建设体现在用习近平新时代中国特色社会主义思想武装全党,筑牢共产党人的精神支柱和政治灵魂。组织建设体现在致力于建设高素质专业化干部队伍。作风建设体现在以人民为中心,增强群众观念和群众感情。纪律建设体现在重点强化政治纪律和组织纪律,让干部习惯在受监督和约束的环境中工作生活。

(八) 把制度建设贯穿其中

新时代党的建设形成了"5+1"的格局,其中的"1"即制度建设,贯穿于党的建设全过程。关键在于制度治党、依规治党,这要求制度建设围绕党的"五大建设"公转,而"五大建设"也要依靠制度建设走上制度化规范化程序化轨道。

(九) 深入推进反腐败斗争

根据历年民意调查结果显示,人民群众最痛恨腐败现象。腐败是我们党面临的最大威胁。只有干部清正、政府清廉、政治清明,才能成功跳出历史周期律的支配。正所谓腐败不除、民心不服、和谐难创、社会难安、江山不稳、梦想

落空。这要求我们对于腐败现象必须始终高度警惕、高度戒备、高度严防，永远保持压倒性的高压态势。

(十)不断提高党的建设质量

党的十九大报告首次提出"不断提高党的建设质量"的科学命题。质量建党强党既是新时代全面从严治党的价值诉求，也是庄严宣言，还是政治动员令。如何才能正确处理好数量与质量的辩证关系呢？一是要坚持党建质量意识和质量导向；二是要注重党建质量管理和质量规范；三是要提升党建质量标准和质量品位。

(十一)建设新型马克思主义执政党

新时代全面从严治党的最终目标是努力建设一个始终走在时代前列、人民衷心拥护、勇于自我革命、经得起各种风浪考验、朝气蓬勃的新型马克思主义执政党。

四、新时代全面从严治党的新举措

和平时期我们党涌现了许许多多党的好干部，如雷锋、焦裕禄、孔繁森、郑培民、任长霞、杨善洲、黄大年等等。"人之忠也，犹鱼之有渊"。新时代通过将全面从严治党向纵深推进，我们党将造就更多的好干部，这也是新时代全面从严治党一系列新举措的目标之所在。

习近平强调指出：我们要永葆蓬勃朝气，永远做人民公仆、时代先锋、民族脊梁。那么，如何塑造执政党的全新形象呢？《论语》曰："君子三年不为礼，礼必坏；三年不为乐，乐必崩"。如果党内政治生活的大熔炉长期不生火，变成了没有温度的冷灶台，就会失去其应有的功能。

面对新时代全面从严治党如何向纵深推进的问题，习近平总书记的坚定回答是：全面从严治党永远在路上，不能有任何喘口气、歇歇脚的念头。我们将继续清除一切侵蚀党的健康肌体的病毒，大力营造风清气正的政治生态，以全党的强大正能量在全社会凝聚起推动中国发展进步的磅礴力量。

1.政治领党

把党的政治建设摆在首位。尊崇党章，严格执行新形势下党内政治生活若干准则，增强政治性、时代性、原则性、战斗性，营造风清气正的良好政治生态。

2. 思想建党

从我们党思想建党的历史来看，古田会议无疑是最好的一个经验。古田会议，是红四军在 1929 年 12 月 28 日至 29 日在福建省龙岩市上杭县古田召开的第九次党的代表大会。即红军第四军第九次党代表大会。因在福建省上杭县古田村召开，史称为"古田会议"。这次会议在中国共产党和工农红军的发展史上有着极其重要的意义。古田会议决议创造性地回答和解决了用先进的思想理论武装无产阶级政党的一系列问题，开辟了思想建党的成功之路，形成了党的建设独特的政治优势。

2014 年，习近平总书记再次来到古田，他讲话指出："在古田会议召开 85 周年之际，我们再次来到这里，目的是寻根溯源，深入思考当初是从哪里出发的、为什么出发的。"这也就是要求广大党员永远不忘初心。正所谓三军可以夺帅，匹夫不可夺志。李大钊、夏明翰、方志敏都是我们党不忘初心、胸怀理想的杰出代表。古人云：登东山而小鲁，登泰山而小天下。《三国志》曰：志正则众邪不生。中国共产党必须把坚定理想信念作为党的思想建设的首要任务，解决好世界观、人生观、价值观这个"总开关"问题，才能避免尼克松在其所著《1990 年：不战而胜》中提出中国垮在第三代、第四代、第五代之上的危险。为此，我们党将在全党开展"不忘初心、牢记使命"的主题教育。

思想建设的重点应放在党员的理想信念建设上。习近平总书记指出：理想信念是共产党人精神上的"钙"。缺钙就会得软骨病。诚然，我们也发现党内存在一些不问苍生问鬼神，不信马列信上帝的怪相，有些落马官员热衷于宗教迷信风水等，完全将马克思主义信仰抛却脑后。

3. 组织强党

在组织强党方面，一是强化一个重点，即以提升组织力为重点；二是突出一个功能，即突出政治功能；三是明确五大任务，即宣传党的主张、贯彻党的决定、领导基层治理、团结动员群众、推动改革发展；四是履行好党支部的七项职责，即直接教育党员、管理党员、监督党员和组织群众、宣传群众、凝聚群众、服务群众。

4. 作风正党

一是加强作风建设，不断厚植党执政的群众基础；二是重点强化政治纪律、组织纪律，带动廉洁纪律、群众纪律、工作纪律、生活纪律严起来；三是运用监督执纪"四种形态"，抓早抓小、防微杜渐。

5. 纪律肃党

《三大纪律六项注意》是我军著名的《三大纪律八项注意》的前身，在红军时期由毛泽东同志在领导秋收起义的过程中提出。《三大纪律六项注意》颁布旧址位于湖南省桂东县沙田镇。桂东县位于湘赣边界、井冈山南麓，是井冈山革命根据地的重要组成部分。1927年9月毛泽东领导湘赣边界秋收起义时，就要求部队官兵对待人民群众说话和气，买卖公平，不拉夫，不打人，不骂人。同年10月在江西省遂川县荆竹山动员部队向井冈山进发时，站在雷打石上首次规定了三项纪律：行动听指挥，不拿群众一个红薯，打土豪要归公。1928年1月，部队进驻遂川县城，分散到县城周围农村发动群众时，提出了六项注意：上门板，捆铺草，说话和气，买卖公平，借东西要还，损坏东西要赔。1928年4月3日部队到达湖南省桂东县沙田村，毛泽东在沙田镇沙田圩"三十六石丘"田边的土台上，向工农革命军和地方赤卫队进行思想政治教育和建军宗旨教育，向全体官兵正式宣布三大纪律六项注意。三大纪律是：行动听指挥，不拿工人农民一点东西，打土豪要归公。六项注意是：上门板，捆铺草，说话和气，买卖公平，借东西要还，损坏东西要赔。从而奠定了红军统一纪律的基础。

加强纪律建设的重点在于让广大党员知敬畏、存戒惧、守底线。这要求我们党：一是注重改进作风，巩固拓展落实中央八项规定精神的成果；二是严肃查办案件，坚持无禁区、全覆盖、零容忍与重遏制、强高压、长震慑，受贿行贿一起查，推动反腐败斗争压倒性态势向压倒性胜利转化；三是加强严肃问责，动员千遍不如问责一次，失责必问、问责必严，不以权势大而破规、不以问题小而姑息、不以违者众而放任；四是强化重点建设，以强化政治纪律和组织纪律为重点，带动其他纪律严起来。

6. 反腐治党

一是坚决防止党内形成利益集团；二是加快反腐败国家立法，建设覆盖纪检监察系统的检举举报平台。

7. 干部率党

《易经》曰：君子终日乾乾，夕惕若厉，无咎。古文《尚书·说命》中云："惟治乱，在庶官。"重点是各级领导机关和领导干部，应为全党全社会做出示范。

8. 监督制党

一是加强政治巡视；二是深化国家监察体制改革，组建各级监察委员会；三是制定国家监察法；四是改革审计管理体制；五是加快监督体系构建，将党内监督、国家机关监督、民主监督、司法监督、群众监督、舆论监督等立体化建构。

9. 学习助党

全面增强执政本领，建设马克思主义学习型政党。毛泽东曾风趣地说：三天不学习，赶不上刘少奇。强调了学习的重要性。

耀邦同志是一个自学成才、酷爱学习的典型。胡耀邦的学习和读书精神深受毛泽东的影响，同时他也备受毛泽东的推崇和赞赏。1937年3月，胡耀邦被选送到中国人民抗日军事政治大学第二期学习。在不到一年的时间内，胡耀邦如饥似渴地学习了马列著作，奠定了坚实的马列主义理论基础。被毛泽东亲自提名任抗大政治部副主任。在抗大的一次讲话中，毛泽东提出："向你们推荐两个人……一个是我敬佩的老师，从苏联吃面包回来的张如心教授，他可以把许多马列著作背诵如流，你们可以向他学习系统的马列主义理论；一个是大队政治委员胡耀邦，他的年龄比你们大不了多少，是我亲眼看着长大的热爱学习、朝气蓬勃的'红小鬼'，现在还不断写些文章在报上刊登，很受读者的欢迎。希望你们以这两个同志为榜样，好好地学习。"

读书学习不仅可以学知识，也可以使人明智，变成一个道德高尚的人。古人云："破山中贼易，破心中贼难"。如何破心中之贼呢？我认为通过学习可以加强自我修养和改造，从而做到自重、自省、自警、自励。

10. 核心立党

十八届六中全会正式提出"以习近平同志为核心的党中央"，是党和国家根本利益之所在。2016年1月29日，中央政治局首次提出"增强政治意识、大局意识、核心意识、看齐意识"。

《六韬》曰：凡兵之道莫过乎一，一者能独来独往。毛泽东在七大预备会上讲话时说：一个队伍经常是不大整齐的，所以就要常常喊看齐，向左看齐，向右看齐，向中间看齐，我们要向中央基准看齐，向大会基准看齐。看齐是原则，有偏差是实际生活，有了偏差，就喊看齐。正所谓：群力谁能御，齐心可穿石。湘籍开国大将黄克诚曾回忆革命战争年代时说：那时候，不管在什么情况下，只要中央下个命令，党员都坚决地执行。抗战时期，毛主席就是用个电台，嘀嗒、嘀嗒地指挥我们。"嘀嗒、嘀嗒"就要无条件地执行。大家都自觉地执行延安的"嘀嗒、嘀嗒"。

当然，历史教训也值得我们注意，如：长征时张国焘分裂党和红军；林彪阴谋篡党夺权；周永康、令计划、徐才厚、郭伯雄等人的政治阴谋等。

11.法制规党

加快推进党内法规制度建设，以法治思维和法治方式开展反腐败工作，是十八届四中全会决定的要求，也是反腐败斗争深入健康发展的要求。官有所畏，业有所成。根据十八届四中全会精神，新时代我们党将统筹推进党内法规制度建设，确保建党100周年时，建成内容科学、程序严密、配套完备、运行有效的党内法规制度体系。天下之事，成于惧而败于忽。党内法规是管党治党的重要依据，也是依法治国的有力依据。党纪党规严于法律。有权必有责、用权必担责、滥权必追责。

习近平总书记曾郑重指出：任何人都不能心存侥幸，都不能指望法外施恩，没有免罪的"丹书铁券"，也没有"铁帽子王"。那么，在法制规党方面，我们要做到五个有机统一：一是坚持依法治国和依规治党有机统一；二是坚持思想建党和制度治党有机统一；三是坚持目标导向和问题导向有机统一；四是坚持管"绝大多数"和抓"关键少数"有机统一；五是坚持制度制定和制度实施有机统一。完善制度规范的治本之策在于系统集成，力争在法制规党做到踏石留印、抓铁有痕，刮骨疗毒、壮士断腕，力争把权力关进制度的笼子里。

"风成于上，俗形于下。"只要党员领导干部做到以身作则、率先垂范，就能以点带面、以上率下。

我们对党的前途和未来充满必胜的信心！

【参考文献】

1.习近平. 习近平谈治国理政(第一卷)[M]. 北京：外文出版社，2019.

2.习近平. 习近平谈治国理政(第二卷)[M]. 北京：外文出版社，2017.

3.中共中央宣传部. 习近平新时代中国特色社会主义思想学习纲要[M]. 北京：学习出版社，2019.

4.中共中央文献研究室. 中国共产党第十九次全国代表大会文件汇编[M]. 北京：人民出版社，2017.

5.中共中央文献研究室. 十八大以来重要文献选编（上）. 北京：中央文献出版社，2014.

6.中共中央文献研究室. 十八大以来重要文献选编（中）. 北京：中央文献出版社，2016.

7.中共中央文献研究室. 习近平关于全面从严治党论述摘编[M]. 北京：中央文献出版社，2016.

后记

　　这本《中国近现代史纲要混合式教学教案》是 2018 年度教育部高校示范马克思主义学院和优秀教学科研团队建设重点项目"高校思想政治理论课信息化教学建设研究"（项目批准号：18JDSZK024）及 2019 年湖南省高校思想政治工作优秀团队建设项目"高校思想政治理论课混合式教学改革研究"（项目编号：19GG21）的成果之一。这项成果凝聚了中南大学马克思主义学院中国近现代史纲要教研中心同仁多年来不懈推进专题式、混合式教学改革的智慧和汗水。

　　彭平一教授（教育部高校思想政治理论课教师 2014 年度影响力标兵人物）是本项成果最重要的奠基人。2008 年，彭老师主持的"中国近现代史纲要专题式教学体系的研究与实践"获湖南省普通高校教学改革重点项目立项。在彭老师的精心设计和组织下，2011 年 8 月形成了《中国近现代史纲要专题讲授教案（白皮书）》。然而，这本白皮书成了彭老师留给我们的"绝版"……2014 年 8 月 28 日，彭老师被无情的病魔夺去了生命，永远离开了我们！悲痛之余，我们接过了彭老师留下的教学改革薪火，继续前行！

　　2015 年，在张金荣老师的主持下，"中国近现代史纲要"教研中心顺利完成了湖南省精品课程复核工作。2018 年，《中国近现代史纲要专题讲授教案》根据 2018 版新教材进行了修订。

　　2015 年，在吴争春老师的主持下，"中国近现代史纲要"成功获得中南大学首批 MOOC 项目立项支持。2016 年 4 月，"中国近现代史纲要"MOOC 在中国大学 MOOC 网站正式上线。2016 年下学期开始，中国近现代史纲要教研中心由点到面开始探索基于 MOOC 的混合式教学改革。2018 年，"中国近现代史纲要"MOOC 被评为国家精品在线开放课程。2019 年，"深度融合信息技术的'中国近现代史纲要'混合式教学改革与实践"荣获中南大学、湖南省高等教育教学成果一等奖。2020 年，"中国近现代史纲要"获评国家级一流本科课程（线上线下混合式）。

这本混合式教案凝聚了专题式教学改革成果，见证了中国近现代史纲要教研中心在此基础上探索思想政治理论课信息化建设和混合式教学改革的艰辛历程。

本教案的出版，离不开中南大学马克思主义学院原院长张卫良教授对教研中心教学改革的大力支持！感谢中南大学马克思主义学院王希俊教授和王翔院长对本项目的支持！刘志刚老师（原中南大学马克思主义学院副院长）参与了专题式教案的编写和MOOC建设，在此一并致谢！衷心感谢中南大学出版社的大力支持，尤其感谢刘莉编辑耐心细致的审校工作！

本教案编写分工如下：

绪　论：吴争春

第一讲：吴争春

第二讲：万琼华

第三讲：李斌

第四讲：张金荣

第五讲：李兰兰

第六讲：王翔

第七讲：罗春梅

第八讲：陈文联

第九讲：梅乐、吴争春

第十讲：梅乐

第十一讲：王翔

本教案力图利用信息技术，将教材体系转变为立体化的、具有自身特色的混合式教学体系。由于这是一次全新的尝试，教案尚有很多需要改进完善之处，欢迎读者批评指正！

吴争春

2020 年 7 月